U0933560

前　言

大学英语是一门语言学，同时也是全国高校普遍开设的语言类基础课程。大学英语的各种学习技能是通过学生个人的学习实践获得的。另外，大学英语是学生学习英语的成熟阶段，这一阶段的学生已经具备一定的英语实践能力和意识，他们能够通过自己的英语思想展开相应的交流。因此，可以在进行英语教学过程中积极探索出适合我国国情的英语教学的实践方法，并以不同的方式强调满足不同学生的兴趣和需要，从而推进我国大学英语教学的发展。

鉴于此，笔者撰写了《大学英语教学理论与实践研究》一书，在内容编排上共设置六章：第一章作为本书论述的基础和前提，主要阐释大学英语教学的内涵与发展、大学英语教学的要素与原则、大学英语教学关系及其必要性；第二章是大学英语教学的课程研究，内容涵盖大学英语课程教学的要求、大学英语课程教学的设计、大学英语课程教学的方法；第三章分析大学英语听力与口语教学、大学英语阅读与写作教学、大学英语翻译与个性化教学；第四、第五章论述大学英语教学模式改革与创新、大学英语生态课堂教学及其策略；第六章突出实践性，围绕大学英语微课教学与创新策略、大学英语慕课教学及其系统分析、信息化时代大学英语教学的实践创新、融合课程思政的大学英语混合式教学实践进行研究。

全书在内容布局、逻辑结构、理论创新诸方面都有自己的独到之处，充分体现出本书的科学性、系统性、全面性、时代性、实用性等显著特点。

笔者在撰写本书的过程中，得到了许多专家学者的帮助和指导，在此表示诚挚的谢意。由于笔者水平有限，加之时间仓促，书中所涉及的内容难免有疏漏之处，希望各位读者多提宝贵意见，使之更加完善。

目 录

第一章　绪论

第一节　大学英语教学的内涵与发展

一、大学英语教学的内涵

（一）大学英语教学的基本内涵

英语是一门常见的课程，英语教学是一种非常常见的教学活动，从教师的角度出发，英语教学指的是在教师的指导下所开展的教育活动；从学生的角度出发，它指的则是学生在教师的辅助下所开展的学习活动。很显然，学习效果如何主要是由学生体现的，要想让教学目标得以顺利实现，就必须让学生获得知识的增加。对于教学而言，是一个由学生与教师共同完成的过程，教学活动的顺利开展离不开师生的良好互动，在这个过程中，学生通过吸纳知识，从而获得全面发展，基于此上理解，可以将英语教学的内涵总结为以下方面：

第一，任何教学活动的开展都是有目的的，英语教学也不例外，在不同的教育阶段，教育目标是不一样的。

第二，英语教学拥有完善的教学体系，所以教师在教学的时候应该体现出知识内部之间的联系。

第三，从教学内容上看，英语教学涵盖语音、语法、词汇、听力、口语、阅读、写作、翻译、口译等多方面的内容，所以教师在教学的时候应该采用合理的教学方法以及教学工具，尤其是应该采取现代的科学教育技术，只有这样才能取得更好的教学效果。

由此可见，我们可以试着给英语教学做出如下界定：英语教学指的是在系统性教学目标的指引下，按照一定的目的并借助一定的手段，由教师主导、学生参与的一种教学活动。

（二）大学英语教学的人文内涵

大学英语文化教学所包含的内容是非常丰富的，不仅涉及英美文化、民俗风情，还涉及这些民族文化的使用等。“文化也是某一民族在长期的历史发展进程中所积淀下的精华。”①

英语教师就应该多角度地去分析英美文化背景知识，并且在教学的时候遵循以学生为中心的原则，全方位地培养学生。同时，教师还应该重视对学生智力以及非智力因素的开发，将学生看作动态发展的个体，尽可能地开发出学生的潜能。另外，在使用教材时，英语教师也应该重视对人文内涵知识的阐述，并且也应该融入一些礼仪、艺术等方面的内容，并且多开展一些与实际生活联系紧密的活动，让学生能全身心地投入其中。教师要想给学生传授人文知识，自身就应该对人文知识有深刻认知，这样才能将人文知识的讲授完美地融入教学过程中。

总体而言，教师在教学的时候应该秉承人文主义教育的理念，从而让学生变得更加完美，实现教育教学的最终目标。为了达成实现人性完美的最终目标，教师在课下以及课上都应为此做出一些努力，其目的也是在于推动学生各项语言技能的提高，从而让学生都能成为品格高尚、感情丰富、适应性强的人才。

二、大学英语教学的发展

（一）转变英语学习观念

大学英语的学习要在进行基本语言技能训练的同时，逐渐将其转化为应用语言的能力，要广泛地阅读，接触丰富的语言材料，学习地道的表达方式，拓宽知识面，丰富自己的思想。同时，一定的输入（阅读、听力）后必须有一定的输出（写作、口语），将学到的表达方式加以应用。

大学期间，有充足的时间、充分的空间寻求个人发展，要做好独立的自我规划和自我管理。英语学习本身是一项完整的心理活动，是智力因素和非智力因素的协调活动，需要各种因素充分发挥积极作用。智力因素方面，在日常生活中缺乏语言环境时，可以通过想象弥补，如练口语时的自言自语，需要想象自己在一个特定的环境中和其他人对话；单词记忆方面，想象也起到很大作用；非智力因素方面，对于一个人的学习和今后的工作生活都起到至关重要的作用。意志的约束会形成一种习惯，之后会产生兴趣，从而形成良好的学习心理机制。另外，同学之间的合作与帮助至关重要，有困难与问题应主动与教师交流，寻求建议。

新的个性化、自主式的学习模式，需要学生充分调动自身积极性，确立学生在学习过程中的主体地位。学习成功的一个重要前提是学生个性化学习方法的形成和自主学习能力的培养。英语学习的转变主要体现在以教师为中心、单纯传授语言知识和技能的教学模式向以学生为中心，既传授一般的语言知识与技能、又注重培养语言运用能力和自主学习能力的教学模式转变。

① 朱金燕：《大学英语教学改革探索》，中国地质大学出版社 2018 年版，第 5 页。

（二）革新英语学习方法

第一，制订合适自学计划。英语学习计划可分为长期和短期两种。长期计划可设定本科四年英语所要达到的程度，短期计划则可给自己规定每个学期、每月、每周或每天应学习的内容。长期计划是给自己树立一个学习目标，而短期计划则会提醒自己每天都在朝着这个目标迈进。必须注意的是，制订计划时要根据自己的实际情况，简单且切实可行。另外，在学习过程中可以对计划进行适当调整，以适应变化的情况，并且实施计划要认真和坚持。

第二，积极创造语言学习环境。良好的环境对于语言学习起到重要作用。课上的时间有限，仅靠课内的时间是不够的，学生还应该创造课外的学习环境，使自己始终置身于英语世界中。例如，坚持与同学用英语进行交流，积极参加各种英语竞赛，坚持听英语广播、英语讲座，看英文电影、录像，经常去英语角，同外国人谈话，看英语书籍、杂志等，逐渐习惯用英语思维。

第三，充分利用英语教材。英语教材在大学里依然是进行英语学习的系统工具，其中的课文绝大部分摘抄自原文，语言材料丰富多样，出现的词汇也比较常用，课后练习经专家审定，又经多次试用、反复修改，学生认真学习教材对于整个英语的学习大有裨益。学好教材要注意三点：认真完成课前预习；充分利用课堂时间；及时做好课下复习。

总而言之，大学英语教学在目标方面，更注重学生实际英语综合运用能力，尤其是听、说能力的培养，而不是单纯为了考试。在英语教学中，教师会强调语言应用能力的培养，要求大家在用中学，学中用，把课本的知识通过教师指导，在同学的相互帮助下加以应用，在应用中发现问题、解决问题，从而得到提高。

在学习方法上，大学英语教师更多的是学生学习的组织者和指导者，给学生介绍方法、指出方向，引导学生思考，组织学生讨论，在思考中学习，在讨论中提高。大学英语学习在方法上，更加提倡个人的自我管理能力和自主学习能力，学生要认真完成教师布置的学习任务，根据自己的具体情况，制订详细的短期、中期和长期的英语学习目标和计划并严格执行；要主动、充分地利用一切可利用的学习资源进行自主学习，如图书馆和大学英语网上资源库等。

第二节　大学英语教学的要素与原则

一、大学英语教学的要素

在经济全球化的新形势下，培养大批既掌握丰富的专业知识，又具有较强的英语应用能力的高素质、高层次的人才，是高等教育的当务之急，也是当今大学英语教学的主要课题。因此，“搞好大学英语教学改革，要从教材选择、课堂教学组织及考核改革三个要素着手，并使三者形成良性互动[①]。”

（一）教材选择

提高教学质量，教材是关键。一部好的英语教材，应突出以人为本、以学生为中心，培养学生理解、运用能力为目标的教学宗旨。近年来，许多高等院校采用了《新视野大学英语》（英语教学与研究出版社出版）作为大学英语教材，该教材的突出特点是：突破了传统教材的模式，开辟了网络教学的新尝试；同步提供课本、光盘、网络课程。三者的同时推出，极大地促进了教学内容的拓展；有助于“教”与“学”观念的转化和方法的更新；发展了积极的自主选择、活跃的参与式教学，极大地激发了学生的学习兴趣和参与意识；极大地促进了教学模式的转变，使当前的英语教学呈现出前所未有的多样性。使用该教材既可实施现场指导，进行实时同步学习，也可实现在教学计划指导下的非实时自学，还可以实现通过使用电子邮件、网上讨论区、网络通话等手段的小组、团队合作型的学习，为培养学生创造性学习能力提供了多种渠道，拓展了空间，创造了有利的条件。

由此可见，一部优秀教材，应体现出与时俱进的时代精神，要具备新的体裁、新的思想、新的理念、新的知识、新的发明创造、新的科学技术。挑选教材要注意一个“新”字，即内容新、题材新、结构新，这是促使我们的教学反映科技创新成果、语言发展进程的保障。

（二）课堂教学

作为一名教师必须充分重视和认识到课堂教学的重要性、必要性，必须全身心地投入，上好每一节课。因此，精心地设计好课堂教学方案，是至关重要的。

教学的设计思想，必须体现培养和激发学生学习英语的“爱好”与“兴趣”。“爱好”与“兴趣”是学好英语的精髓，产生毅力的源泉、动力和基石。教师要精心创设条件，激发学生的“爱好”与“兴趣”，这既是教师的责任，也是教师的义务。另外，教学要充分体现以学生为中心的理念。教师要按教材的单元章节安排好准备活动、听力演练、阅读演练、口语演练等；要营造广泛的学习空间和浓厚的趣味性氛围。教师要结合教材的主题思想设计出故事性强、趣味性浓的授课方法，鼓励学生勇于展示、勤于思考、善于参与。教师要经常组织开展丰富多彩的课堂及课后的班、组、团队活动，有计划、有针对性、主题明确地举办英语文娱活动，要采取各种形式、多种措施为学生创设一种浓厚的语言环境。

学期论文，要求学生每学期用英文写出一篇文章，题目自定、体裁自选，形式不限，字数不得少于规定的下限，这种方式是非常可行的，它锻炼了学生的写作能力、语言组织运用能力、翻译能力等。它能使学生在时间充分又无压力的条件下去思考、选材、练习，最后取得学习的最佳效果。

① 时贵仁：《浅谈大学英语教学三要素》，《中国高教研究》2003年第11期，第96页。

（三）考核改革

考试，是检验教学效果的一种手段，是评价教与学双边的一种手段。多年来，大学英语教学大都是围绕四、六级考试、考研等，这必然导致在英语教学过程中出现重知识传授轻能力培养，重传授轻创新，重输入轻输出，重课堂教学轻自学能力的培养等问题的出现。因此，必须进行改革，例如，举办的大型考试，注重把英语能力的测试放在中心的位置，真正起到和起好导向作用。另外，作为高校大学英语教师在教学实践过程中要围绕对学生能力培养这个中心环节，采取多种形式对英语学习成绩进行考核，如采取课堂表现、平时测验、课后作业、班组作业、团队活动、演讲比赛、学期论文等，多种形式均占一定比例，最后由这些项目成绩之和构成学生总成绩。在多年的教学实践中，感到这种方法还是切实可行的，其突出表现在学生英语综合能力有了显著提高。

二、大学英语教学的原则

（一）灵活性原则

灵活是兴趣之源，灵活性原则是兴趣性原则的有力保障。语言是生活的一个必要的组成部分，是一个充满活力、不断发展的开放性系统。语言本身的性质以及学生的自身特点要求我们在英语教学中要遵循灵活性的原则，要在教学方法、语言学习和语言使用方面做到灵活多样，富有情趣。

第一，教学方法的灵活性。在英语教学史上曾经出现了许多种不同的教学方法和流派，如语法翻译教学法、视听教学法、交际教学法等，每种方法都有其自身的优势与不足，教师应该兼收并蓄、集各家所长。英语教学包括语言知识和语言技能两个方面，语言知识包括语音、词汇、语法等内容，不同的语音、不同的词汇、不同的语法项目都具有不同的特点。语言技能包括听、说、读、写等四个方面，其中又包括许多微技能。而学生的个体差异也是不同的。因此，在英语教学过程中要综合学生、教学内容以及教师自身的特点，创造性地开展多种多样的教学活动，充分体现教学方法的多样性和创新性，使英语课堂新鲜有趣，从而激发学生学习英语的热情，挖掘学生的潜能。教学的内容也要体现多样性的原则，不光要教英语，还要教学习方法，结合英语教学教学生如何做人。

第二，学习的灵活性。教学方法和教学内容的灵活性可以有效带动英语学习的灵活性。此外，要努力改变以往单纯死记硬背的机械式学习方法，帮助学生探索合乎英语语言学习规律和符合学生生理、心理特点的自主学习模式，使学生能够自我导向、自我激励、自我监控；静态、动态结合，基本功操练与自由练习结合；单项和综合练习结合。通过大量的实践，使学生具有良好的语音、语调、书写和拼读的基础，并能用英语表情达意，开展简单的交流活动，开发听、说、读、写综合运用语言的能力。

第三，语言使用的灵活性。英语学习的关键在于使用，教师要通过自身灵活使用英语来带动和影响学生使用英语。教师应尽可能多地用英语组织教学、用英语讲解、用英语提问、用英语布置作业等，使学生感到他们所学的英语是活的语言。英语教学的过程不应只是学生听讲和做笔记的过程，而应是学生积极参与，运用英语来实现目标、达成愿望、体验成功、感受快乐的有意义交际活动过程。另外，教师还可以通过灵活性的作业使学生灵活地使用英语，作业的布置应侧重实践能力，让学生轮流运用英语进行值日报告，陈述和评议时事、新闻等。

（二）兴趣性原则

兴趣是最好的教师，是推动学生学习英语的最强有力的动力。学习兴趣是学生积极探求事物并带有感情色彩的认识倾向，它可以使学生在学习活动中变得积极主动，从而获得更好的学习效果。

1. 兴趣性原则的功能

学习兴趣有定向功能、动力功能、支持功能和偏倾功能。

（1）定向功能。学习兴趣作为影响学习过程的一种非智力因素，其作用最为明显，也是最为持久的，它往往决定着学生的进取方向，为学生一生的事业奠定基础。

（2）动力功能。学习兴趣与人的情感活动密切相关，可以直接转化为学习的动力。当学生对英语学习具有浓厚的兴趣时，学习就不再是一种负担，而是一种乐趣。

（3）支持功能。英语学习是一个漫长而又复杂的学习过程，伴随着许多的困难与挫折，学习兴趣在于克服困难、战胜挫折、保持旺盛的精力对学习起着支持的作用。

（4）偏倾功能。人们往往从自己的兴趣出发去审视事物。表现在英语学习上就是每个学生的兴趣不同，他学习的侧重点也就有所不同。有的学生对记忆单词特别感兴趣，有的学生特别喜欢阅读英语文章，还有一些学生特别喜欢用英语写点东西。对于这些侧重点的差异，教师需要因势利导，在学生原有侧重点的基础上，引导到全面正确的轨道上来。

2. 兴趣性原则的激发与培养

为了激发和培养学生学习英语的兴趣，应该从以下方面着手：

（1）充分了解学生的生理与心理特点，尊重学生的主体性。学生是学习的主体，是整个学习过程的核心承载者。基础英语教学要从学生的心理和生理特点出发，改变传统的学习方式，让学生通过体验和实践进行学习。传统的语言学习方式强调学生在初级阶段要学好音标，学好语法，记忆一定量的词汇。英语课程必须从学生的心理和生理特点出发，遵循语言学习规律，从改变学生的学习方式着手，通过听做、说唱、玩演、读写和视听等多种活动方式，达到培养兴趣、形成语感和提高交流能力的目的，尤其是在学习的初级阶段更要如此。

（2）防止过于强调死记硬背、机械操练的教学倾向。英语学习需要一定的死记硬背和机械操练的活动。过多的机械性操练很容易导致课堂教学的死板与乏味，容易使学生失去或者降低学习英语的兴趣。为此，应该重视科学的设计教学过程，努力创设知识内容、技能实践和学习策略需要的都很逼真的情景，以营造能够启动学生思维的教学环境，帮助学生通过各种渠道获取知识，加速知识的内化过程，使他们能够在听、说、读、写等语言交际实践中灵活运用语言知识，变语言知识为英语交际的工具。这样，学生在获得交际能力的同时，综合素质也会得到相应提高，学生的学习兴趣才会得到巩固与加强。

（3）挖掘教材，激情引趣。教材是英语教学的核心，教师要想最大限度地调动学生的积极性，就要在备课中认真地研究教材，挖掘教材中的兴趣点，使每节课都有新鲜感，都有让学生感兴趣的内容和活动。

（4）善于发现学生的进步，多鼓励表扬，培养学生的自信心和成就感。对于学生而言，学习兴趣的保持在很大程度上取决于学习的效果，取决于他们能否获得成就感。因此，教师要通过多种激励的方式，如奖品激励、任务激励、荣誉激励、信任激励和情感激励等，激发学生积极参与、大胆实践、体验成功的喜悦。

（5）增强教师与学生之间的交流。一个班级的学生来自不同的家庭与环境，教师要平等地对待每一个学生，对学生充满爱心，通过各种形式与学生进行交流，真心地与学生交朋友，用自己对工作、对学生的热爱去影响学生，而且教师要活泼，富有幽默感能够获得学生的尊重与喜爱。一个学生对某一门课程的喜欢与否，往往取决于他对于该授课教师的态度。另外，教师还要寓思想教育于教学之中，结合英语教学培养学生的道德情感和对英语学习的热情，创造和谐、宽松的课堂气氛，注意保护学生的自尊心。好的情绪转到学习中就会变为一种兴趣和动力。教师在严格要求学生的同时，还要给学生创造一种和谐的学习氛围，通过一个眼神、一个手势、一个微笑或一句赞许的话去影响学生。

（6）改变传统的英语测试方式。应试教育对学习兴趣的影响较大。基础英语课程的评价应以形成性评价为主，采用学生平时教学活动中常见的方式进行，重视学生的态度、参与的积极性、努力的程度、交流的能力以及合作的精神等。除形成性评价外，还可以采用口、笔试相结合的方式。口试主要考查学生实际的语言应用能力；笔试主要考查学生听和读的技能以及初步的写作能力。评价可采用等级制或达标方法计成绩，不应对学生按成绩排队或以此作为各种评比或选拔的依据。

（三）交际性原则

语言是交际的工具，人们主要通过语言来交流思想、传递信息。交际是在特定语境中说话者和听话者、作者和读者之间的意义转换。由此我们可以得出以下启示：①交际包括口语和书面语两种交际形式；②交际总是发生在一定的语境之中；③交际需要两个以上的人参与并产生互动。学习英语的首要目的就是使用英语进行交际，而英语教学的首要目标就在于培养学生的交际能力。交际能力的核心就是能够运用所学的语言知识在不同的场合下与不同的对象进行有效、得体的交际。因此，我们在英语教学中首先要贯彻交际性的原则，使学生能用所学的英语与人交流，要在教学过程中努力做到以下方面：

第一，认识英语课程的性质。英语课是一种技能培养型的课程，要把语言作为一种交际的工具来教、来学、来使用，而不是把教会学生一套语法规则和零碎的词语用法作为语言教学的最终目标，要使学生能用所学的语言与人交流，获取信息。在教学过程中，教、学、用三个方面构成一个有机的、相辅相成的统一体，其中的核心在于使用。因此，教师转变以往陈旧的教学观念，认清课程的性质，是落实交际性原则首先需要解决的问题。

第二，创设情景，开展多种形式的丰富多彩的交际活动。语言是交际的工具，而交际的发生总是处于特定的情景之中。情景包括时间、地点、参与者、交际方式、谈论的题目等要素。在某一特定的情景中，讲话者所处的时间、地点以及本人的身份都制约他说话的内容、语气等。因此，在基础英语教学中，要使教学的内容置于一种有意义的情景之中。而且，在一定的情景之下学习英语，可以使学生身临其境，提高学习英语的兴趣。英语教学活动要充分考虑交际性的特点，结合教材的内容，尽量利用各种教具，创设与学生生活密切相关的各种情景，进行真实或逼真的英语交际训练活动，这样不仅使学生学有兴趣，学有成效，而且能够做到学用结合。

第三，精讲多练。英语课堂的工作不外乎讲和练两种，讲是指讲授语言知识，练是进行语言训练。在课堂上，适当地讲授一些语言知识是必要的，可以提高学习的效果。英语是一种技能，技能只有通过实际训练才能获得。因此，教师必须清楚，讲解的目的在于帮助学生更好地训练。在语言训练的过程中要针对学生的具体问题给以“画龙点睛”式的点拨。这不仅有利于学生语言交际能力的培养，还有助于学生养成良好的学习与思维习惯。在进行了必要的讲解之后，要给学生留出足够的训练时间。

第四，注意培养学生语言使用的得体性。英语教学的首要目标在于培养学生进行有效交际的能力，传统的英语教学只偏重语法结构的正确性，而根据交际性原则，学生要具备良好的交际能力，需要能够在适当的时间、适当的地点，以适当的方式向适当的人讲适当的话，这一点与上面一点密切相关，创设情景，开展多样的交际活动，课堂游戏、讲故事、猜谜语、编对话、角色扮演、话剧表演、专题讨论或者辩论等，都有助于学生在创设的情景中充分表现自己，从而掌握地道的语言。

第五，注重教学内容与教学活动的真实性，贴近学生的生活。语言与现实生活密切相关，教学活动的设计与教学内容的选择一定要考虑这一因素。在英语教学中，要把语言和学生所关心的话题结合起来，要给学生足够的、内容丰富的、题材广泛的、贴近学生生活的信息材料。另外，教学内容的真实性还要求教材的语言和教师的语言是真实的；就是说教材的语言和教师的语言应该是英语本族语人在交际过程中所使用的语言，而不是专为教学而编写出来的。

（四）输入与输出原则

所谓输入是指学生通过听和读接触英语语言材料，所谓输出是指学生通过说和写来进行表达。输出建立在输入的基础之上，在此意义上，输入是第一性的，输出是第二性的。

一方面，在人们学习英语的过程中，能理解的总是比能表达的要多；另一方面，语言输入的量越大，语言输出的能力就越强。有效的语言输入应具备三个方面的特点：一是可理解性。如果学生不能理解所输入的语言，那么这些输入无异于噪声，是不能被接受的。二是趣味性或恰当性。所输入的语言材料还要使学生感兴趣。要使学生对语言输入感兴趣，最好使他们意识不到自己是在学英语，把其注意力放在意义上。三是足够的输入量。目前的英语教学严重地低估了语言的输入量的重要性。要习得一个新句型单靠做几个练习甚至读几段语言材料是不够的，还需要数小时的泛读以及许多的讨论才能完成。教师在教学过程中应该注意以下方面：

第一，多让学生接触英语。要通过视、听和读等手段，多给学生可理解的语言输入，如声像材料的示范和贴近学生日常生活和学习、适合学生的英语水平、具有时代特色的读物等。另外，学生学习的内容不要局限在课本之内，教师应该打破课内外的界限，帮助学生扩大语言接触面。

第二，输入内容和输入形式的多样化。学生接触的英语既要有声的，又要有图像的，还要有文字的，而且语言的题材和体裁以及内容要广泛，来源多样化。例如，在日常生活中，尤其是在大中城市中，每天都会接触到许多英语，如文具、衣服、道路标志、电器等上面，就有许多英语。如果我们能利用这些，学生们就可能轻轻松松地学到英语知识。另外，我们还要注意根据上述语言输入的分类，尽可能地为学生提供多种形式的输入。

第三，提高接触语言的频度。学习语言，接触语言的频度比长度更重要。

第四，强调学生的理解能力。只要学生能理解的，就可以让他们听，让他们读。而且，还可以只要求学生理解，而不必立刻要求他们用说和写的方式来表达。从教学目标而言，对语言技能应该有全面的要求，但是从教学的方法来看，应该先输入，后输出。

第五，为学生提供的语言材料要符合学生的实际情况，要符合可理解性和趣味性与恰当性的要求。当然，仅仅依靠语言的输入是不可能掌握英语、形成综合运用英语的能力的，还需要通过口头和笔头的表达来检验和促进语言的输入。在增加可理解的语言输入的同时，在理解的基础上不断进行有效的实践活动，这些实践活动在基础英语教学中包括一定的模仿练习。学习语言的确需要模仿，问题的关键在于如何模仿和模仿的内容是哪些。如果只是机械地模仿，只注意语言的形式，那并不能保证学者能在生活中真正地使用语言。

如果只是要求学生注意语音、语调的准确，只要求死记硬背句型结构，而没有使学生真正了解这些句型结构所表达的含义，学生并不能在课外使用。模仿最好是模拟生活中的真实情景，注意语言结构所表达的内容，这种模仿才是有效的。尤其是在结对练习、小组练习的时候，让他们根据实际的情况使用所学习的语言，学生才能把声音和语言的意义结合起来。

（五）宽严结合的原则

所谓的宽与严是指如何对待学生在学习过程中所出现的语言错误，也就是如何处理准确和流利之间的关系。英语学习是一个漫长的内化过程，学生从开始只懂母语，一直到最后掌握一种新的语言系统，需要经过许多不同的阶段，从中介语的观点来看，在各个阶段，学生所使用的语言是一种过渡性语言；它既不是母语的翻译，也不是将来要学好的目标语，这种过渡语免不了会有很多的错误。传统的分类方法将错误分为语法、词汇和语言错误。语法错误又被进一步分为冠词、时态、语态错误等，这种分类方法，主要基于语言形式，而忽视了语言的交际使用。

宽严结合的原则实际上就是要正确处理准确和流利之间的关系。我们可以区分两种情况：对于初学者，不要过分纠正其语言中的错误，而要更多地鼓励他们使用英语进行交际；对于中等以上的学生，可以适当地纠正其语言中的偏差，但是要以不打击他们的学习积极性为前提。换言之，越到高年级，越要强调准确性。此外，在写作文或在课堂上演讲时，则应该强调准确性。

第三节　大学英语教学关系及其必要性

一、大学英语教学关系

（一）英语与汉语的关系

汉语是中国人的母语，少年儿童在开始学习英语时已经能够比较好地使用汉语进行交际；也就是说，他们已经掌握了一定量的汉语词汇和基本语法，具备了使用汉语进行听、说和读写的能力。而英语是他们作为一门英语来学习的目标语。在谈到母语和目标语之间的关系时，人们经常谈到的是“迁移”的问题。迁移本来是一个心理学术语，指学习过程中学生已有的知识或技能会对新知识或技能的获得产生影响。

20 世纪 50 年代，语言教学研究吸纳了迁移理论，认为母语迁移会影响英语学习。迁移是英语学生经常采用的一种学习策略，它指学生利用已知的语言知识，去理解新的语言，这种现象在英语学习的初级阶段出现得最为频繁，因为学生对英语的语法规则还不熟悉，此时只有汉语可以依赖，汉语的内容就很容易被迁移到英语之中。如果母语对目标语的学习起到了积极的影响，这种现象被称为正迁移。反之，如果母语对于目标语的学习起到了消极的影响，则被称为负迁移。

在迁移现象的研究中，有三种主要的理论，包括对比分析假说、标记理论和认知理论。对比分析学派认为母语和目标语的差异会导致负迁移的发生。两种语言（母语和目标语）相似引起正迁移，两种语言相异引起负迁移。学生在接触一门英语时会发现该语言的有些特征相当容易掌握，而掌握另外一些特征则极其困难。其中，与其母语相似的成分简单，而相异的成分困难。除了母语和目标语的异同之外，在考察语言的迁移问题时，还要考虑母语在哪个阶段、在怎样条件下影响目标语的学习，这里要提及两个重要的非语言因素对母语知识何时会干扰第二语言习得的过程起着决定性作用：一是环境；二是学习阶段。从学习阶段来看，在初学阶段，学生由于缺乏足够的目标语知识，在表达中往往更多地依赖母语，因此这一阶段有可能较多地出现母语知识的负迁移。中国学生在学习英语的过程中，语言迁移表现在语音、词汇和语法等各个层次上。

（1）语音迁移。语音迁移是语言迁移中最为明显也是最为持久的现象。人们普遍认为第一语言对第二语言习得具有很强的影响，最为明显的证据就是第二语言学生的外国口音。英语和汉语分属不同的语系，两者在语音方面存在很大的差异。第一，汉语是一种声调语言，用四声辨别不同的意义。而在英语中，语调起着非常重要的作用，这一点很容易给北方方言的学生造成特殊的语音语调的困难。第二，英语和汉语的音素体系差别较大，两种语言中几乎没有发音完全一样的音素。

（2）词汇迁移。初学英语的人很容易认为英汉语的词汇存在着一一对应的关系，每个汉语词汇都可以在英语中找到相应的单词。其实，一个单词在另一种语言中的对应词可以有几种不同的意义，因为它们的语义场不相吻合，呈现重叠、交叉和空缺等形式。例如，汉语中的“重”一词在英语里有 heavy 与之对应，但是 heavy 的意义与“重”一词并不是完全吻合的，在英语中，我们可以发现许多表达方法，并不是汉语中的一个“重”字所能解决的。初学英语的人往往会把汉语的搭配习惯错误地移植到英语之中，于是出现了许多不合乎英语表达习惯的句子。英汉两种语言文化的差异也会导致两种语言词汇意义的差异。除少量的科技术语、专有名词在两种语言中意义相当之外，其他词汇的含义在两种语言中都或多或少存在着差异，这些差异都有可能导致负迁移现象的发生。

（3）句法迁移。句法就是组词造句的规则，也就是传统所说的语法。英汉两种语言在句法方面有一些相同之处，同时也存在着很大的差异。首先，汉语是一种分析性语言，没有严格意义上的形态变化，主要通过词序和虚词的使用来表达各种句法关系。英语和汉语的这种差异很容易导致中国的英语学生的困难，尤其是对于初学者而言，他们很容易受到汉语的影响，在使用英语时忘记词汇形态的变化，如名词的单复数、代词的主格与宾格形式、动词的时态变化等。其次，英语重形合，句子中的词语和分句之间常通过语言形式手段（如关联词）来表达意义和逻辑关系。汉语则重意合，其意义和逻辑关系往往通过词语和分句的意义表达。受此影响，中国学生在使用英语时常按照汉语的习惯只是简单地把一连串的单句罗列在一起，不用或者很少使用连词。另外，英语和汉语在静态和动态方面也呈现出一定的差异。英语多倾向于用名词，因而叙述呈静态，而汉语多用动词，其叙述呈动态，例如，He is a good eater and a good sleeper. 这个句子中只用了 eater 和 sleeper 两个名词，而相对应汉语是“他能吃能睡”。如果要求学生把这个汉语句子译成英语，他们首先想到是“He eats and sleeps well”。英语名词化的特点使许多中国学生感到不适应，在写作中这一点表现得最为突出。

由于英汉两种语言之间存在着很多相似或者吻合的地方，中国学生在学习英语时可以利用已有的汉语知识，促进英语的学习。例如，汉语中的形容词都位于它所修饰的名词之前，而英语也同样如此，当学生学习了 beautiful 和 flower 两个词之后，就会很自然地说出“a beautiful flower”。英语和汉语句子结构的相似性也使得正迁移成为可能。

与汉语和英语的关系这一问题相关的还有语言的社会功能问题。一个民族的母语是其民族的特征之一，母语教学对于培养学生的爱国主义情感具有重要的意义。如果因为英语学习而忽视了母语的学习，就会导致较为严重的后果。在处理汉语和英语的关系方面应该注意以下方面：

①在全社会重视英语教学的同时，决不要忽视汉语的学习。经济的全球化和科学技术的国际化正在成为新的时代特征，英语作为国际交往中最为重要的交流与沟通的工具，其重要性已经为越来越多的人所认识。目前，学习英语者不计其数。英语教育是教育主管部门和学校领导所关注的重点问题之一。另外，为了满足人们英语学习的需求，各种各样的教学方法，丰富多彩的学习用书、音像制品和软件也应运而生。这对于创造良好的英语学习环境，培养具有国际竞争能力的高素质的人才，提高我国在国际竞争中的实力具有重要的影响。

②克服负向迁移，促进正向迁移。在对待汉语和英语之间的关系方面，有两种截然相反，但都不可取的态度。

第一，依靠汉语来教授英语，这显然是不可取的。英语教学的目的，首先是培养学生使用英语进行交际的能力。这种能力必须使学生大量地接触英语和使用英语才能获得。而英语教学的课时有限，要想在有限的课时内，最大限度地使学生接触和使用英语，就必须尽可能地使用英语进行课堂教学。对于中国的英语学生而言，汉语是他们的母语，学生在学习英语时会自觉或不自觉地与汉语进行比较，如果在教学过程中过多地采用汉语，学生就会很难摆脱对汉语的依赖，养成一种以汉语做“中介”的不良习惯，在听、说、读、写等语言活动中会不断地把听到的、读到的以及要表达的英语先转换成汉语，这样就很难流利地使用英语，也不可能写出或讲出地道的英语。

第二，完全摆脱汉语，全部用英语教学，这不仅难以做到，而且也是不可取的。英语课堂上使用汉语要注意两个方面：①汉语作为教学手段，使用方便，易于理解，但是汉语利用不能过分。在解释某些意义抽象的单词或复杂的句子时，如果没有已经学过的词汇可以利用，可以使用汉语进行解释，另外也可以对发音要领、语法等难以用英语解释的内容使用汉语进行简要的说明。②利用英语和汉语之间的比较，可以提高教学的预见性和针对性。某些内容为英语所特有，学生学起来就比较困难，教师应该有针对性地将其作为教学的重点，适当增加练习量。对于两种语言中相似但是又不相同的内容，学生很容易受到汉语的干扰，教师在教学过程中要多加注意。

（二）语言知识与语言技能的关系

语言知识包括语音、词汇、语法等三个方面的内容。语言知识是综合英语运用能力的有机组成部分，是发展语言技能的重要基础。使学生掌握一定的英语基础知识也是英语教学的基本目标之一。语言是交际的工具，而语言首先是有声的，正是通过人的发音器官发出的声音，才能达到交际的目的。在英语中，语音和语法、构词法、拼写都有关系。很好地掌握语音，不但有利于听、说技能的获得，而且也有助于语法和词汇的学习。

词汇包括英语中的单词和习惯用语。概括而言，词是语音、语义和语法特点三者的统一体，是语句的基本结构单位。每个词都有一定的语音形式。在口语中，主要通过语音以区别于其他的词。每个词都有一定的意义，这些意义根据其层次又可以被分为字面意义和隐含意义两种。字面意义就是词的“本义”，暗含意义则是指词的本义以外的意义，即附加意义。例如，一词对不同的人来说还有许多其他的特性，如 gentle、weak 等。

一个词的含义，有些可能是文化背景、社会背景、性别或年龄相同的人大家所共识的；另外一些含义则因个人的经历不同而不同。每个词还都有一定的语法特点，在句子中充当一定的功能，词的功能的改变，有可能会引起词义的变化，例如：

He tore down the hill.

Three enemy planes downed.

第一句中的 down 是介词，其词义表示方位，“沿着……往下”，而第二句中的由“down”是动词，表示“打下”的意思。

英语中的习惯用法又称习语，具有语义的统一性和结构的固定性两个特点。习惯用法是固定的词组，在语义上是一个不可分割的统一体，其整体意义往往不能从组成该用语的各个单词的意义中推测出来，词汇是构筑语言的材料，尽管具有大的词汇量并不意味着一定会具有高的语言能力，但是，要想具备较好的语言技能则必须掌握足够的词汇。

语法是指关于一种语言的结构的描述，说明其中词和短语等如何结合起来形成句子。语言是词的一种线性排列，这种排列不是任意的，而是遵循一定的规则，这种规则是本语言社团所共同接受的。不同的语言具有不同的语法，汉语与英语的语法具有很大的差异，英语学生要想使用英语进行交际也必须遵守英语的语法规则。

语言技能指运用语言的能力，包括听、说、读、写四个方面，其中说和写被称为产出性技能，而读和听被称为接受性技能。听是分辨和理解话语的能力，即听并理解口语语言的含义；说是应用口语表达思想，输出信息的能力；读是辨认和理解书面语言，即辨认文字符号并将文字符号转换为有意义的信息输入的能力；写是运用书面语表达思想，输出信息的能力。听、说、读、写是学习和运用语言必备的四项基本语言技能，是学生进行交际的重要形式，是他们形成综合语言运用能力，获取信息和处理信息的重要基础和手段。

语言知识和语言技能都是语言能力的组成部分，都是语言学习的目标。两者之间相互影响，相互促进。语言知识是发展语言技能的基础，不具备一定的语音知识，不掌握足够的词汇，不了解英语的语法，就不可能发展任何的语言技能；而语言知识的学习往往可以通过听、说、读、写活动的过程来感知、体验和获得。在英语教学中，处理语言知识和语言技能这二者之间的关系时，应该注意以下方面：

（1）语言知识与语言技能同时兼顾。语言知识和语言技能都是语言能力的组成部分，都是英语教学的基本目标。交际教学法是在批判传统的语法翻译教学法的基础上建立起来的，其中一个主要的原因在于传统的教学方法过分强调语言知识（主要指语法）的传授，而忽视了语言技能的培养。笔者曾经参加了一些听课等教研活动，发现讲课的教师在课堂上不敢讲授语法等语言知识，害怕那样做就会被指责为没有采用交际教学法。这种把语言知识和语言技能对立起来的看法是错误的。

语言知识是能力的基础，认为强调语言能力就可以忽视语言知识的看法是不对的。语言的综合能力是多方面的，除了语法知识外，还有社会语言学能力（如在完成某些言语行为时如何才算得体）、语篇能力（如观察和使用各种衔接手段和照应手段等）和策略能力（也就是交际策略，如在交际遇到困难时使用某些手段回避等）。

（2）语言知识的教学要立足于语言实践活动。传授语言知识并不意味着要单纯传授讲解语言知识，尤其是在基础英语教学阶段，主要通过听、说、读、写等实践活动来学习英语，因此，语言技能的训练是教授语言知识的基本途径。语言知识的教学可以采用提示、注意和观察、发现、分析、归纳、对比、总结等方式进行，要有意识地使学生参与到上述过程之中，使学生在学到语言知识的同时，还得到科学的思维方法的训练。

（3）听、说、读、写四项技能协调发展，不能截然分开。对于英语初学者来说可以从听、说开始，但是读、写很快要跟上。在处理四项技能之间的关系时，我们应该注意防止两种错误的倾向：一方面不让学生接触书面材料的纯“听、说法”是不可取的；另一方面一味强调客观条件，片面夸大读写的重要性，容易导致英语教学失之偏颇。

（三）教师与学生的关系

教师与学生都是英语教学活动的实践者，正确地处理好两者之间的关系，对于英语学习的成败起着重要的作用。教师与学生两者之间要密切地协调配合，教学质量才能有保证。

学生是学习的主体，英语教学要以学生为中心。教师的主要职责是引导和帮助学生学习英语，因此，教师要善于根据学生的生理和心理发展的特点认真研究教学方法，排除学生在学习上的心理障碍，调动学生学习的主动性和积极性。教师还要面向全体学生，因材施教，发挥不同学生的特长。另外，教师还要帮助学生养成良好的学习习惯，培养自学的能力。在尊重学生的主体性，强调以学生为中心的理念时，要充分地考虑学生的个体差异，与英语学习相关的个体差异主要包括动机与学习态度、性格和认知方式等。

学习态度与动机是影响英语学习的重要情感因素，英语学习的成功在很大程度上依赖于强烈的动机和端正的态度。如果学生对讲英语的人和英语教师产生反感，学习的动力就会消退，学习的成功也无从谈起。根据动机产生的根源，动机可以分为内在动机和外在动机。内在动机来自个人对所做事情本身的兴趣，外在动机是外部因素作用的结果，如父母的赞同、奖赏、惩罚、考试的高分等。内在动机和外在动机之间存在着相互影响的关系，教师在培养学生内在动机的同时，也要注意对学生外在动机的培养。态度指个人对事物或人的一种评价性反应。态度包括三个组成部分：认知、情感和意动。认知指个人对事物的信念；情感指对事物的褒贬反应；意动指个人对待事物或采取行动处理事务的倾向。此外，学习英语的态度和学习成绩之间的相关程度高于学习其他学科的态度和成绩之间的相关程度。

性格与英语学习也有很大的关系，自信、开朗、认真负责的学生往往会取得学习的成功，影响英语学习的主要性格特征包括内向与外向、焦虑、抑制等。具有外向性格的学生开朗、热情、善于交际、爱说话，很容易给人留下好的印象。外向型的学生会更愿意在课堂上和课外使用英语，愿意提问题，回答问题，因此他们的语言流利程度发展得会更快。

在英语教学中要注意根据学生的特点，进行有针对性的引导。内向型的学生需要一种鼓励性的、宽松的课堂气氛，这样他们才乐于尝试使用英语。而对于外向型的学生则要有策略地提醒他们注意语言的准确性。过分的焦虑会阻碍英语学习，但是，一点焦虑感没有也不利于英语学习。以考试为例，焦虑可以被分为促进性焦虑和退缩性焦虑两种。促进性焦虑可以使学生产生学习动力，迎接新的学习任务，而退缩性焦虑则使学生逃避学习任务。其实，焦虑不是一种孤立的现象。除了受到人的性格因素的影响之外，学习的环境、学习任务的性质、个人的先前经验等因素都会对焦虑的产生起作用。在做事情之前，尽可能提前做好准备，明确目标，预测可能出现的各种困难，找出克服困难的方法，同时还要看到成绩，提高自信心。这样，过度的焦虑也就自然消失。

抑制是一种具有保护性能、抵制外部威胁的心理屏障，它与人的自尊心有着密切的关系。人们在了解自身的过程中逐步建立起保护自我的屏障。出生婴儿没有自我概念，但随着年龄的增长而逐渐认识到自己与众不同。由于自我意识的增强，人们开始建立起具有个性的情感特征。在学生时期，生理、认知和情感的变化带来了具有保护性的抑制，用以保护脆弱的自我，排斥那些威胁个人价值观和信仰的观点、经历和感受。因此，自我意识比较脆弱的学生往往会因为怕犯错误而不参与语言活动，这种语言学习中的抑制行为，经过适当的引导也是可以克服的。

认知方式是指人们组织、分析和回忆新的信息和经验的方式。就认知方式讲，英语学生可以分为两种：场依存和场独立。测量场依存型时，让学生观看一个复杂的图案，并找出隐藏在图案内部的几个简单的几何图形。目的是看他们是否能够把看到的东西分解成若干部分，并能使这些部分脱离整体，这种测验也适用于语言学生，因为他们也要从上下文中把语言项目分离出来才能理解它们。例如，在读一页材料时，他们必须能够识别词、短语和句子，并能理解这些部分如何结合起来构成一个整体。

场依存型的学生具有以下特点：他们对教师提供的语言信息不加分析，不加思考，教师如何教授，他们就如何接受。这类学生特别依赖别人对他们的看法，在很大程度上靠别人表扬，他们给别人的印象是直率，对别人感兴趣，使用英语与别人交往的技能可能会发展较好。他们对自己本身有很强的意识，往往对别人不太敏感，不喜欢接近别人。场独立型学生在英语结构知识方面学习起来更容易些。尊重学生的主体地位，以学生为中心，这并不意味着降低教师的主导作用。在英语教学中，教师要充当以下角色：

（1）语言知识与文化知识的传授者。语言知识是语言技能的基础，对于中国的英语学生来说，要想具备良好的听、说、读、写的能力，就必须具备一定的词汇量，掌握英语的语法基础知识。因此，教师要向学生传授英语语言知识和文化知识。但是传授的方式是多种多样的，传授知识并不意味着一定要采取传统的教学方式。知识的传授要与语言实践活动密切结合，鼓励学生在教师的指导下进行探究式的学习。

（2）语言技能的培养者。教师不仅是语言知识的传授者，更重要的是语言技能的培养者。导演向演员“说戏”，是为了帮助演员进入角色，演好戏。教师传授语言知识，是为了帮助学生运用语言知识进行交际。

（3）语言使用与交际的示范者。学生学习的一个主要途径就是模仿，教师是主要的模仿对象，这就要求教师要做到两点：第一，教师本身要具备良好的语言基本功，为学生提供正确的模仿对象；第二，教师的语言要适合学生的语言水平，使学生能够模仿。

（4）语言交际活动的组织者和参与者。学生英语交际能力的提高需要进行大量的交际实践活动，这就要求教师根据学生的水平和教学的需要在课堂内外组织多种形式的交际活动。而且在很多情况下，还要求教师在活动中充当一定的角色，并在与学生的交际过程中刺激学生并提出新的语言现象，使学生在不知不觉中掌握语言的用法。

（5）学生学习动力与学习兴趣的激发者。学生是学习的主体，这决定了英语教学必须以学生为中心。英语学习成败的关键在于学生学习的动力是否充足，学习的兴趣是否浓厚，这就要求教师要想方设法激发学生的学习动机和学习兴趣，要在教学中充分利用学生已有的特点，例如，好奇心、对成功和进取的愿望、善于表现等，设计为学生所喜闻乐见的教学活动；还要注意学生的进步并及时地鼓励，对学生使用语言中出现的问题不过分指责，使学生保持学习的自信心。

（6）语言学习过程的诊断者与咨询者。英语学习是一个漫长的过程，其中学生要遇到各种各样的困难与困惑，这就要求教师针对学生的实际情况做出相应的诊断，确定学生产生困难或困惑的原因，并给出相应的建议，以帮助学生解决这些困难，消除这些困惑。要想做到这一点，首先要求教师要具备良好的理论素质，熟悉英语教学以及与英语教学相关学科的基本理论，了解英语学习的过程；其次要具有一定的敏感性，在教学过程中及时、敏感地捕捉到学生各个阶段出现的困难和问题。

（7）语言学习材料的推荐者和提供者。中国学生在学习英语的过程中需要大量的语言输入，单靠一本教材是远远不够的，还需要补充一定的语言材料。现在市场上各种各样的学习资料可谓琳琅满目。学生及其家长在选择这些材料时往往具有一定的盲目性，这就要求教师针对学生的实际情况，配合学校的教学，为学生推荐或者提供适当的学习资料。

（8）语言学习规律的学生和研究者。对每一位英语教师来说，他本身在教学之前乃至终身就是一位英语学生。自身的学习过程已经为教学提供了许多感性的经验，其中的经验和教训将会对自己的英语教学产生重要的影响。但是感性的经验只有上升到理论才能更加有效地指导进一步的教学活动。因此，一方面我们提倡教师要不断地学习，提高自己的语言基本功；另一方面还要结合自己的教学实践，采用科学的方法，探索与研究英语学习的基本规律。

二、大学英语教学改革的必要性

大学英语教学改革十分必要，这不仅是时代发展的要求，同时也是提高英语教学质量、进行人才培养的要求。

（一）教学方法改革的必要性

教学方法一直是教学研究的重点，也是我国英语教学改革的关键环节。常见的英语教学方法包括语法翻译法、听、说法、直接法、认知法、交际法、情景法等，这些教学方法都曾经对英语教学理论和实践的发展做出过巨大贡献。但是，这些教学方法往往是在一定历史条件下为达到当时的教学目的而产生的，它们一方面从各个侧面充实和丰富了英语教学法体系；另一方面又过分强调了某个侧面，所以有各自的不完善之处。随着社会的不断进步与发展，社会对人才的需求也在不断变化，因此在不同时期，教学理论也会有所不同，教学方法也应有所变化。

传统的语法翻译法由于过于重视书面语的掌握，忽视口语表达能力的培养，并把口语和书面语分离开来，使学生即使具备了较强的阅读和翻译能力，也可能不具备起码的听、说能力，给教学过程带来很大的障碍。因此，虽然语法翻译法在历史上促进了英语教学的发展，但是随着时代的发展它已经无法满足社会的需求，必然会被其他的教学方法所取代。

随着国外一些新的教学方法的引入，我国英语教师的视野得到了拓宽，广大英语教师也积极投身到英语教学理论，特别是教学方法的研究、改革和实践之中，使英语教学方法得到不断完善。另外，英语教师应该根据具体的教学情况，运用各种教学法中最有效、最适用的部分，根据具体的英语教学需要，研究出适合本校、本班学生的教学方法。我国英语教学的改革强调以学生为本，突出学生的主体地位，这就需要教师在教学中重视学生的个性，在采用教学方法时重视对学生兴趣的挖掘。因此，在教学改革中我们需要认真地研究有利于激发学生学习兴趣的教法。

（二）教学内容改革的必要性

英语教学只注重语音、单词、语法的学习，教师大多是逐词逐句讲解词语句子的含义，着重讲解词法、句法、语法，而学生在课堂上的主要任务就是听教师讲课、记笔记，在这过程中，教师和学生都忽略了语言的实践活动。因此，在这种教学方法的影响下，学生通过英语学习提高的只是“语法能力”，而不是“应用能力”。这在很大程度上限制了学生语言能力的发展。

英语教学的目的是为了进行语言的应用，而不仅仅是阅读，更不仅仅是为了掌握单词的意义、明白语法规则，如果不能用英语进行交流，学习英语就失去了意义。要培养学生的英语综合应用能力，就需要在教学内容上进行改革，增加课堂上的语言实践活动，让学生有开口说英语的实践机会，也只有在实践中不断锻炼，学生才能真正提高英语的应用能力，才能够学以致用，达到英语教学的目的。

（三）教学形式改革的必要性

测试是英语教学中的重要环节，是检验学生学习效果和教师教学效果的必要手段。英语作为一门语言课，应通过听、说、读、写、译五个环节来学习，才能够收到预期效果。因此，在对英语教学质量及学生学习效果进行考核时，也应综合测试学生听、说、读、写、译五个方面知识和能力的掌握情况。但是，目前我国的英语考试仍以笔试为主，通常用一张试卷就考查了学生对英语知识的掌握情况，很少甚至没有其他形式的语言测试方式，可谓一锤定音。然而，这种仅凭一支笔、一张纸一次性判断出学生学习效果的方式很难全面地了解学生的听、说、读、写、译的能力，更难以反馈学生真实的英语交际水平及能力。由此可见，单纯的笔试既不能实事求是地反映学生的学习状况，也不能对教师的英语教学起到积极的指导作用。同时，这种考试在某种程度上也挫伤了学生的学习热情，使学生对英语学习失去兴趣和信心。此外，这种考试也忽视了对学生听、说能力的考查，但对英语而言，听、说能力才是核心技能。

长期以来，我国大学生的英语听力水平和口语水平的发展极不平衡。这主要是由于大学英语四、六级考试主要注重读、写、译能力的考核，大多数学生都是为了通过英语四、六级考试而将大多数精力放在了这三个方面的学习上。同时，教师为了保证英语四、六级考试的通过率也仅注重这三个方面知识和技巧的传授。尽管，近年来英语四、六级考试中增加了听力试题，也逐渐引入了口语考试。但是，由于对英语听、说能力教学的长期忽视，导致很多师生认为要提高英语听、说能力是事倍功半、付出大收益小的事，因此学生和教师仍然将精力放在对付笔试上。

然而，由于英语语言学习的测试应侧重学生的英语交际能力，即听、说、读、写、译的综合能力，如果仅用一次笔试来测定学生英语水平的高低，显然是有缺陷的。因此，这种考试方式对英语这个特殊学科来说有一定的局限性，应该加以改革。为更好地把握学生的英语语言领悟能力、英语语言理解程度、英语交际水平，教师应安排听力考试、英语口语和英语交流等方式来填补笔试考试的不足。总而言之，只有科学、合理的考试形式才能完整全面地检测教师教学的科学性和学生的英语知识和交际能力。

第二章　大学英语教学的课程研究

第一节　大学英语课程教学的要求

“大学英语作为高校学生的一门重要课程，对学生英语水平的进一步提高起到关键性作用，关系到向社会输送英语人才的整体水平。”① 我国幅员辽阔，各地区、各高校之间情况差异较大，大学英语教学应贯彻分类指导、因材施教的原则，以适应个性化教学的实际需要。大学阶段的英语教学要求分为三个层次，即一般要求、较高要求和更高要求。这是我国高等学校非英语专业本科生经过大学阶段的英语学习与实践应当选择达到的标准。一般要求是高等学校非英语专业本科毕业生应达到的基本要求，较高要求或更高要求是为有条件的学校根据自己的办学定位、类型和人才培养目标所选择的标准而推荐的。各高等学校应根据各自的实际情况确定教学目标，并创造条件使那些英语起点水平较高、学有余力的学生能够达到较高要求或更高要求。

一、大学英语课程教学的一般要求

第一，听力理解能力。能听懂英语授课，能听懂日常英语谈话和一般性题材的讲座，能听懂语速较慢（每分钟 130 ～ 150 词）的英语广播和电视节目，能掌握其中心大意、抓住要点，能运用基本的听力技巧。

第二，口语表达能力。能在学习过程中用英语交流，并能就某一主题进行讨论，能就日常话题用英语进行交谈，能经准备后就所熟悉的话题进行简短发言，表达比较清楚，语音、语调基本正确，能在交谈中使用基本的会话策略。

第三，阅读理解能力。能基本读懂一般性题材的英文文章，阅读速度达到每分钟 70 词；在快速阅读篇幅较长、难度略低的材料时，阅读速度达到每分钟 100 词；能就阅读材料进行略读和寻读；能借助词典阅读本专业的英语教材和题材熟悉的英文报刊文章，掌握中心大意，理解主要事实和有关细节；能读懂工作、生活中常见的应用文体的材料；能在阅读中使用有效的阅读方法。

---

① 彭杰、刘晓庆：《大学英语课程教学问题探析》，《读与写（教育教学刊）》2019 年第 16 卷第 11 期，第 17 页。

第四，书面表达能力。能完成一般性写作任务，能描述个人经历、观感、情感和经历的事件等，能写常见的应用文，能在半小时内就一般性话题或提纲写出不少于 120 词的短文，内容基本完整，中心思想明确，用词恰当，语意连贯；能掌握基本的写作技能。

第五，翻译能力。能借助词典对题材熟悉的文章进行英汉互译，英汉译速为每小时约 300 个英语单词，汉英译速为每小时约 250 个汉字；译文基本准确，无重大的理解和语言表达错误。

第六，推荐词汇量。掌握的词汇量应达到约 4795 个单词和 700 个词组（含中学应掌握的词汇），其中约 2000 个单词为积极词汇，即要求学生能够在认知的基础上在口头和书面表达两个方面熟练运用的词汇。

二、大学英语课程教学的较高要求

第一，听力理解能力。能听懂英语谈话和讲座，能基本听懂题材熟悉、篇幅较长的英语广播和电视节目，语速为每分钟 150 ～ 180 词，能掌握其中心大意，抓住要点和相关细节；能基本听懂用英语讲授的专业课程。

第二，口语表达能力。能用英语就一般性话题进行比较流利的会话，能基本表达个人意见、情感、观点等，能基本陈述事实、理由和描述事件，表达清楚，语音、语调基本正确。

第三，阅读理解能力。能基本读懂英语国家大众性报刊上一般性题材的文章，阅读速度为每分钟 70 ～ 90 词；在快速阅读篇幅较长、难度适中的材料时，阅读速度达到每分钟 120 词；能阅读所学专业的综述性文献，并能正确理解中心大意，抓住主要事实和有关细节。

第四，书面表达能力。能基本上就一般性的主题表达个人观点，能写所学专业论文的英文摘要，能写所学专业的英语小论文，能描述各种图表，能在半小时内写出不少于 160 词的短文，内容完整，观点明确，条理清楚，语句通顺。

第五，翻译能力。能摘译所学专业的英语文献资料，能借助词典翻译英语国家大众性报刊上题材熟悉的文章，英汉译速为每小时约 350 个英语单词，汉英译速为每小时约 300 个汉字；译文通顺达意，理解和语言表达错误较少；能使用适当的翻译技巧。

第六，推荐词汇量。掌握的词汇量应达到约 6395 个单词和 1200 个词组（包括中学和一般要求应该掌握的词汇），其中约 2200 个单词（包括一般要求应该掌握的积极词汇）为积极词汇。

三、大学英语课程教学的更高要求

第一，听力理解能力。能基本听懂英语国家的广播电视节目，掌握其中心大意，抓住要点；能听懂英语国家人们正常语速的谈话；能听懂用英语讲授的专业课程和英语讲座。

第二，口语表达能力。能较为流利、准确地就一般性或专业性话题进行对话或讨论，能用简练的语言概括篇幅较长、有一定语言难度的文本或讲话，能在国际会议和专业交流中宣读论文并参加讨论。

第三，阅读理解能力。能读懂有一定难度的文章，理解其主旨大意及细节，能阅读国外英语报刊上的文章，能比较顺利地阅读所学专业的英语文献和资料。

第四，书面表达能力。能用英语撰写所学专业的简短的报告和论文，能以书面形式比较自如地表达个人的观点，能在半小时内写出不少于 200 词的说明文或议论文，思想表达清楚，内容丰富，文章结构清晰，逻辑性强。

第五，翻译能力。能借助词典翻译所学专业的文献资料和英语国家报刊上有一定难度的文章，能翻译介绍中国国情或文化的文章；英汉译速为每小时约 400 个英语单词，汉英译速为每小时约 350 个汉字；译文内容准确，基本无错译、漏译，文字通顺达意，语言表达错误较少。

第六，推荐词汇量。掌握的词汇量应达到约 7675 个单词和 1870 个词组（包括中学、一般要求和较高要求应该掌握的词汇，但不包括专业词汇），其中约 2360 个单词为积极词汇（包括一般要求和较高要求应该掌握的积极词汇）。

大学英语课程教学的一般要求、较高要求和更高要求是作为各高等学校在制订该校大学英语教学计划时的参照标准。各高等学校可以根据各自学校的实际情况，对三个要求中的听力、口语、阅读、写作、翻译以及词汇量的具体要求与指标进行适当的调整，但要特别重视对听、说能力的培养和训练。

第二节　大学英语课程教学的设计

各高等学校应根据实际情况，按照《大学英语课程教学要求》和各自学校的大学英语教学目标设计出各自的大学英语课程体系，将综合英语类、语言技能类、语言应用类、语言文化类和专业英语类等必修课程和选修课程有机结合，确保不同层次的学生在英语应用能力方面得到充分的训练和提高。

大学英语课程的设计应充分考虑听、说能力培养的要求，并给予足够的学时和学分；应大量使用先进的信息技术，开发和建设各种基于计算机和网络的课程，为学生提供良好的语言学习环境与条件。

大学英语课程不仅是一门语言基础课程，也是拓宽知识、了解世界文化的素质教育课程，兼具工具性和人文性。因此，设计大学英语课程时也应当充分考虑对学生的文化素质培养和国际文化知识的传授。

无论是主要基于计算机的课程，还是主要基于课堂教学的课程，其设置都要充分体现个性化，考虑不同起点的学生，既要照顾起点较低的学生，又要为基础较好的学生创造发展的空间；既能帮助学生奠定扎实的语言基础，又能培养他们较强的实际应用能力，尤其是听、说能力；既要保证学生在整个大学期间的英语语言水平稳步提高，又要有利于学生个性化的学习，以满足他们各自不同专业的发展需要。

一、大学英语课程教学的个性化设计

“科学合理的大学英语课程体系，必然要基于对学生的个性化需要的分析，划分多个难度层级，同时提供相互依存的、动态平衡的课程模块。因此，个性化大学英语课程体系应以课程咨询与定制为先导，横向上考量语言知识、应用技能、人文素养，纵向上区分难度层级，测评上以阶段水平测试为评估手段，跟踪监管、动态评价课程体系的执行效果。”①

大学在开展英语课程设计的时候，需要通过英语课程培养学生的英语基础，这些英语基础包括基本的听、说、读、写能力，学生只有具备一定的英语词汇基础、句型应用基础和英语语法基础，才能够持续地向前发展。怎样为学生打好听、说、读、写能力的基础是部分英语教师的教学难题。

大学英语教师须了解到，如果用灌输化的方式引导学生学习英语，学生可能会觉得在被迫学习英语知识，他们将会产生逃避英语学习的思想。为了让学生愿意自主地吸收英语知识，大学英语教师要设计出具有个性化的英语课程，使学生觉得在学习英语的基础上，自己的兴趣爱好能得到满足，从而使学生愿意自觉地学习英语知识，打好英语基础。

二、大学英语课程教学的专业化设计

部分学生在大学学习的时候，会需要掌握某类专业的英语知识，例如，学生主修计算机专业的时候需要学习计算机英语，学生主修经济学知识的时候需要学习商务英语等。教师可设计专业化的英语课程，引导学生加强专业英语的学习。例如，教师曾设计了商务英语的选修课程，引导商务经济管理类专业的学生在这门选修课上加强商务英语知识的学习，这名教师曾在商务英语课堂教学中以项目式的方法开展商务实践技能的训练，这些训练取得了良好的教学效果。

三、大学英语课程教学的应用化设计

当前社会，人们要求大学生能应用流利的英语与他人交谈，能即时写出各类英语材料，能跨文化地与其他国家的人交流，这就意味着大学英语教师除了要帮助学生打下良好的英语基础以外，还要加强学生的应用能力。为了提高大学生的英语应用能力，大学教师要在英语教学中加强英语翻译能力的训练、英语交际能力的训练、阅读写作能力的训练等。

---

① 江琳：《大学英语课程体系的“个性化”构建》，《福建江夏学院学报》2022 年第 12 卷第 2 期，第 103 页。

第三节　大学英语课程教学的方法

一、课程教学方法的特征、标准与运用

教学方法是教育者和学生为了完成一定的教学目标和任务，运用一定的教学方式和教学手段而形成的教与学的活动途径和步骤。由于时代、社会背景、文化氛围的不同，研究者研究问题的角度和侧面的差异，使得中外不同时期的教学理论研究者对“教学方法”概念的解说不尽相同。对教学方法的理解归纳起来大致有三个角度：第一，从广义或宏观的角度，把教学方法看作教学活动方式的总和。如教学方法是指教师和学生在教学过程中，为达到一定的教学目的，根据特定的教学内容，共同进行一系列活动的方法、方式、步骤、手段和技术的总和。第二，从行为动作的角度，把教学方法看作教师和学生的行为方式或工作方式。如任何教学方法都是教师的一整套有目的的动作，教师通过这些动作组织学生进行认识活动和实践活动，使学生掌握教学内容，从而达到教学目的。第三，从媒体或材料应用的角度达到教学目的，把教学方法看作是应用媒体进行教学的方法。如教学方法是教师为达到教学目的而组织和使用教学技术、教材、教具和教学辅助材料，以促进学生按照要求进行学习的方法。

（一）课程教学方法的特征

教学方法是教学过程中教师与学生为实现教学目的和教学任务要求，在教学活动中所采取的行为方式的总称。教学方法的内在本质特点包括：首先，教学方法体现了特定的教育和教学的价值观念，它指向实现特定的教学目标要求；其次，教学方法受到特定的教学内容的制约；最后，教学方法要受到具体的教学组织形式的影响和制约。对教学方法可以从以下方面分析：

1. 从方法论角度分析

教学方法是指具体应用的方法，从属于教学方法论，是教学方法论的一个层面。教学方法论由教学方法指导思想、基本方法、具体方法和教学方式四个层面组成。教学方法包括教师教的方法（教授法）和学生学的方法（学习法）两大方面，是教授法与学习方法的统一。教授法必须依据学习法，否则便会因缺乏针对性和可行性而不能有效地达到预期的目的。但由于教师在教学过程中处于主导地位，所以在教授法与学习法中，教授法处于主导地位。

2. 从与教学方法密切相关的概念分析

教学方式和教学手段是构成教学方法的要素，不能将它们等同于教学方法，也不可将

教学模式与教学方法混为一谈，一种教学模式是由多种教学方法组成的。教学方法必须依据一定的教学理论，指向一定的目标，应用具体可操作的程序或一系列可操作的环节，解决一定的问题。

（1）教学方法与教学方式：教学方法不同于教学方式，但与教学方式有着密切的联系。教学方式是构成教学方法的细节，是运用各种教学方法的技术。任何一种教学方法都由一系列的教学方式组成，可以分解为多种教学方式；另外，教学方法是一连串有目的的活动，能独立完成某项教学任务，而教学方式只被运用于教学方法中，并为促成教学方法所要完成的教学任务服务，其本身不能完成一项教学任务。

（2）教学方法与教学模式：教学模式是在一定教学思想指导下建立起来的为完成某一教学课题而运用的比较稳定的教学方法的程序及策略体系，它由若干个有固定程序的教学方法组成。每种教学模式都有自己的指导思想，具有独特的功能，它们对教学方法的运用，对教学实践的发展有很大影响。现代教学中最有代表性的教学模式是传授－接受模式和问题－发现模式。

3. 从教学方法的共性分析

教学方法虽然有着不同的界定，但它们之间有着一定的共性：教学方法要服务于教学目的和教学任务的要求；教学方法是师生双方共同完成教学活动内容的手段；教学方法是教学活动中师生双方的行为体系。

（二）课程教学方法的标准

教学方法是连接师生双方的桥梁。从过去到现在，从传统到现代，人们创立了各式各样的教学方法。任何教学方法，都是为实现教学目的服务的。教学方法与教学目的、教材内容、教学对象，有着内在联系。运用教学方法，实际上就是把教师、学生、教材内容有效地连接起来，使这些基本因素有效地发挥其各自的功能作用，从而通过所产生的教学效果，来实现教学目的。因此选择教学方法必须依据教学目的、教材内容、教学对象，还要依据教师本身的特点和素养条件。

第一，依据教学目标选择教学方法：不同领域或不同层次的教学目标的有效达成，要借助于相应的教学方法和技术。教师可依据具体的可操作性目标来选择和确定具体的教学方法。教学目标将教学的一般性任务具体化，是一个有着多种具体内容的目标群，既有知识信息方向的，也有认知技能、认知策略方向的等。每一方面的目标都须有与该目标相称的教学方法。不同的教学方法有不同，没有一种最好的能适应各种教学情况的教学方法。

第二，根据学生的特征选择教学方法：学生特征直接制约着教师对教学方法的选择，这就要求教师能够科学而准确地研究分析学生的基本特征，有针对性地选择和运用相应的教学方法。学生特征主要指心理特征和知识基础特征两方面。学生的心理特征主要在于强调学生年龄差异造成的在心理发展水平上的差异。教学方法应该顾及不同年龄的不同心理特征。学生知识基础特征主要是考虑学生原有知识基础或认知结构，强调学生已掌握的知识及其认知方式对学习新知识学习的迁移作用。

第三，根据学科内容选择教学方法。不同学科的知识内容与学习要求不同；不同阶段、不同单元、不同课时的内容与要求也不一致，这些都要求教学方法的选择具有多样性和灵活性的特点。学科内容决定了一般教学方法在各门学科中的特殊形式。艺术性强的学科知识和科学性强的学科知识在教学方法上是有着很大差别的。这是因为通向这些知识的心理过程不同。某些方法具有较强烈的学科特点。

第四，依据教师的自身素质选择教学方法。任何一种教学方法，只有适应了教师的素养条件，并能为教师充分理解和把握，才有可能在实际教学活动中有效地发挥其功能和作用。一般而言，教师往往使用那些掌握得比较好的教学方法，当然教师在实践中总会因自身的某些方面的特点，并根据自己的实际优势，扬长避短，选择与自己最相适应的教学方法。

第五，依据教学环境条件选择教学方法。教师在选择教学方法时，要在时间条件允许的情况下，应能最大限度地运用和发挥教学环境条件的功能与作用。

（三）课程教学方法的运用

教师选择教学方法的目的，是要在实际教学活动中有效地运用。

第一，不断丰富和调整自己的教学方法。在教学实践活动中，每一种课型、每类问题，都有其自身的特点。教师在教学实践中，都不同程度地积累了自己富有实效的应对方法。这些方法也许是学来的，也许是自己创造的，但都有一个共同的优势，那就是适合自己的特点。选择怎样的教学方法要看它是否适合眼前的学生、是否符合新的教材和大纲要求，新的年级、其他班级的学生、别的教师等能否应用，不能用又将如何修改、调整，这些也是教学方法积累中必须考虑的。

第二，积极学习已有的教学方法。在教学实践活动中积极学习先进的教学方法是每一个教师的愿望，目前在国内外，存在着大量的经过实践证明是行之有效的教学方法，这些方法通过不断地应用并在实践中检验、论证，正日臻完善，如电化教学法、发现教学法、引探教学法、建构主义教学法等，与传统的教学法相比已有许多新的发展。根据自己教学实际的需要，学习已有的教学方法为自己的教学所用，是应该提倡的。应用中要注意遵从教学策略的要求，切忌简单机械地任意套用，要适合自己的实际条件。

第三，教学方法的组合。在教学活动中，一节课，一个问题的解决，依靠一种方法往往难以完成任务。这就需要各种教学方法的搭配或有机组合。可以一法为主，多法相助，如利用演示法教学时应有谈话法作为补充，也可以用其他方法来补充某种方法的不足，如在进行长方体教学时，除需教师富于生动、形象和启发性的讲解外，在讲授中，还应该以教具演示做补充。在组合、搭配教学方法中往往存在着方法之间的问题，从而影响解决问题的效率。在具体的教学中，应使所需要采用的多种方法构成有机的整体，以便更高效地解决问题，这就对已有教学方法的有机组合，也是形成教学策略的又一重要途径。

第四，对已有方法的改造。由于实际中的主客观条件不同，原有的教学方法可能无法实现教学目标，那么要想更有效地完成教学任务，就必须改变原有的教学方法。如在教学中，采用自学辅导教学法。这种方法是在教师的指导下，通过阅读教材的课文和例题，在已有知识的基础上通过自学、自练、自己批改作业等手段达到学习目的。如在素质较好的班级中，教师就可以大胆放手，让学生按规定目标，自觉参与学习并完成学习任务。这时可以是学生自学为主，教师指导为辅。而在较差的班级里，尤其是学生缺少自学经验的时候，教师就应改变自学为主的设计，以辅导为主。即使学生初步掌握了自学方法之后，也要伴随较多的指导与启发。

第五，教学方法的创新。为了不断适应新的社会环境和新的教育观念，为了各学科知识体系的不断更新和教学条件的不断改善，教学方法也必须有新的发展。教学实践中，在充分吸取原有教学经验的基础上，激发学生学习兴趣和求知欲，强调教学应该教学生如何学，促进学生个性的发展。

二、大学英语不同课程的教学方法解读

（一）语法课程的教学方法

大学英语专业的英语语法教学一直是教学界的重要内容，在实践教学过程中，从课程一开始就讲授“动词”知识要点，非谓语动词（动名词、不定式、分词）、动词的时态、动词的语态、动词的语气（虚拟语气）、情态动词、助动词……有关动词的全部内容讲授完毕后，再按照传统语法教学的顺序讲授的名词、冠词、数词、形容词、副词等等。

英语语法是大学四年制英语本科专业的学科必修课，课程的教学对象是本科专业二年级学生，它的教学目的是帮助学生掌握比较系统、比较完整的英语语法知识，能运用语法规则指导语言实践，判断、改正语言错误，提高实际运用英语的能力。课程讲解简明扼要，其中有丰富的例句，以帮助学生深入理解语法概念。每章都附有练习题，以供学生练习提高之用。在英语专业学生中，英语语法课程不仅仅是中学英语语法知识的简单再现，它涵盖的内容是博而多的。英语专业的语法课程教师，必须遵照以上规定来开展教学实践，即使是开辟新的教学方法，也必须达到以上的教学目标。

1. 传统语法课程的教学方法

一般而言，英语语法课程，不管它选用的教学用书是哪一本，基本上都包括词法和句法两大部分。这里的词法，包括构词法、名词、限定词、代词、数词、形容词、副词、介词、连词、动词。课程要求对各类词的概念、句法功能、相关的语法规则做到全面的了解和掌握，特别是对名词的数，各类限定词的用法，动词的时态，语态，语气，非限定动词，形容词和副词的比较等级等语法现象做到重点掌握。而句法则包括句子成分、句子种类、

基本句型、存在句、名词性分句、关系分句、状语分句、直接引语和间接引语，主谓一致、倒装、重复与省略，篇章纽带等内容。课程要求熟悉各种句子的结构及其基本用法，同时还要求掌握某些句型的特殊用法，其中要重点掌握主谓一致、倒装、各类分句（特别是关系分句和状语分句）的用法。

在语法教学中，虽然语法知识点各个侧重点不同，但是，一般英语学生都认为“名词”“冠词”等较之“动词”以及“时态”“语态”的学习，还是简单了许多。如果英语语法教师在教学一开始，采用传统的方法先讲名词，按部就班地按照教材进行，会让学生感觉语法学习越来越难，有一部分学生会因此产生厌学、抵触的情绪。虽然教学要遵循先易后难的原则，但是，对于在中学阶段已经掌握大部分英语语法基础知识的大学英语专业学生而言，语法学习中还会有一定先紧后松的思想存在，他们会把开始的内容认真学习，但是，对于教材后面很重要的动词等内容的学习就会产生松懈思想，从而影响他们的语法学习效果。

2. 新式语法的教学方法

新式语法教学是基于陈敦金主编由复旦大学出版社在 2004 年出版的《新编英语语法综合教程》这本教材展开的，不仅这本书的名字中有“新编”，它的内容也有别出心裁之处。在教材说明中，作者也是强调此书遵循“精”和“新”的指导思想，挑选语法重点项目、语法疑难点、语法易混淆点和语法常考点等内容进行详尽深入讲析，同时对同类语法现象进行总结归纳，将那些平常而简单的语法内容或早为读者所掌握的语法知识删去。本书内容还包括一些在其他语法书籍或教科书上很少涉及或虽有涉及但语焉不详的语法问题，并适当介绍现代英语语法随着语言的发展而发生的某些变化，从而最大限度地满足读者的需要，为他们进一步学习英语奠定更坚实的基础。

有了比较新颖的教材，在开始上课时，就能吸引学生的注意力，结合语法知识，直接讲授英语语法中最精髓的部分，学生在教师讲授中，会更加注意其中的难点和要点。同时，教师在授课时，运用多媒体或者配套练习题的方式，把英语专业四级和公共英语四六级试题中涉及动词、时态和语态等知识的题目呈现给学生，让学生在学习语法知识的同时，有了具体的做题实践。这样一来，在语法教学中，学生的语法知识指导他们语法实践，在语法做题实践中加深他们的语法知识，两者相辅相成，相得益彰，学生语法知识的学习，也变得实用有效起来。

综上所述，采用先讲动词及其相关篇目的新的英语语法教学方法，根据新编教材的内容，面向实际，突出重点难点，通过讲解、分析、归纳、练习多种方法相结合，精讲多练，讲练结合，使学生更好地把握语言的规律和联系，使其英语语法知识逐步积累，能更熟练和精确地运用英语，教与学双方能力都得到了提高。

（二）精读课程的教学方法

大学英语精读课对我国的高等教育的发展起着重要的作用。怎样才能有效提高精读课的教学效果，最大限度地挖掘学生在精读课上的潜能，在培养学生听、说、读、写、译等各项技能中发挥其最大效益，是大学英语教师一直关注并持续探讨的问题，也是大学英语教学改革的关键。大学英语精读课的教学过程具体如下：

第一，课前预习。课前预习在英语学习中占有很重要的位置。但是很多大学生在学习英语时没能做到，因此教师可以强制要求学生在课前认真预习新课，充分利用手边的教学参考书或者多媒体资料，熟悉课文内容。在课前明了全文大意及作者的写作意图后，学生课上会积极主动参与教学过程，从而能够学有所获。

第二，课堂授课。学生学习英语的终极目的是为了获得运用英语进行交际的能力。多年来，大学英语教师都推崇交际教学法，但是碍于学时有限、语言知识传授任务较重等原因，不敢大胆使用。如果我们借助教学参考书、多媒体光盘把语言知识的学习、吸收交给学生自己去完成，课堂上教师不必对课文及知识点进行详细的讲解分析，那么就有了大量的时间开展以培养学生英语交际能力为中心的课堂活动。

第三，课后复习。听、说法中的记忆背诵原则对学生学习英语有很好的帮助，要求学生务必背诵课后练习中指定的段落。因为在语言的学习过程中，背诵对培养学生语感、增强口头及书面表达能力起着积极的作用。另外，充分利用每个单元附带的课后练习来巩固学生所学的知识。课后的词汇练习和理解性练习可作为课堂训练，检查学生所学所用，这是一个实践练习的环节。大学英语精读课教学模式改革的重点之一就是促进学生个性化学习方法的形成和学生自主学习能力的发展。因此，无论是课前、课上还是课后，教师都应该加强对学生语言学习的指导和督促，通过不同的任务设计使学生在完成“任务”的过程中始终处于积极的、主动的状态。这样的语言实践活动，使学生反复地应用相关词汇、短语和句子，逐渐地养成良好的自主学习的习惯。

1. 传统精读课的教学方法

传统的大学英语精读课教学模式主要以语法翻译法以及语篇分析法为基础，教学环节的设计多以教师为中心，教师课堂上先是反复地解释词语，分析语法点，再对课文进行细致、深入讲解或逐字逐句翻译，学生机械被动地跟随教师的思路走，没有机会主动参与语言实践。因此，传统的大学英语精读教学存在着一定程度的过度现象：教师讲解过多，过于细致；同时对学生能够理解并掌握的词汇量和语法知识的期望值过高。另外，传统的英语教学又存在着某些不足：学生参与的主动性不足，过于依赖教师，而且教师对于学生应该掌握的语言知识、基本技能的训练明显不足。

2. 新式精读课的教学方法

（1）科学地培养学生的文化意识。大学英语教学不但要传授语言知识，更要使学生对来自不同文化的信息有很高的领悟能力与接受能力。在进行文化词汇教学时，首先要以培养学生的文化意识为中心、逐步提高学生对于文本文化负载含义的兴趣。教师可采取以下方法：

①导入法。教师结合教学中出现的文化词汇介绍相关的文化知识，利用课前几分钟，讲解相关的英美文化。这种课前进行导入的方法，对于激发学生的求知欲很有帮助。

②渗透法。渗透法可以随时运用。如在讲解大学英语精读第二册课本中有关《独立宣言》的文章时，教师可结合文章补充一定的相关政治背景的内容，以加深学生对《独立宣言》主张的认识。

③比较法。教学中对比两种文化的差异，如通过对比英美人和中国人对同一形象的不同反应，让学生了解英语词汇的负载语义。

④参与法。在教学中，要鼓励学生参与。可以设计一些场景，给学生一些简单的情节介绍，让学生自己编排一些表演性的，展示性的活动。把一些具体的步骤介绍给学生，并加以指导，可以让学生模拟一下现场，从而得到比较好的效果。

（2）增强学生们的跨文化交际能力。学习英语的目的是要在实际生活中运用，一方面，学生要在实际生活中掌握英语词汇与句子的运用；另一方面，学生要把学到的知识再次运用到与他人的交往中，并不断加以丰富。因此，在学生对于文化信息的接收有所提高的同时，文化词汇教学活动要兼顾学生运用能力的提高，切实做到增强他们的语言交际能力。教师可尝试亲身实践法，即结合文化词汇，让学生采取多种方式进行演练，如改编对话、进行表演等，使学生身临其境地感受语言和文化，借此提高学生对文化的敏感性和意识，并逐渐增强学生的文化知识运用能力。

综上所述，大学英语精读教学方法改革的关键是要从根本上转变教育教学理念，抛开应试教育的桎梏。大学英语教育工作者要与时俱进，联系教学实际，不断创新，这样我国的大学英语教育，包括高等教育才能够不断进步。随着外部学习环境的变化，大学英语教师也必须顺应潮流，将授课内容的提炼、挖掘，授课的方式方法，关键问题的讨论等巧妙地、有机地融为一体，这样才能上好大学英语精读课，学生也才能有条有理地品味英语学习，从而取得良好的教学效果。

（三）听、说课程的教学方法

为了适应社会的需要，更好地与国际接轨，在大学英语教学中，我们需要逐步转变教学方法，不断更新教学理念，全方位地利用各种教学手段来丰富我们的课堂，英语课堂教学模式革新势在必行。英语课程标准指出：语言技能包括“听”“说”“读”“写”四个方面，以及这四种技能的综合运用能力。新课标把“听、说”放在前两位，是完全符合语言学习规律的。另外，要提高学生的听力口语水平，并使大学生在以后的工作生活中能够更好地运用所学到的知识，需要做到以下方面：

第一，教学目的要明确，教学目标要具体，突出课型。我们所使用的教材是外研社出版的《新视野大学英语听、说教程》，既是“听、说课”，就应该体现听、说两个重要环节。

不可以上成语法课或只是讲解其中知识点、做练习。教师可以按照听、说教学法的模式，避免使用学生的第一语言，避免讲解生词文法，而应该直接用所要学的目标语言，也就是英语来教学生。教师借由充分的操练，使学生学会如何自动自发地使用特定的文法结构。应用在实际的语言课堂中，一方面，要求教师上课尽可能地用英语授课，学生也避免使用母语，但是对于非英语专业的学生，也要根据学生的英语水平，当学生的理解发生问题时，教师应以肢体动作、辅助教具或举例帮助学生了解，或适当使用母语解释说明；另一方面，教师要充分利用课本上的材料，练习，呈现正确的范例，让学生模仿、重说。教师还可以介绍新的词汇让学生进行代换练习，目的是要让学生更加熟练在范例中使用的文法结构。

第二，听、说课教学目标的设计应有层次感，反映知识目标、能力目标和情感目标。三维目标的具体构成部分最好也应该体现在教学设计中。教学过程的设计对教师的要求很高，要求教师考虑语言输入和输出的关系，处理好二者的比例。此时，就可以充分利用情景教学法。情景教学法是指在教学过程中，教师为了达到既定的教学目的，从教学需要和教材出发，有目的地引入或创设具有一定情绪色彩的、以形象为主体的生动具体的场景，以激起学生热烈的情绪，引起学生的情感体验和态度体验，帮助学生迅速而正确的理解教学内容，来提高教学效率的一种教学方法。那么这就要求教师创设情境，通过师生对话，图片展示，头脑风暴等调动学生所学知识，激发学生学习热情，学习新知识。

第三，听、说课教学可以使用任务型教学法。以任务组织教学，在任务的履行过程中，以参与、体验、互动、交流、合作的学习方式，充分发挥学生自身的认知能力，调动他们已有的目的语资源，在实践中感知、认识、应用目的语，在“干”中学，“用”中学，这体现了较为先进的教学理念，是一种值得推广的有效的英语教学方法。在本模式教学活动中，教师应根据学生的心理、认知规律，精心设计课堂教学，充分体现以学生为中心，以人的发展为本的教育理念。以学生为主体，以任务为中心，以交际为目的。根据不同层次学生的水平，创造出不同的任务化活动，让学生在运用语言完成任务的过程中来学习、体会、掌握语言，让学生通过学习、伙伴合作、协商，在做中学，学中用，学习过程充满了反思、顿悟和自省，从而可以最大限度地调动学生的学习内驱力，提高他们发现问题、解决问题的能力，发展他们的认知策略，培养他们的合作精神和参与意识，并在完成任务的过程中体验成功的喜悦，充分发挥成功的潜能。在教学过程中，一方面教师应关注学生的生活实际和生活体验，让课堂贴近实际，贴近生活，贴近时代，充分挖掘教材和学生的灵感因素，把学生纳入语言教学材料；另一方面教师要充分利用教室里的多媒体先进设备，积极组织学生，个人思考完成，或是分组讨论完成，把听和说有效地结合起来，使语言教学材料生动化，变静态教学内容为动态生活素材，力求以真情实感诱发兴趣，以灵活多样的教法激发兴趣，以愉快的教学发展兴趣。寓创造性教育于课堂教学之中，优化课堂结构，提高课堂效率。

总而言之，加强听、说教学、努力提高学生的口语表达水平，已经成为新课改后，英语教学的重要任务之一。当然，英语听、说能力的培养绝非一日之力，我们不能急功近利，教育最好的办法就是让学生能够长期地耳濡目染，日积月累，力争使听、说教学成为提高学生语言运用能力的有效手段，使学生最终熟练地运用到学习生活以及日后的工作中去。

第三章　大学英语教学的多元内容

第一节　大学英语听力与口语教学

一、大学英语听力教学

（一）大学英语听力教学的目标

大学阶段的英语听力教学目标分为三个等级，即基础目标、提高目标和发展目标。

第一，基础目标。基础目标是针对大多数非英语专业学生的英语学习的基本需求确定的，具体包括：①能听懂就日常话题展开的简单英语交谈，能基本听懂语速较慢的音、视频材料和题材熟悉的讲座，掌握中心大意，抓住要点；②能听懂用英语讲授的相应级别的英语课程；③能听懂与工作岗位相关的常用指令、操作说明等；④能运用基本的听力技巧。

第二，提高目标。提高目标是针对入学时英语基础较好、英语需求较高的学生确定的，具体包括：①能听懂一般日常英语谈话和公告；②能基本听懂题材熟悉、篇幅较长、语速中等的英语广播、电视节目和其他音、视频材料，掌握中心大意，抓住要点和相关细节；③能基本听懂用英语讲授的专业课程或与未来工作岗位、工作任务、产品等相关的口头介绍；能较好地运用听力技巧。

第三，发展目标。发展目标是根据学校人才培养计划的特殊需要以及部分学有余力学生的多元需求确定的，具体包括：①能听懂英语广播、电视节目和主题广泛、题材较为熟悉、语速正常的谈话，掌握中心大意，抓住要点和主要信息；②能基本听懂用英语讲授的专业课程、英语讲座和与工作相关的演讲、会谈等；③能恰当地运用听力技巧。

（二）大学英语听力教学的特点

1. 听力教学对象的特点

通常一个班级的大学生来自全国各个地方，学生的听力水平参差不齐。有些学生听力基础差，没有掌握正确的学习方法；有些学生的语音语调存在很大问题，因而很难听懂正常语速的听力材料，甚至已经学过的常用词；当然也有一些学生英语水平很高，比较容易听懂听力材料。在听力水平不同的情况下，使用相同的教材和教学方法，使得听力水平低的学生不想学，教师难授课，也就达不到提高大学英语听力水平的教学目的。目前，一些学校尝试打破原有的以院系为单位的班级，将学生听力水平分成提高、普通和预备三个层次，有针对性地选择授课内容和授课方法，更好地贯彻因材施教的原则。

2. 听力教学内容的特点

“大学英语听力教学内容较为广泛，不仅包括语言知识、文化知识，还包括培养学生对听力策略的掌握和运用[①]。”目前学生主要的听力问题可以概括为三种：第一种是“听不清”，即对单词的发音、英语的语调特征、说话速度不熟悉，造成不能有效地获取信息；第二种是“听得清却听不懂”，这是由于对英语的句法结构、文体特征、篇章逻辑不了解和缺乏听力技巧而造成的障碍；第三种是“听懂了却无法理解”，这是由于学生个人的知识结构、文化背景与所听材料的差距过大造成的。因此，词汇障碍、语音障碍、语义障碍、听力障碍、心理障碍以及文化障碍等成为大学英语听力教学的主要问题。

（三）大学英语听力教学的策略

1. 大学英语听力教学模式策略

由于深受传统教学模式的影响，很大程度上，教师在教学中只是遵循着固定而又呆板的教学模式：先放录音，再做题，之后给出答案。这种传统教学课堂因为呆板的组织而显得枯燥乏味，教师成为教学的主体，学生基本处于被动状态，师生之间缺乏感情沟通和知识信息的交流，课堂气氛枯燥，学生的主动性没有得到应有发挥，这种模式在很大程度上影响了听力教学效果。因此，教师要勇于尝试新的教学模式，灵活选择使用。

（1）交互式教学模式。

交互式教学模式也称互动式教学模式，是指通过营造多边互动的教学环境，在教学双方平等交流探讨的过程中，达到不同观点的碰撞交融，进而调动教学双方的主动性和探索性，强化教学效果的一种教学方式。

交互式教学模式是一种适应时代的教学理论和策略。区别于传统教学法中以教师为中心，学生被动参与学习的模式，交互式教学法是以学生为中心，让学生积极主动地参与组织教学的各个环节，参与教学活动的全过程，真正成为教学活动的主体，与此同时还要注意发挥教师在教学中的主导作用，实现教师与学生、学生与学生的双向交流与互动。简言之，它是旨在建立以教师为主导，以学生为主体，在师生、生生，以及人与多媒体之间通过“互动”方式组织起来的一套英语教学法。“互动”是两个或更多的人相互交流思想感情，传递信息并产生相互影响的过程。目前流行的交际英语教学理论的核心就是交际能力培养必须具备“互动”这个性质。交际能力培养强调“互动”的重要性，是因为人类在各

① 李红霞：《大学英语教学研究》，天津科学技术出版社 2017 年版，第 32 页。

种背景下使用语言的目的就是“传递”信息，简单来说，是把自己头脑中的信息传递给另一人，反之亦然。

①交互式教学模式的必要性。交互式教学模式的中心是“交流”，课堂教学最重要的形式也是交流，没有课堂交流，课堂教学就没有实施条件。有效的课堂交流是达到教学目的的前提。从信息交换的角度来说，教师和学生之间的信息交流是双向的，他们之间存在着大量的信息交流。针对现在大学英语听力中依然是传统的以教师为中心的课堂的现状，实施基于交互式教学法的大学英语听力教学模式是非常有必要的。交互式教学模式将传统的“以教师为中心”的教学模式转变为教师引导、学生积极参与、师生之间良性互动，“以学生为中心”的教学模式，即教师在教学过程中是作为参与者而非整体的控制者，它注重了师生的协作互动，提高了学生的教学参与性，从而提高了大学英语听力课的教学效果。

②交互式教学环节。交互式教学模式在听力教学具体实践过程中，应分成听前准备、课堂训练、听后总结三个关键环节。

第一，听前准备。如果听者事先知道他将做出某种反应，他会立刻带着目的去听，并且他知道会听到怎样的信息以及如何去反应。在听每段材料前，教师应该和学生充分交流，了解学生感兴趣的话题，进而让学生寻找和准备相关的材料，储备一些与该话题相关的词汇。在课堂上，教师可根据学生准备的情况提问，针对这些问题让学生进行自由讨论。这些可以看成是听力训练前的热身。通过“热身”，一方面学生对将要听到的内容会有大致的了解，引起学生的兴趣，通过相互交流，提高学生的积极性，使学生更好地融入课堂；另一方面展开师生、生生之间的互动，活跃了课堂气氛，促进教学效果以及培养学生语言交际能力。

第二，课堂训练。交互式教学模式强调教学的互动，以及从传统的以教师为主的教学模式转变为以学生为中心的教学模式。在课堂训练前，经过热身阶段的师生交互活动便可以正式地开始听力技能训练了。首先，为了不破坏语篇的完整性，可以整体先听一遍材料，让学生对材料有一个大概的掌握；其次，第一遍听完之后，可以叫学生结合热身阶段的讨论对所听材料进行一下评价，评价是引导学生深入理解材料的好方法，然后要回答其他学生就材料理解进行的提问；最后，由教师进行正确与否的评判。这样既锻炼了学生的逻辑归纳能力，又实现了生生、生师之间的互动。在互动中，学生还可以总结出一些适合自己的听力技巧或策略。在该过程中，学生充分参与教学活动，成为教学的主体，而教师在此过程中除了充当指导者外，还可以是学习的共同参与者和合作者。

第三，听后总结。听力活动结束之后，教师应对学生的任务完成情况给予及时反馈。在反馈过程中，教师可以先让学生们评估自己的任务完成情况。反馈完后，教师要对所听内容进行巩固，首先对所听材料中的词汇、基本句型和习惯表达进行总结；然后可根据实际情况，对所听材料进行角色表演和分组讨论，通过语言的再次学习，更好地理解和掌握所学知识，从而促进学生语言的实际运用能力。

（2）文化导入式教学模式。

①文化导入式教学模式。文化导入式教学模式是一种通过引导的方式让学生主动建构语言与文化知识、促进英语综合运用能力的相对稳定的操作性框架。该模式主张教师在一定的教学环境中，根据教学大纲、教材和学生实际，运用正确的方法对学生进行积极引导，激发他们的思考与想象，促进学生主动进行内部心理表征的建构，从而培养学生对文化差异的敏感性、宽容性以及处理文化差异的灵活性，提高学生综合运用英语的能力。该模式在教学内容上注重文化概念与思考方式的引入，突出相关文化内容，在教学形式上注重学习主体作用的发挥，同时也要求教师积极发挥主导作用。

②文化背景知识导入的方法。

第一，适时培养学生对文化背景知识的敏感性。为培养学生对文化的敏感性，教师要充分利用教材发现问题，培养学生从文化角度来审视问题的根源，提高他们发现目的语文化现象的存在和这一文化与母语文化之间相符相悖的敏感性。

第二，利用词语导入文化背景知识。词语包括单个的词和短语。语言的各种文化特征都能在词语中展现出来。教师在教学中应适当地导入听力材料中具有一定文化背景知识的词语，让学生充分理解其文化特征与内涵。

第三，听、说并重，增强文化理解力。要想真正提高听力水平，必须强调听、说并重。教师可以根据不同的材料通过复述、问答及根据听力材料组织对话、进行小品表演等形式对学生进行听、说检查，这既可以加深学生对有文化内涵知识的掌握，又可以提高学生的听、说能力。

第四，借助视听媒介导入文化。教师应发挥多媒体的优势，充分利用电影、电视、幻灯片等资料进行辅助教学。因为，这些媒介是了解西方文化的有效手段，是包罗万象的文化载体。学生可以在观影中直观、真实地了解西方的社会习俗、交际方式、价值观念等文化内容。

第五，延伸教学空间，拓展英语文化。教师可以采取布置任务的方式，让学生提前查阅与所学单元相关的文化知识，并让学生以幻灯片形式展示成果，使学生在参与中增强信心和成就感。同时，鼓励学生课后大量阅读介绍英美文化的书籍，这既可获得语言知识，又可深化学生对文化差异的了解，从而提高学生的听力水平。

（3）视听、说结合式教学模式。

①视、听、说结合式教学的必要性。视听结合，使学生处在耳目一新的教学环境当中，在视觉和听觉的双重刺激下接受语言信息，在这种环境中启发学生说英语的欲望可以达到事半功倍的教学效果。无论是在英语教学中，还是在真实的言语交际中，听和说都是密切相关、不可分割的。听是凭借听觉器官对言语信号进行意义建构的过程，是理解言语的技能；而说则是借助语言外壳通过发音器官将思想转换成具有句法和语音结构的言语信息的

过程，是言语表达的技能。口头表达能力的提高必然会促进听力技能的提高。教师应尽可能地为学生创造练习口语的机会，将听与说有机地结合起来，以听、说结合的方式切实提高其听力水平，从而改变现有的听音画钩，单纯以获取信息为目的的教学现状，保持英语习得过程中的输入与产出的平衡。

视、听和说三者在听力教学中有着相辅相成、互相促进的关系。集文本、图像、声音于一体的多媒体能及时为教学提供生动有趣、灵活、方便、实用的学习和实践的空间，使学生置身于一个真切实际的英语学习世界。选择难度适中、题材广泛、内容风趣、语言清晰规范的视听材料，并灵活性、创造性地调整和补充教材内容，通过视觉、听觉双重刺激，把听和说结合起来。要求学生理解所听内容，并且要做出积极反应进行口头练习，视觉效果有效刺激听觉能力，口语练习有效促进听力理解。不仅能锻炼学生的英语思维能力，还有助于提高记忆力，有利于知识的获取和记忆，达到运用英语、实践英语的目的。

②视听、说结合式教学环节。通过视听、说结合的方式，可以解决英语教学中的“质”的问题，通过指导学生按照粗略观看、仔细听解、口头讲述三个步骤来完成从语言输入到输出的过程。在粗略观看阶段，教师根据视听内容，利用图片、实物、背景知识的介绍和单词的讲解等形式进行巧妙地导入，让学生对视听材料的大体内容有所掌握，为下一步教学做好铺垫。在仔细听解阶段，不仅指导学生进一步明确整段话语的大意，更要把焦点放在语言材料本身，要求学生能够回答具体的细节问题，甚至区别细微的语音现象。在讲述阶段可以采取如问答、复述、谈论话题、讨论、情景对话、描述、角色扮演等多种形式，对视听材料有选择地进行再现、借鉴或者创造。以上三个步骤可以根据教学的实际需要，有重点、有目的地进行练习。

教师在课堂上的主要任务是示范和指导学生如何采用视听、说结合的方法，按照以上三个步骤，克服听的过程中出现的来自语音、语言和文化等方面的困难，促进语言知识的使用和内化。教师在语音材料与学生之间充当媒介，帮助学生将听力内容同已有的知识技能有机地联系起来。采取灵活多变的方式进行课堂主体教学，由浅入深，由易到难，循序渐进，营造良好的学习环境和氛围。根据学习材料的主题和内容的不同而进行精心的设计，充分发挥多媒体声图文并茂的优点，采取文字、图片、音乐和短小视频的形式，激起学生的学习兴趣。在听力训练的过程中，教师不可一味地唱“独角戏”，除了要向学生提供必要的背景知识、语言知识和听力技巧来帮助学生理解外，应该设计出形式多样的活动使学生参与到教学之中，对视听材料进行模仿和拓展，充分发挥学生的想象空间。和学生共同融入听力训练中，注重倾听个体学生的答案和解释，给予学生适当的提示和指导，尤其是多给予积极的肯定和鼓励。

2. 大学英语听力训练策略

（1）选择多样化的听力材料。在选择听力材料时，教师既要结合教学实际的需要，也要结合学生现有的能力和兴趣，还可以让学生在课堂上以英语游戏的形式参与活动，循序渐进地进行练习，让学生既在乐中学，也在玩中学，最大限度地挖掘他们的潜在能力，发挥他们的主观能动性。

丰富的课堂内容，比单一的听力训练更能激发学生的学习兴趣。兴趣是最好的老师，有了兴趣，英语学习就是一种享受，自然会事半功倍。传统听力教学长期采用单一的教学模式：放音、练习、对答案，过于依赖教材，听力内容单调乏味，无法激发学生的学习兴趣和热情，因此在课堂材料的选择上，应充分考虑学生的兴趣、心理状态及当下热门话题等。

在多媒体教学环境下的今天，教师可以播放英文电影、教学情景对话、英文歌曲或演讲，甚至VOA、BBC新闻练习听力，通过增强听力内容的趣味性、时效性，适当引入一些流行元素，提高学生的英文水平。英文电影作为一种直观、形象、生动的方式，越来越受到学生的青睐。英文电影有吸引人的剧情，让学生身临其境，有些情节非常具有趣味性，影片中的英语不再是让人望而生畏的语言，而变成妙趣横生、充满生机和活力的实践语言。

每周增加一点这些内容，并在人机对话中让学生学唱英文歌曲，进行英文电影配音，这将提高学生的英语学习热情和积极性，从而使其在轻松愉悦的氛围中提高英语听力水平，并且对提高学生的口语表达能力也非常有帮助。

（2）加强文化背景知识介绍。随着英语听力教学的不断深入和发展，文化背景知识的导入愈来愈受到重视。每个国家都有自己独特的文化背景和风俗习惯，如果不熟悉西方英语国家的文化背景知识，不懂得用西方思维方式来理解英语语言，就会给英语学习造成很大的障碍，学生就会很难理解某些听力材料或是产生误解，有时学生可能已经听清楚每个词了，却不能完全理解整个句子或是整篇文章所要表达的意思。在大学英语听力训练中，介绍文化背景知识是十分重要的。以下探讨文化背景知识对听力的影响：

①民俗习惯。随着国际交往的进一步发展，越来越多的中国人知道了一些西方节日，但是因为不了解西方文化，往往不知道这些节日的起源和发展。例如，有一篇关于Boxing Day 的听力材料。BoxingDay 译为节礼日，是每年的圣诞节次日或是圣诞节后的第一个星期日。关于节礼日的起源存在争议，如一种被广泛认可的说法是雇员在圣诞节后的第一个工作日会收到雇主的圣诞礼物，这些礼物通常被称为“圣诞节盒子”（Christmas Boxes）。节礼日现在普遍被认为是购物日，因为在圣诞节过后的第一天，一般商家都会推出减价活动。如果学生并不了解有关节礼日的文化背景，就会误以为是拳击日，是打架争斗的日子。

②思维方式。不同的国家有着不同的思维方式，对待同一事物的看法也会有所不同。例如，在时间观念上中西方就存在差异。在赴约时，中国人会提前到达以示礼貌，而美国人则更注重要准时到达。如果迟到，让人等候，显然是不礼貌的，可去得太早也不好。因为主人要收拾房间，准备饭菜，如果去早了，主人还没有准备好，又要出来接待，就会造成不便。

③法律制度。在不同的国家，法律法规、制度政策等都会存在着很大的差异。如果对于这些差异不是十分了解的话，就会造成听力理解上的障碍。

④生活习惯。在不同的文化背景下，各个国家的生活方式及礼仪习俗必然有所不同。了解了这种生活习惯上的差异有助于更好地理解听力材料的内容。

（3）播放听力材料前的提示。在给学生上听力课时，教师不能只是给他们放录音带，也不能只给他们解释一点词汇或者短语，而是应当用已有的与材料相关的知识来引导学生。例如，老师可以用简短的讨论进入主题，让学生根据听力题目或者预先给的一些暗示来猜猜听力的内容，从而帮助学生理解所要听的材料。通过这些方式，可以让学生对将要听到的内容有所期待，也从心理上进入一个准备阶段。另外，如果材料有一定的难度，可先用简单的语言来表述，但是切记不能说太多或者自己将材料重复地跟学生叙述。否则，学生将可能因此而对材料失去兴趣。同时，也可以培养学生在听听力材料的同时做笔记的能力，在听听力材料之前给学生一些相关的问题，这样一来学生就更有目的性，效率也会提高。用这种方法，学生就不会遗漏材料中的一些要点和细节，同时，这种方法也有助于学生理解较长的听力材料。

（4）教会学生抓住重点。通常而言，学生们喜欢把材料里的每个单词都理解清楚。事实上，不同的听力材料在不同的语速下，大部分学生特别是听力能力不是很好的学生，想听懂每个单词基本上是不可能的。对于这些学生而言，要把每个单词都听清楚并掌握它的含义，往往可能会顾此失彼，赶不上听力内容的速度，只能抓住其中的部分意思。甚至有的学生由于过于纠结于某个单词的意思而错过了听力材料的大部分内容，得不偿失。所以总的来讲，只要学生能把听力材料的重点，即能帮助理解材料的内容听懂并理解就可以了。一般而言，一篇材料里的诸多新单词并不会影响学生理解全篇大意。所以教师应当经常提醒学生要听重点，根据问题留意某些细节就可以了，教会学生如何抓住听力材料的重点。

（5）精听与泛听相结合。精听是指“精确听力练习”，要求学生在听力练习中捕捉到每一个词、每一个短语，不能有任何疏漏和不理解之处；而泛听则要求学生在听力练习中以掌握文章的整体意思为目的，只要不影响对整体文章的理解，一个词、一个短语甚至一个句子听不懂也没关系。精听和泛听可以结合练习，如某一篇文章中有几段可以用精听的方法练习，在练习的过程中准确无误地听到某些细节性的信息，有几段可以用泛听的方法了解文章的梗概。

二、大学英语口语教学

（一）大学英语口语教学的目标

大学阶段的英语口语教学目标也分为三个等级，即基础目标、提高目标和发展目标。

第一，基础目标。基础目标是针对大多数非英语专业学生的英语学习的基本需求确定的，具体包括：①能就日常话题用英语进行简短但多话轮的交谈；②能对一般性事件和物体进行简单叙述或描述；③经准备后能就所熟悉的话题做简短发言；④能就学习或与未来工作相关的主题进行简单的讨论。语言表达结构比较清楚，语音、语调、语法等基本符合交际规范。能运用基本的会话技巧。

第二，提高目标。提高目标是针对入学时英语基础较好、英语需求较高的学生确定的，具体包括：①能用英语就一般性话题进行比较流利的会话；②能较好地表达个人意见、情感、观点等；③能陈述事实、理由和描述事件或物品等；④能就熟悉的观点、概念、理论等进行阐述、解释、比较、总结等。语言组织结构清晰，语音、语调基本正确。能较好地运用口头表达与交流技巧。

第三，发展目标。发展目标是根据学校人才培养计划的特殊需要以及部分学有余力学生的多元需求确定的，具体包括：①能用英语较为流利、准确地就通用领域或专业领域里一些常见话题进行对话或讨论；②能用简练的语言概括篇幅较长、有一定语言难度的文本或讲话；③能在国际会议和专业交流中宣读论文并参加讨论；④能参与商务谈判、产品宣传等活动。能恰当地运用口语表达和交流技巧。

（二）大学英语口语教学的特点

1. 英语口语教学内容的特点

英语口语教学的内容是广泛的，它不仅包括在口语课上教学生如何说，还要从教学内容、教学安排等方面保证学生在课下都大量的口语实践机会。因此，教学内容的广泛、可延展性是英语口语教学的一大特点。教师可以有计划地组织安排各种训练活动，把训练学生听、说、读、写、译等各项能力有机地结合起来，根据不同阶段，不同的练习目的和主题采取诸如朗诵、辩论、演戏、配音、口头作文等多种形式，把握适当的难易度，巩固学生的基本功，使教学内容成为一个可伸缩的，知识性、趣味性并重的系统。

另外，英语口语教学也是拓宽知识、了解世界文化的素质教育过程，兼有工具性和人文性。因此，设计英语口语课程时应充分考虑学生的文化素质和国际文化知识的传授以及听、说能力培养的要求，给予足够的学时，鼓励使用先进的信息技术，开发建设网络课程，为学生提供良好的语言听、说环境与条件。

2. 英语口语教学模式的特点

英语口语教学不同于一般的知识传授过程，它的教学模式需要更多地体现英语教学的实用性、知识性和趣味性，有利于调动教师和学生双方的积极性，尤其要体现学生在教学过程中的主体地位和教师在教学过程中的辅导作用。教师可以根据不同活动内容的需要，灵活多样地选择最恰当的教具和最直观有效的教学手段，激发学生的学习兴趣，提高学习的积极性和主动性。根据学校的条件和学生的口语水平，还可以充分利用网络环境，直接在网上进行听、说教学和训练。网络教学系统能随时记录、了解、检测学生的学习情况以及教师的教学与辅导情况，充分体现英语教学的互动性。与其他教学模式相比较，口语教学的教学手段和教学方法的选择极大地影响着口语教学活动中学生互动性的实现程度，进而影响英语教学效果的好坏。

3. 英语口语教学评估的特点

教学评估是英语口语教学的一个重要环节。全面、客观、科学、准确的评估体系对于实现教学目标至关重要。它既是教师获取教学反馈信息、改进教学管理、保证教学质量的重要依据，又是学生调整学习策略、改进学习方法、提高学习效率和取得良好学习效果的有效手段。对学生学习的评估可分为两种：一种是形成性评估；另一种是总结性评估。无论采用哪种形式，英语口语教学的评估都是考核学生实际使用英语语言进行交际的能力。其中，学生口语表达的准确性和流利程度是衡量口语教学效果的重要指标之一。口语教学的主要内容是语音教学，自然规范的语音、语调将为有效而流利的口语交际打下良好的基础。尤其是在大学口语教学过程中，教师重视发音的准确性，而不过分强调流利程度有助于学生培养良好的语言习惯。英语口语教学是通过对学生语音、语调、语速的准确性和流利程度来进行的。

4. 英语口语教学管理的特点

英语口语教学的管理贯穿于英语口语教学的全过程，要确保英语口语教学达到既定的教学目标，必须加强教学过程的指导、监督和检查。因此，口语教学的管理要做到三个方面：①必须有完善的教学文件和管理系统。教学文件包括：学校的英语教学大纲和口语教学的教学目标、课程设计、教学安排、教学内容、教学进度、考核方式等。管理系统包括：学生口语成绩和学习记录、口语考试分析总结，口语教师授课基本要求以及教研活动记录等。②口语教学推行小班课，每班不超过 30 人，若自然班人数过多，可将大班分成约 30 人的小班，分开上口语课。③有健全的教学管理和培训制度。英语教师的口语水平是提高口语教学质量的关键，学校应建设年龄、学历和职称结构合理的师资队伍，加强对教师的培训培养工作，鼓励教师围绕教学质量的提高积极开展教学研究，创造条件因地制宜开展多种形式的教研活动，除课堂教学之外，对第二课堂指导的课时应计入教师的教学工作量。

（三）大学英语口语教学的策略

英语课主要目的是通过大量的语言实践和有意义的语言运用，帮助学生提高语言技能和实际运用英语的能力。英语课应倡导学生主动参与课堂教学活动，以口语训练为主、勤于动口，积极与他人合作、交流，激发英语学习情趣。

1. 纠正学生英语口语的发音

在大学英语的第一堂课，向学生阐明正确发音的重要性，即标准的发音是一个人英语口语素质的基本体现。并且督促学生积极纠正，在课下同学之间互相帮助，互相监督。同时教师也应该帮助学生总结一些极其容易出错的发音在课堂上有针对性地指出，让学生引起足够的注意和重视。教师可以安排学生课下做一些他们感兴趣的原声材料模仿练习并要求在课堂上进行展示，例如，电影对白、演说词、诗歌朗诵、英文歌曲等。学生通过模仿不仅可以纠正每个单词的发音也可以有意识地去学习纯正的语调及地道的表达方法，从而增加对英语的语感。长此以往，一定能收到很好的效果。

2. 培养学生口语的自主学习意识

口语课成功与否在很大程度上决定于教师与学生是否明确他们各自在口语课上的作用。建构主义学习理论认为学生是信息加工的主体，是意义的主动构建者。在英语口语教学中，学生是主体，教师要相信学生，培养他们的自主意识。学生并非一切都要等待老师才能学会，让他们用自己的眼睛、耳朵、嘴巴、手去看，去听，去说，去写。调动学生参与课堂教学的积极性，有效地改变教师一言堂的沉闷、单调的教学模式，形成以学生为主体的课堂教学氛围。

3. 培养学生合理运用英语思维的能力

（1）鼓励学生掌握尽可能多的词组。在大学英语教学中，单词的学习，不能占用太多的课堂时间，而应该成为学生自主学习的一项主要内容。传统教学中比较重视的单词的掌握，并配以一定的例句，但在实际生活中，词组才是人与人交流的最小单位。因此，学生应以词组为单位，尽可能多地掌握词组。教师为了引导学生可以在课堂上适当地加入词组接龙竞赛之类的游戏，要求学生按顺序将自己所掌握的词组写到黑板上，这种方法一方面可以活跃课堂气氛，另一方面也可以提高学生记忆词组的积极性。

（2）地道英语 / 固定表达法的学习。有些地道的英语表达法可以猜出他们的意思，却很难在说的时候想到这些固定的说法。所以，教师应该引导学生多看些纯正的英语阅读材料，地道的英语影片，并有意识地积累这样的句子。

（3）背诵文章讲故事，培养语感。学生通过背诵短小精悍的文章，可以缓解畏难情绪，激发他们的兴趣，更重要的是培养了他们的语感。在跟读—朗读—背诵这三部曲的练习中，学生们提高了他们的断句能力和理解能力。其实，无论是怎样的材料，只要是地道的英文，难度符合学生的水平，内容是学生们感兴趣的，坚持背诵，都能提高学生的语感。例如，教师可以在每节口语课上安排一个学生讲故事的环节，要求学生们把课下收集的或者自己感兴趣的故事或者笑话在课上讲给大家听，其实只要是学生感兴趣的，他们都能在课堂上踊跃表现。

4. 注重口语教学中的输入与输出活动

口语教学的特殊性也表现在语言的输入与输出的关系上。输入与输出是构成口语交际能力的重要部分。英语交际能力包括准确接受信息和发出信息的能力，也就是输入与输出的能力。只有经过一定的语言材料的输入才可能有输出。一般而言，中国大学生很少有机会与来自说英语的国家人士交谈，缺乏真实自然的语言环境。教师作为课堂教学的组织者，既要注重给学生创造英语的环境，尽可能多地用英语组织教学，扩大学生间、师生间的英语交流，更要把课堂里所要掌握的知识与口头表达有机地融合在一起，给学生创设一个听、说英语的氛围，这就需要教师在教学中想方设法培养学生“听”和“说”的能力，帮助他们养成听、说结合的习惯。

（1）先听题，后听课文，回答问题法。这一步让学生进行听力综合训练，培养语感，引导学生从整体上感知课文，提高在听的过程中获取和处理信息的能力。

（2）看录像，再听课文，了解课文大意法。这一步要求学生抓住关键词；听大意和主题；确定事物的发展顺序或逻辑关系，预测下文内容；理解说话人的态度，评价所听内容，判断语段的深层含义，使学生进一步了解课文内容。

5. 强化交际性训练提升口语交际策略

交际能力包括四个方面：一是语言能力，指正确理解和表达话语和句子意义所需的语音、词法、句法、词汇等语言知识系统；二是社会语言能力，指语言使用的规则，即在人际交往中合适理解和使用话语的能力；三是语篇能力，指在超句子水平上理解和组织各种句子构成语篇的能力；四是语言策略能力，指说话者在遇到交际困难时运用的一套系统的技巧，用于补救交际中因缺乏应有的能力而导致的交际中断。因此，大学英语口语教学应注重在交际性训练中培养语用能力，提高口语交际策略。

（1）创造语言环境，营造以学生为中心的课堂交际场景。因此，教师应联系社会生活设计真实的任务情景，将语言知识的学习融于语言使用的活动中，使语言能力和语用能力的发展紧密结合起来。另外，策略能力也是交际能力不可忽视的一部分。当学生语言知识和语言能力有限，不足以充分和合适地表达自己的思想时，可利用转述、借用、手势与回避等策略保持交际渠道畅通。

（2）发挥教师的指导作用，调控与激励学生的学习动机。动机策略包括激发和调动学生的外部动机和内部动机。外部动机指学习活动的表现与活动结果之间的联系，如出色的表现所带来的知识积累及其在今后学习中的价值；内部动机指学生在活动中花费努力而获得的自我愉悦和成就感。因而教师应充分调控与激励学生的学习动机，为他们提供必要的资源和帮助。

（3）充分利用多媒体辅助教学，享受纯正的现场语言交际情景。多媒体信息量大、速度快，可帮助教师传递大量信息，给学生提供多种形式的训练方法及更多的语言实践机会，有利于语言应用能力的提高。同时，它具有语言、画面、音响三结合的特点，把学生带进真实的社会语言交际场所，视觉、听觉冲击力强，效果得以优化。

第二节　大学英语阅读与写作教学

一、大学英语英语教学

（一）大学英语阅读教学的目标

大学阶段的英语阅读教学目标分为三个等级，即基础目标、提高目标和发展目标。

第一，基础目标。基础目标是根据大多数非英语专业学生的英语学习基本需求确定的，具体包括：①能基本读懂题材熟悉、语言难度中等的英语报刊文章和其他英语材料；②能借助词典阅读英语教材和未来工作、生活中常见的应用文和简单的专业资料，掌握中心大意，理解主要事实和有关细节；③能根据阅读目的的不同和阅读材料的难易，适当调整阅读速度和方法。能运用基本的阅读技巧。

第二，提高目标。提高目标是针对入学时英语基础较好、英语需求较高的学生确定的，具体包括：①能基本读懂公开发表的英语报刊上一般性题材的文章；②能阅读与所学专业相关的综述性文献，或与未来工作相关的说明书、操作手册等材料，理解中心大意、关键信息、文章的篇章结构和隐含意义等；③能较好地运用快速阅读技巧阅读篇幅较长、难度中等的材料，较好地运用常用的阅读策略。

第三，发展目标。发展目标是根据学校人才培养计划的特殊需要以及部分学有余力学生的多元需求确定的，具体包括：①能读懂有一定难度的文章，理解主旨大意及细节；②能比较顺利地阅读公开发表的英语报刊上的文章，以及与所学专业相关的英语文献和资料，较好地理解其中的逻辑结构和隐含意义等；③能对不同阅读材料的内容进行综合分析，形成自己的理解和认识。能恰当地运用阅读技巧。

（二）大学英语阅读教学的特点

大学英语阅读教学是改革前后较少受到质疑的语言技能之一，不仅对于其重要性，而且对于其教学效果方面也是如此。

1. 大学英语阅读内容的特点

从对大学英语教材的把握上看，大学英语教材中几乎包括了各种文体，具有多样性和现代性，其多样性表现为：一是文章涉及多个领域，如语言、文学、经济、科技等；二是体裁有说明文、记叙文、议论文；三是语域的多样性，所选文章既有书面体文章，也有语体口语化乃至俚语化的文章。因此，大学英语的阅读内容具有篇幅长、生词多、句法多样化、思想深等特点。

2. 大学英语阅读方式的特点

大学英语阅读一般分为精读、泛读和略读。

（1）精读。要求学生毫无遗漏地仔细阅读全部语言材料，并获得对整篇文章深刻而全面的理解，在精读课本中，每篇课文后的词汇、语法、句型及注释都应仔细领会。

（2）泛读。也可称为普通阅读，要求学生读懂全文，对全文的主旨大意、主要思想和次要信息及作者的观点有明确的了解。对全文只做一般性的推理、归纳和总结，无须研究细节问题和探讨语法问题。但要求阅读速度高于精读速度的一倍。

（3）略读。是一种浏览性的阅读，指学生以他能力达到的最快速度浏览阅读材料。略读不需通读全文，只跳跃式地读主要部分，主要部分一般指第一段、最后一段及中间衔接段，因为第一段一般为全文概述，最后一段为归纳总结，中间衔接段一般为上下文关系段落或者有递进关系、转折关系、因果关系等。目的是为了获取全文的中心思想和主要内容。一般而言，略读的速度应快于泛读速度的一倍。

（三）大学英语阅读教学的策略

1. 运用语篇教学法

在传统的语法翻译理论的指导下，英语阅读常常重知识点的分析而轻语篇的整体理解，这样只见树木不见森林的教学模式使学生被动接收信息，往往不能紧扣语篇结构做全面的分析。语篇分析理论主张把文章看作整体，从文章的层次结构着手，引导学生注重句子与句子之间的衔接、段落与段落之间的过渡，使学生在语篇基础上掌握全文，从而提高理解能力。在大学英语阅读教学实践中，运用语篇教学法进行教学的主要环节如下。

（1）围绕文章标题，预测文章内容。文章标题是文章内容的总概括，通过对文章标题的分析，可以有效地预测阅读材料的语篇类型及题材。在此过程中，教师可以围绕标题提一些启发性的问题，这不仅有利于预测文章内容，还为下一步导入文化背景做好了铺垫。

（2）导入背景知识，进行体裁和语篇分析。体裁是文体分析的三个层面之一。体裁分析是语篇分析的一个方面。要让学生学会比较不同的体裁所达到的不同交际效果，就必须在教学中及时导入相应的文化背景知识，只有让学生充分了解不同文体的特点，认识不同文体的结构，才能有效培养学生运用正确的阅读方法来进行阅读的能力，从而提高阅读效果。例如，记叙文阅读时要抓住三个要素：人物、背景（时间、地点）和事件的发生、进程及结果。记叙文常通过时间的先后和地点、空间的转移来描述事情的发展过程。议论文则要抓住论点、论据和论证这些要素。说明文则需要注意主题句及辅助句。说明主题句的辅助部分常用举例的结构形式。与此同时，读者一定要明确语篇的整体形式。例如，文章如何开篇，如何结尾，段落如何发展、如何照应，主要观点如何贯穿全文，中心思想如何表达等。

（3）抓住主题句，利用信息传递及组织模式把握语篇中句子和段落中心，并进行必要的语法、词汇衔接手段分析和意义连贯推理。在此过程中，教师可以把《新编英语语法》中关于“篇章纽带”的知识以及有关语篇衔接与连贯的知识介绍给学生。例如，用表示时间顺序、地理方位、因果关系等逻辑概念的“过渡词语”以达到文章的连贯性和黏着性；或运用“语法纽带”即通过使用省略、替代、照应等句法手段达到承上启下的效果。从英汉语篇模式及其主题提出的位置来看，英语本族语者重直线型思维。在英语语篇中，英语本族者倾向于在文章的前一部分（文章的头三分之一段落）提出主题思想。具体到段落中，每段常以一个点明中心思想的主题句开始，接着一层层展开主题，进行论述。

（4）精讲部分重要词汇用法，辨析词义；疏通语言点并提供操练句型。这一环节，在日常教学实践中，大部分教师都相当重视，但值得注意的是，词汇语法的辨析讲解需要把握一个度，若过了这个度，整个教学过程就容易给学生一种不一样的感觉。

（5）概括全文中心思想。语篇是由段落组成的，每段的主题句基本概括了段落大意，读者通常可以根据主题句推测出语篇的大致内容。换言之，综合几个主题句就可以概括出全文的中心思想。只要把握住全文的中心思想就能更快、更好地理解文章。

2. 重视学生的词汇量与阅读量

词汇量与阅读量是阅读理解的基础，往往预示着阅读能力的高低。因此，教师要督促学生加大词汇量和阅读量，鼓励他们多读、多写、多记，同时传授一些词汇记忆方法，如文章中记忆法、造句记忆法、联想记忆法、构词记忆法等。此外还有必要系统讲授一些词汇学习理解方法，如利用词缀猜测生词的含义，利用上下文来推测词义，利用近义词、反义词、同类词来比较词义，通过加大阅读量来巩固词汇等。同时注意一词多义，引导学生掌握词汇的派生、合成和转化等构词法知识，建立起便于记忆和应用的新图式，扩大自己的词汇量。

3. 传授快速阅读的技巧

（1）跨越生词障碍。跨越生词障碍可以通过猜测词义来解决。猜测词义的方法有很多，如根据语境、定义标记词（means、refer to 等）、重复标记词（in other words，…）、列举标记词（such as 等）以及同位语、同义词、反义词或常识等。但这些方法都离不开两大要素：首先是阅读者本身的文化修养，即语言、文化素质；其次是通过全局识破个体的能力。这就要求读者要不断扩大自己的知识面，懂得社会、天文、地理、财经、文体等科普性知识。

（2）克服不良的阅读习惯，提高阅读速度。首先，要避免以单词为注视点，而要按意群进行阅读，这样才符合眼睛与大脑的协调。成组视读是一种科学的阅读方法。它首先要求把所读的句子尽可能分成意义较完整的组群，目光要尽可能少地停顿。成组视读的关键在于它既不是默读（心读）更不是朗读，而是通过目光在英语与大脑之间建立直接的联系，即英语思维。其次，避免出声阅读和心读。出声阅读实际上是喃喃自语地把每个词读出来。心读实际上还是一种声读形式，只是没有声音，也看不到嘴唇的蠕动，但在内心想象各个单词的发音，存在着一种内心说话的形式。最后，要认识到阅读是一种视觉过程，是靠眼球自左向右的转动和大脑的协调来获取信息的。有人阅读时总是一个词一个词地读，且常伴有一些习惯动作：用手指、摆头等，这些都是速读的障碍。读的时候要少眨眼、不摆头，只要眼球来回转动就可以了。

（3）利用略读、查阅来提高阅读速度。略读，即指读者以最快的速度粗略地获取文章的内容梗概；而查阅，即指以最快的速度从一篇文章中淘沙拣金，获取读者所需的材料或信息，包括查找人名、地名、事件发生的事件或地点等。首先快速浏览文章的前面几段，以便对文章的内容、背景、写作的风格以及作者的观点等有所了解，而对后面的一些段落可以只读每段的主题句。主题句一般位于句首、句末，也有少数插入段中。

（4）浏览所提问题，带着问题读文章。一般而言，作者根据自己的意图和思维模式，通过一定的语言手段，把分散的、细节的、具体的材料组织在一起。在训练或测试中，命题者往往采用多种方式进行提问，有直接的和间接的，但不管怎样，命题范围和思想基本与作者一致。阅读者先要搞清楚问题的要求，带着问题和所需的信息去查询，以提高阅读速度。

4. 重视文化知识的介绍

文化知识即一些文化背景，包括风俗习惯、人物传记、社会经历等。文化背景的积累方法可以包括：依靠老师在阅读前进行讲授；靠大量中、英文阅读积累，多读有关西方国家文化背景、风土人情的读物，特别是希腊、罗马文化故事；可查阅有关工具书参考了解有关背景知识。积极主动进行课外阅读，阅读的文章应体裁多样，可以包括记叙文、说明文、议论文等。

语言是文化的载体和组成部分，也是文化的写照和表现形式，其产生、发展和变化过程受本族文化的制约和影响，因而任何语言都带有所属文化系统的特征，包含着深刻的人文属性，体现着世界观和价值观。

在阅读过程中，文化背景知识的欠缺、跨文化意识的淡薄会直接影响到英语阅读的各个层面。可见，学生对阅读理解的多少与深浅，在很大程度上取决于他们对文章所涉及的文化背景知识掌握的多寡。大学英语的阅读材料涵盖了历史、地理、人文、科学以及风俗民情等各方面的知识。这就要求学生不断扩大自己的知识面，平时阅读时自觉形成收集有关英语国家的文化信息并内化为自己的英语方面的能力。在英语阅读课的教学过程中，对阅读材料的背景知识进行恰当介绍，不但可以激发学生的阅读兴趣，也有助于学生正确理解、把握阅读材料，提高英语阅读课堂教、学的效率。另外通过播放视频向学生介绍英美等国家的背景知识，使学生吸取知识，提高能力，丰富学生的阅读知识视野。

二、大学英语写作教学

（一）大学英语写作教学的目标

大学阶段的英语写作教学目标分为三个等级，即基础目标、提高目标和发展目标。

第一，基础目标。基础目标是针对大多数非英语专业学生的英语学习的基本需求确定的，具体包括：①能用英语描述个人经历、观感、情感和发生的事件等；②能写常见的应用文；③能就一般性话题或提纲以短文的形式展开简短的讨论、解释、说明等。语言结构基本完整，中心思想明确，用词较为恰当，语意连贯。能运用基本的写作技巧。

第二，提高目标。提高目标是针对入学时英语基础较好、英语需求较高的学生确定的，具体包括：①能用英语就一般性的主题表达个人观点；②能撰写所学专业论文的英文摘要和英语小论文；③能描述各种图表；能用英语对未来所从事工作或岗位职能、业务、产品等进行简要的书面介绍。语言表达内容完整，观点明确，条理清楚，语句通顺。能较好地运用常用的书面表达与交流技巧。

第三，发展目标。发展目标是根据学校人才培养计划的特殊需要以及部分学有余力学生的多元需求确定的，具体包括：①能以书面英语形式比较自如地表达个人的观点；②能就广泛的社会、文化主题写出有一定思想深度的说明文和议论文，就专业话题撰写简短报告或论文，思想表达清楚，内容丰富，文章结构清晰，逻辑性较强；③能对从不同来源获得的信息进行归纳，写出大纲、总结或摘要，并重现其中的论述和理由；④能以适当的格式和文体撰写商务信函、简讯、备忘录等。能恰当地运用写作技巧。

（二）大学英语写作教学的特点

大学阶段的英语学习主要包括听、说、读、写四项技能的训练。其中，写作教学与其他技能的学习又有差异，主要体现在以下方面：

（1）写作课是一个输出和检验的过程。学生先要有一定的信息输入——对体裁、内容都要有一定的了解，同时不论是课后还是课中，学生都应有一定的阅读量，积累了丰富的词汇、句型和语法，才能在写作课上游刃有余。换言之，写作课检验了学生平时的知识积累程度，检验了学生对语法的掌握和词汇的运用等。学生如果没有日常的积累，就没有写作课上的灵活自如。

（2）写作课对教师的要求高。写作课是输出和检验的过程。它不仅检验了学生的知识积累，同时也检验着教师的积累和准备工作。首先，写作课教学要求教师充分准备素材，要让学生有所想，有所写，教师要启发学生思考。如针对题材的思考，针对体裁的思考，以及针对范文和遣词用句的思考等，都需要教师的启发和教导。其次，写作课要求教师具有比较广博的知识。因为写作的内容涉及多个方面，教师除了要有较高的英语水平外，还要对相关内容有所了解。最后，教师课后要有耐心和责任心。学生写作的水平需要教师的指正才能有所提高，因此课后教师的任务更重。阅读每一个学生的作文，然后给出适当的评语，没有充分的耐心和责任心是做不到的，或做不好的。所以说，写作课的成功与否，一方面需要学生自身的努力；另一方面也离不开教师的引导。

（3）写作课是循序渐进的过程。写作是一个复杂、循环、创造的过程，是一个不断发掘的过程，它要求写作者进行丰富的联想，发现题材并将之组织成文。要想提高写作水平并不是短时间能够做到的。许多学生平时能够阅读很复杂的文章，但却写不出完整的句子。有些学生错误地认为临考前背几篇范文就能在写作方面得高分。要解决根本问题，切实提高自身的写作水平，还需要多阅读、多分析，反复练笔。因为，写作的过程并不是简单地记录所看到或所读到的内容，而是用另一种语言表达自己的思想的过程，其中涉及遣词造句、文章架构以及段落的衔接等方面的问题。因此，写作水平的提高需要较长时间的训练，非一两天或一两周所能促成。

（三）大学英语写作教学的策略

写作过程是一个复杂的过程，它不仅需要学生具有坚实的语言基本功，包括拼写、词汇、句法等，也要学生善于安排篇章结构，充分挖掘内容深度。一直以来，写作都是英语学习过程中最重要的一个环节，也是教学中最为薄弱的一个环节。

1. 写作过程的教学指导

写作过程主要分三个阶段：写前准备、写作过程、定稿修改。准备阶段的教学目标是让学生在教师的指导下全面分析、掌握材料，形成写作提纲和“腹稿”。写作过程是学生根据要求完成写作的全过程。定稿修改是通过师生的信息互动，学生将作文修改完善。在整个写作过程中，始终注意突出学生是学习的主体这一根本指导思想，注意调动学生写作的积极性，充分发挥他们互相帮助、共同提高的协作精神。如果将这三个阶段进一步细化，可分为审题立意、列出提纲、确定主题句、组织扩展句、撰写结论句和精修细正这六个步骤。

（1）审题立意。审题是写好一篇文章的第一个且是最重要的环节。文章是否切题就看学生是否认真审题，是否能明白题材的写作要求。英语专业写作都会给出提示语，甚至是作文题目，学生必须围绕所给提示语或题目展开论述。因此，审题并理解题意很有必要。学生在拿到作文题目之后，先要仔细阅读题目，认真审阅写作部分提供的说明与要求，再确定相应的体裁，如议论文、说明文。议论文主要是权衡利弊或就观点进行反驳等；说明文主要是阐述主题或提出解决问题的方案等。教师可以对学生进行提问，了解他们的审题情况。通过审题，学生明确文章的中心内容，从而达到审题立意。

（2）列出提纲。在确定中心思想之后，学生须粗拟一个提纲。提纲是文章写作的计划，也是一篇文章的基本框架。提纲可根据文章的结构列出。文章是由引言段、正文部分和结论段三部分组成。引言段揭示主题，正文部分从不同的角度对主题进行阐述，结论段对全文归纳总结。

（3）确定主题句。主题句是表达全文主题的句子，它概括了全文的大意，全文的其他文字都应围绕它展开。因此，主题句一般放在文章的开头，其特点是开门见山地摆出问题，然后加以详细说明。这样，读者便能一眼就明了全文的大意。主题句具有较强的概括性，它概括了全文的中心思想，反映了作者写作意图，它是全文的核心所在，作者思维的起点，扣题的准绳，阐述的对象，也是读者叩开阅读理解之门的钥匙，它对确保文章主题突出，有着举足轻重的作用。教师可以通过学生的主题句得知其对文章主题的把握情况，从而判定其写作前的准备工作是否充分。因此在英语写作过程中，我们应充分重视主题句，将主题思想准确而明了地表达出来。

（4）组织扩展句。扩展句是用来解释和支持主题句的句子。确定主题句之后，学生可以根据所列提纲，围绕主题进行发挥，收集与主题句密切相关的写作材料，为主题句服务，详细说明并支持主题句的思想。教师可检查学生有关主题的扩展，将任何与主题句无关的繁杂内容都舍弃。选择的材料最好来自我们的日常生活，因为它们真实且具说服力，学生也相对熟悉，易于把握。在组织扩展句的过程中，注意句子之间必须用连词或关系词来连接，段与段之间要用过渡词，以体现文章的逻辑性，它们是连接句与句或段与段之间的纽带，在行文中起承上启下的作用。同时，学生也要注意整个篇章的层次性，将最重要的先写，然后逐级递减。这样可以使文章自然、流畅，重点突出。

（5）撰写结论句。最后一部分由结论句构成。结论句通常与主题句一样包含全文的中心思想，它总结了全文，深化了主题，但所用的措辞与主题句不同，它是换一种说法，变换措辞。学生可简明扼要地总结前面所写的内容，重申主题，使文章结尾与开头相互照应。结尾部分能加深读者对整篇文章的理解，给读者留下更为深刻的印象。

（6）精修细正。文章写完后，花几分钟的时间再认真通读一遍，修改明显的拼写错误，以及一些语法错误，如时态、语态等。修改环节很重要，如果行文错误太多，会影响到写作成绩的评定。所以，学生不要写自己不明确或不会拼写的词，以确保句子的正确性，尽量避免语法结构错误。当然，不可能避免所有错误，所以尽量细心检查一遍也是非常必要的。这一过程虽不能针对立题、结构、修辞等方面进行全方面考虑，但对个别词汇、语法、拼写错误稍加改动也很有意义。在“过程法”教学中，教师往往不是学生作文的唯一回应者和评估人，作者的同学也参与其中。除学生自己修改外，还可以进行学生之间的互改互评。然后教师再进行批改、讲评。讲评的重点放在文章的结构与内容上。

2. 写作教学的技巧掌握

过程教学法强调教师对写作过程的指导。由于指导的重点放在写作过程上，这将有利于学生了解自己的写作过程，并懂得写一篇文章必须经历的几个步骤，如写作前准备、起草、初稿、修改或重写等，这有助于他们写作能力的提高。但写作水平的提高也有赖于学生对语言形式与写作技巧的掌握。写作与其他语言技能是一个整体，它的提高与其他语言技能的提高是一个相辅相成的关系。所以在一定程度上，不可否认成果教学法的可取之处。最近，西方写作教学研究出现了一种“回归结果”的倾向。因此，在写作教学过程中，教师对学生的语言知识、写作技能培养同样不可忽视。

（1）遣词造句指导。学生的表达与书写具体落脚在指导遣词造句上。其实，写作部分重点考查学生的英语专业表达能力，而阅卷人员也较重视语言。写作技能也包括了语言运用的准确性，也就是使用恰当、地道的词语以及正确的语法、拼写、标点等。学生最常犯的语言错误就是拼写与语法。语法的错误包括时态、主谓一致、名词单复数等。因此，学生应把主要精力放在语言上，尽量避免拼写、语法等错误。除做到语言最基础的基本功外，还需从词汇、句型等方面下功夫。

第一，词汇。根据不同的语境或上下文，学生需选择恰当的词语。在写作的时候，首先必须保证选词的正确性，然后根据所需表达的具体含义，选择最为恰当的单词。由于英语专业不像汉语那样喜欢重复，所以在考虑相同的意思时，同一词语在一篇文章中最好不要重复出现，而应考虑使用其他同义词或近义词替换，可以选择一些具有一定难度的单词进行替代。因为恰当地使用高难词汇有助于提高写作层次。

第二，句型。在写作中，除了词汇可以丰富多彩外，我们还可以使用不同的句型结构。我们常发现学生的写作句式单一，变换不够灵活。学生在写作过程中受自身的知识和时间等方面的影响，在句式变化上未能深入地思考，以致行文呆板、不够灵活。在英语写作中，有很多的特殊句型都可以运用在写作中，成为文章的闪光点。例如，让学生多使用典型句式，适当运用成语和谚语，恰当使用一些平行、对比结构。

（2）结构衔接。在写作过程中，要使句子或段落之间的衔接紧密，须用一些关联词来连接，这样才能使文章自然、流畅。关联词可以连接段落或句子。段落是文章中最基本的单位，它表明了全文的结构层次。写作时一定要段落清楚，有开头、主体和结论三部分，故全文需分段撰写，而句子又是构成段落的基本单位，如何将它们有机地组合起来，这就需要使用过渡性的词语。根据关联词表示的逻辑关系选择关联词。

（3）背诵名句。平时背诵一些常用搭配、习惯用法，以及一些名篇名句，有利于提高英语写作水平。学生通过大量语言信息的输入，扩大了词汇量，熟练了句型，拓展了知识面，在写作需要时会自然而然地运用到背好的经典词汇与句型。背诵的目的在于灵活运用，所以学生背诵时需深刻理解所背内容的含义，并掌握其使用的环境。写作时将这些背诵的词汇与句型运用于写作中或进行仿写。这样，既能节省写作时间，又能提高写作层次。

第三节　大学英语翻译与个性化教学

一、大学英语翻译教学

（一）大学英语翻译教学的目标

大学阶段的英语翻译教学目标分为三个等级，即基础目标、提高目标和发展目标。

第一，基础目标。基础目标是针对大多数非英语专业学生的英语学习的基本需求确定的，具体包括：能借助词典对题材熟悉、结构清晰、语言难度较低的文章进行英汉互译，译文基本准确，无重大的理解和语言表达错误。能有限地运用翻译技巧。

第二，提高目标。提高目标是针对入学时英语基础较好、英语需求较高的学生确定的，具体包括：能摘译题材熟悉，以及与所学专业或未来所从事工作岗位相关、语言难度一般的文献资料；能借助词典翻译体裁较为正式、题材熟悉的文章。理解正确，译文基本达意，语言表达清晰。能运用较常用的翻译技巧。

第三，发展目标。发展目标是根据学校人才培养计划的特殊需要以及部分学有余力学生的多元需求确定的，具体包括：能翻译较为正式的议论性或不同话题的口头或书面材料，能借助词典翻译有一定深度的介绍中外国情或文化的文字资料，译文内容准确，基本无错译、漏译，文字基本通顺达意，语言表达错误较少；能借助词典翻译所学专业或所从事职业的文献资料，对原文理解准确，译文语言通顺，结构清晰，基本满足专业研究和业务工作的需要。能恰当地运用翻译技巧。

（二）大学英语翻译教学的特点

中国要走向世界，就要通过语言的媒介（翻译）进行传播；不同语言之间必然要有交融。英语和汉语，作为世界上最广泛和使用人数最多的语言，联系了中国和世界，让更多的中国人走向世界，更多外面的人了解中国。

在大学英语教学中开设翻译课，可以让学生在进一步加强中国传统文化素养的同时，吸收西方的英语人文知识。例如，威尔金斯在他的《二语教学》一书中指出："英语学习成功的标准不应是学生能背多少教过的句子、词组和生词，或知道多少语法规则，而是他们能用所学到的语言创造性地表达多少。翻译本身就是一种语言创造。"而英语教学工作者的使命就是把翻译这一语言创造活动普及开来。

（三）大学英语翻译教学的方法

1. 图式教学法

所谓图式教学法，就是运用图式理论，激活学生的背景知识，然后，在大脑中形成不同的模式。图式是一些知识的片段，是大脑对过去经验积极组织，是学生将储存的信息对新信息起作用的过程。换言之，学生如何将这些新信息融进原储存的知识库中就是图式的过程。如果面对的新信息在大脑中没有现存的类似图式，就会对所学知识的理解产生消极影响。

英语教师在教学过程中，要在传授新知识的同时，激活学生头脑中已经储存的知识结构，使新信息更容易被理解和吸收并融合到已有的图式中，从而能正确地理解所学的新知识。因此，我们将“图式”引入翻译教学方法的研究之中，利用背景知识去激活相应的内容或形式图式，以求得对原文的正确理解。教师有必要在练习之前介绍翻译目标语篇的体裁、句式结构，以及语篇结构，尤其注意背景知识的提供。只有这样，才能训练学生把握全局的翻译习惯。教师也可以根据课堂需要给学生提供一些图式，这些图式只有被激活才能正确理解语言，然后根据这些材料进行翻译。

2. 语境教学法

语境教学法就是通过创设具体的语言环境来导出或解释新的英语单词的一种教学方法。运用情景教学法主要可从以下方面着手：

（1）创设情景来呈现词汇。在英语教学中，我们也可以把情景理解为语境。在我国，学生们缺少英语学习的语境，而英语水平的提高需要学生在一个轻松、自在的接近母语环境中进行长期的练习，而教学所要做的就是尽可能地为学生提供这种接近母语的语境。

（2）通过阅读呈现词汇。词汇是阅读的基础，在听、说、读、写四种语言技能中，词汇与阅读的关系最密切。因此，高校英语教师应该教会学生在日常阅读中积累词汇，让学生们在阅读英文时就像平时阅读中文那样，会不自觉地去学习一些新的词汇。另外，在欣赏内容、欣赏文字的同时，去培养一种语言的感觉。

3. 猜词教学法

学生的概念能力是指一种洞察复杂环境程度的能力和减少这种复杂性的能力。具体而言，概念技能包括理解事物的相互关联性，从而找出关键影响因素的能力，确定和协调各方面关系的能力以及权衡不同方案优劣和内在风险的能力等。部分学生英语基础较差，词汇量不够，如果对关键词不理解，词句、段落就不能形成概念，这样很容易对内容进行胡乱猜测，所以要指导学生使用猜词策略。

翻译中的猜词方法主要包括：①以定义为线索猜测词义；②以同义词、近义词为线索猜测词义；③以反义词和对比关系为线索猜测词义；④以列举的句子为线索猜测词义；⑤以重述为线索猜测词义；⑥以因果关系为线索猜测词义；⑦以生词所在的前后文提供的解释或说明为线索猜测词义；⑧根据普通常识、生活经验和逻辑推理推测生词词义。

4. 推理教学法

推理教学法源于人类的基本思维形式，即由已知判断推出未知判断。推理教学法应用到教学过程中，主要指的是教师在教学中引导学生从已知现象推出未知现象或本质。

进行英语翻译时，有些文本须借助合理的推理才能更好地理解它，涉及的思维活动包括分析、综合、演绎、归纳等。翻译时学生在看到文本内容后，教师要引导学生根据现有的知识和经验做出推理，把文本中的所有内容都联系起来，这样学生更容易充分理解每个句子。翻译时采用推理教学法可以增加信息的容量，把握事物之间的联系，促进对语言的理解。学生对某一语言的掌握，总要经过日积月累，从一些旧结论推出新结论，从而形成完整的知识框架。教师要在课堂中给学生教授一些推理的技巧和方法，可以从作者的暗示或者联系上下文进行推理，或者利用文本中的解释和定义对某些词句进行推理等，以使英文翻译能够顺利进行。

二、大学英语个性化教学

在大学英语教学中，提倡个性化教学就是要教师以自身个性为基础去教，和学生以个性为基础的学的双边统一活动。在英语教学中，个性化教学就是教师必须充分尊重并且发挥学生的学习积极性，要重视保证学生个性和谐的发展，并通过教学引导学生明白自我求知的重要性，达到个人全面发展的目的。同时培养学生学会主动获取信息和独立思考的能力，促进知识、能力和人格的协调发展。

大学英语个性化教学工作中，就是要求教师无论是在教室里，在一切可以进行教育的时空里，使学生在遵守普遍性原则的前提下，尽可能尊重每一个学生的个人价值，最大限度地挖掘其潜力，能真正有效地让学生设身处地按自己的思想和行为用英语进行交流。这种教学方式不仅提高学生的学习效率和接受新知识的速度、挖掘学生的发展潜力，还可以培养学生的独立思考和创新能力，从而提高其综合素质。

（一）大学英语个性化教学的目标

“个性化教学是教师以自身个性为基础的教和学生以个性为基础的学的双边统一活动，其充分尊重和发挥学生的学习积极性，重视学生个性的和谐发展，并通过教学唤起学生的求知欲和对个人全面发展的追求。”① 同时，引导学生独立思考，主动获取信息，实

① 马琴：《大学英语个性化教学研究》，西南大学 2017 年版，第 40 页。

现知识、能力和人格的协调发展。英语教学是一种语言文化的素质教育，目的在于培养学生用英语进行信息沟通的交际能力。而学生的知识结构、兴趣爱好、学习能力以及性格等方面都不尽相同，因此在教学过程中应该坚持以学生的个性作为出发点，努力培养学生学习英语的热情，进而逐步达到教学的目的。大学英语个性化教学强调教师和学生在教学活动中平等的主体地位，通过师生间和学生间的互动交流，实现学生心理逻辑和知识逻辑的和谐统一，从而构建一个英语学习的螺旋上升发展过程。

（二）大学英语个性化教学的特点

在教学过程中，教师可以采用不同的教学策略和手段，引导和启发学生进行自主的英语学习，让学生在不断的探索和体验中逐步提高英语技能。大学英语个性化教学主要具备以下特点：

1. 个别性特点

在大学英语个性化教学过程中，常常要根据学生的个性化需求进行个别化的指导和帮助，而且这种对个别学生进行有针对性的指导也是整体提高教学质量的重要表现，其本身也是反映大学英语教学在满足学生个性化需求方面的基本事实。当然，大学英语个性化教学的个别性特点，是当学生有个性化需求时，应该对其进行单独指导和帮助，否则难以真正解决该学生学习英语的价值和意义。大学英语教师在准备教学内容和组织课堂教学时，应该充分发挥其教育教学能力，善于通过教学诊断发现学生的个性化需求，从而进行有针对性的教学。

2. 多样性特点

个性化教学不是指个别或者个体的教学，也不是否定大班集体教学，而是指关注每个学生的需求和学习特点，通过多样性的教学方法，挖掘和调动学生的学习动机，实现学生有效的学习效果，促进学生的发展。因此，大学英语个性化教学是根据学生的个性特点、兴趣和学习需求为依据而设计多样化的教学活动。大学英语个性化教学的多样性主要体现在两个方面：一是“教和学”的多样性。具体而言，大学英语个性化教学应在教学目标、教学设计、教学方法、教学评价方面都要按照学生个性特征和学习习惯以及学习需求进行个性化的多样化设计。二是培养大学生的英语技能的多元性。大学英语不仅要求学生简单掌握一些英语知识，更要培养大学生的跨文化的英语交际能力，如听、说、读、写、译等方面的能力。其中，需要注意的是每个大学生在各方面能力的发展不是均等的，由于学生个体的兴趣和追求不同，而有所侧重的。因此，从个性化教学角度来看，在大学英语教学过程中理应把培养大学生诸多能力和侧重发展学生的个性特长有机统一起来。

3. 针对性特点

关于大学英语个性化教学的针对性，可从以下五个方面进行探讨：

（1）大学英语个性化教学的针对性源于受教育者的差异性。针对性是指教学内容和教学手段要和教育对象特征以及需求相互吻合，对他们而言是能够接受的、能够践行的手段。根据学生的学习起点的不同、智力水平的不同和需求不同，设计符合学生内心、能体现教师对所有学生的平等重视、能刺激学生运用英语和外教以及外国人展开沟通互动的教学方案。

（2）大学英语个性化教学的针对性要求教师根据不同的文化背景、个性特征，灵活运用适合学生个性的教学方法。教学的内容、教法和学法、评价的方式都要根据不同的学生灵活选择，需要参照学生学习的基础以及学习的能力，把学生划分成多元层面，层面不同，设计的教学目标以及教学活动等也存在一定的差异，细致地划分教学活动的所有流程，促使不同层面的学生都可以融入教学活动当中。

（3）大学英语个性化教学的针对性还要求根据不同学习风格学生的特点进行施教。学习风格理论有助于教师深入了解学生的个别差异，并根据此制定个性化教学的策略，以促进学生的有效学习。一方面，要为学生提供与他们的学习偏爱方式相一致的匹配举措，除此之外，还要掌握学习风格的缺陷以及不足，制订合理的规划、举措来应对。只有这样，才能真正做到因材施教，切实提高教学效率。所以，在大学英语个性化教学实践过程中，教师要充分掌握学生总体的学习风格，有助于合理地挑选教学手段和举措，充分激发所有学生学习的热情和活力。除此之外，教师还需要协助学生剖析自身的风格特征，促使他们利用自己的长处来开拓学习方式和手段，有助于合理地挑选学习举措，补充以往风格存在的缺陷。

（4）大学英语个性化教学的针对性有别于传统意义上的因材施教。因材施教针对的是个体，针对性面向全体学生，但是关注学生的不同需求和风格。大学英语个性化教学的针对性是传统的结合教材进行教育在现如今的教育环境上的进步，指引大学英语个性化教学理论和实践活动，具有重要意义。在大学英语个性化教学实践中，针对性特征既关注个体学生的差异性，又指向全体学生的不同需求。

（5）大学英语有针对性的个性化教学还表征着教学中除了英语文化本身的因素外，还应兼顾不同专业的学科特点。不同专业的学生在学习大学英语这门课程的需求是有差异的。这就要求大学英语必须针对各专业的特点进行有针对性的教学。

4. 差异性特点

差异性是个性化教学的重要特征之一。不同学生之间的差别主要从智力以及心灵和性格以及兴致和能力等层面体现。不同学生由于智力的偏差而存在区别，就算是智力相同，他们的分数框架也会有所差别。不同个体在一般能力方面，如注意力以及记忆能力和体会以及想象等能力等，对比那些特殊才能，如文学以及艺术和科学等存在一定偏差。学习兴致的差异造成的结果也存在偏差，心理区别也会导致评判的差异。不同学生的个性差别最为显著的就是性格方面的区别，我们可以结合实际态度以及活动的意志等层面加以判定。

所以，不同学生本身就存在很大的偏差，我们不能忽略他们在智力方面的区别，也不能假定他们的智力是相同的，但是我们可以尽可能地激发每个学生发挥自己潜在的智力。在教学实践中，根据不同学生的智力特点施教，使教学形成差异。个性化教学应该是理解差异，形成差异和解决差异的教学。鉴于对学生个性差异的认识，大学英语个性化教学的差异性主要表现为以下方面：

（1）大学英语个性化教学的对象具有差异性。根据苏联教育家维果茨基的“最近发展区”理论，在教学过程中，儿童存在两种发展水平：一种是现有的发展水平；另一种是潜在的发展水平。这两种水平之间的差距即最近发展区。对于大学生而言，由于各自的英语基础不同以及对学习英语的期望不同，决定了每个学生的最近发展区水平也不同。例如，有些学生擅长英语阅读，有些学生擅长英语写作，也有些学生擅长其他方面的英语技能等。因而，为适应学生个体差异设计教学任务就是体现个性化教学的差异性特征之处。

（2）大学英语个性化教学所涉及的学生专业方向存在差异。由于大学英语的教学对象是来自各个不同专业的学生，其各自学生的专业特性和所涉及的英语知识都是不一样的。针对不同专业的实际情况，结合学生的个体需求进行的教学体现的就是个性化教学的差异性。

（3）大学英语个性化教学涉及的教师教学风格具有差异性。不同的教师由于成长经历、文化背景以及对教学的理解不同，从而形成了各自不同的教学风格。教师的这种差异性的教学风格是教师实施个性化教学的基础。例如，有些教师的声音好听，那么从他口中讲出来的英语就能够很好地吸引学生的课堂注意力，甚至会直接影响学生的学习英语的态度。

（4）大学英语个性化教学的差异性是建立在师生人格平等的基础上的。虽然我们主张大学英语个性化教学是充分尊重师生在教学过程中的个性差异，但是其并不意味着师生在人格上的不平等。一方面，师生在人格上的平等是教师开展教学活动的根本性前提，这是对学生作为独立人格发展的充分观照，任何教学活动都必须遵循；另一方面，充分尊重学生个性差异，让每个学生都能得到应有的个性发展，这本身就是一种特殊的人格平等。

5. 诊断性特点

诊断性是大学英语个性化教学的又一重要特征。大学英语个性化教学需要针对学生的个性差异组织教学，其设计教学的关键就是根据学生个性差异制订差异性的个性化教学计划。所谓教学诊断，是教育专业人士和学校内部为了促使教学和学生的需求以及基础状况相互吻合，评判教师的教学状况以及学生完成教学目标需要具备的基础。借助诊断，制定一个优化教师的教和摒弃学生学习阻碍的教学手段。可见，大学英语个性化教学过程中，通过教学诊断能较好把握学生的个性化需求，这是实施个性化教学的基本前提。此外，现代数字化信息技术的运用，为大学英语个性化教学的诊断环节提供了有利条件。所以，大学英语个性化教学能够运用数字科技完成。尽管现代信息科技有助于个性化教学的开展，但是科技的利用以及个性化教学的践行和教师发挥的主导功效是紧密关联的。

6. 交际性特点

人们交往的关键工具就是语言，语言最根本的功能和性质就在于交际性。在大学英语教学当中，语言和文化是不可分的。要凸显教学的个性化，我们在文化适应性上需要达成以下相同的认知：一方面，文化知识和适应能力是交往能力的关键构成；另一方面，语言交往能力本质上是更深层次的获取文化知识的基础。要实现以学生个性化需求和各学科个性化需求的教学，融入文化特征的教学活动才能具有真实的交际意义。鉴于此，大学英语个性化教学的交际性主要表现四个方面：一是通过大学英语课堂教学让中国大学生掌握大量“英语国家”的文化知识，从而实现大学英语的交际功能；二是通过英文资料的阅读实现大学英语的跨文化的交际功能；三是通过面对面的对话交流，如与以英语为母语的外国人交流，从而实现大学英语的交际功能；四是在坚守中国文化的基础上，向外推广汉文化，从而实现大学英语的交际功能。

（三）大学英语个性化教学的设计策略

1. 大学英语个性化教学内容的设计

高等学校应当从自身的情况出发，按照课程要求以及学校大学英语教学目标进行课程体系的设计，实现必修课与选修课相结合的模式，包括语言应用、语言文化、专业英语、综合英语、语言技能等，进而使得不同层次的学生可以在英语应用方面的水平拥有显著提升。如此可见，在个性化英语教学设计当中必须以个性化的教学目标为依据，其课程设置主要体现在以下方面：

（1）课程设置的多元化。大学英语个性化教学内容的设计，主要体现在普通英语教学与专业相结合的课程融合，个性化选修课数量和种类在课程类别总量中增加，大学英语教学专门用途英语内容的增加，为未来学生学习专业英语，甚至双语学习奠定良好基础。

大学英语课程设置的多元化，首先不排斥传统大学英语教学目标和学生需求，对传统大学以英语阅读为核心的大学英语课程均可以保留，以满足学生考级和考研的需求。同时，增加以大学英语听、说为核心的课程比重，满足中外交流频繁背景下对英语学生听、说能力要求不断提高的社会需求变化。另外，有选择地设立专门用途英语课程，把大学英语与学生的专业相结合，有利实现学生专业领域当中英语综合应用水平的提升，尤其是听、说能力的全面提高，进而帮助学生在未来的学习、生活和工作当中，可以较好地运用英语开展交流。

在个性化教学内容设置上应当针对学科所存在的各自特点，对不同学科英语需求进行分析，从而开展多样性的教学内容，掌握各专业课程的分配情况，按照大学英语教学目标、学生个性化特点，使得在英语课程设计当中能够有意识融入跨学科的东西。同时还要能够对于学生未来的专业发展和就业需求开展分析，让英语能够更好地帮助学生获得成长和进步，让学生在语言学习的过程中，可以认识到语言的作用和地位。不管怎样，关于大学英语教学首要的就是能够明确教学目标，实现英语教学和个人职业规划的融合，让语言教学成为服务学生基础知识、实践能力提升的重要方式。大学英语课程设置的多元化是由教学目标多元化决定的。根据教学内容不同，大学英语可分为通用英语、通识教育类英语、专门用途英语。学术英语和科技英语均属于专门用途英语。在进行大学英语课程设置时，课程内容、难度、目标要有总体规划，以确保课程能有效衔接。对于不同层次高校，各个类别课程所占比例应有不同，应根据学校专业发展和办学特色设计个性化的教学模块。

（2）设置多元化的教学内容组合。传统大学英语教学内容往往表现出一种统一性，教材基本统一，教学内容基本一致，成为阻碍学生个性发展的一个主要因素。这种统筹划一的教学内容设计，从某种程度上便于教学安排，有利于统一考核，降低教学成本。但不同教师在教授具体内容时，有不同的偏好，更重要的是，这种模式基本忽略了学生风格和学习需求的差异性。统一的教学内容，也不利于教师对教学内容进行个性化的处理，采用更具接受性的教学方式，如故事方法、图像方法等，使得教学内容可以更好地展现在学术面前，满足学生需要，让学生可以自觉地开展学习。

多元化的教学内容组合是构成个性化大学英语教学的重要组成部分。不同的教学内容组合，为学生提供了不同学习方式的选择，或着重自主学习，或强调研究性学习，或突出体验式情景，或发展反思性的思辨思维能力，学生通过自主选择教学内容，获得适合自身特点和需要的二语习得方法，提高英语语言技能应用和实践经验，反思教学内容的适宜性。在以往的教学中，教师按照教材的编写思路，和对课程的个人理解，结合课时等外在条件的要求，对教学知识内容做了分割和组合。但这种理解往往带有较强的个人色彩，知识之间或是孤立的，或随机联系的，并没有基于学生的学习特点和需求，没有站在整体上考虑问题，以通达思想对知识内容进行分析，了解学生整体的情况。而多元化的大学英语教学内容安排，要求以综合化的思想，整理和改造不同单元的大学英语教学内容，避免知识内容的重复性问题，给学生提供多元化、综合性的学习材料，让学生能够拥有个性化、明确性的学习思路，掌握和认识自己的学习内容、方式和过程。

现有的课程设置要求学生必须同时参加听、说、读、写、译各门技能课程学习，而多元化的大学英语教学内容要求下的课程设置，将五项技能课程进一步分工，进一步具体化和工具化，将听、说、读、写、译相对独立开来，或分别组合，形成听、说、读写、写译等不同课程类型。学生应当从自我专业的需求情况出发，积极探索满足自己的兴趣爱好，也可以把作为通用英语的听、说读写译等技能课程与强调专业需求的专门用途英语课组合起来，形成更丰富的大学英语教学课程组合。当然，学生的专业和英语学习兴趣不总是一致，这时我们在积极引导之外，还要充分尊重学生的学习兴趣。不管多元化教学内容呈现出何种组合形式，其核心目的都是为了满足学生的个性化需要，进而激发学生的学习动机，学习动力增强，学习的效果自然会提高。

（3）课程设置模块化。多元化教学内容要求课程设置不断模块化。充分对学生存在的不同个体进行考虑，然后对大学英语教学采取分级分类方法，让学生能够从自身知识水平出发，找到适合自己的类别。同时，在课程设置上开设必修课和选修课模块，在不同模块下，设立不同课程，突出不同教学目标和教学内容。按照模块比重的不一，在教学过程上也存在出入，从而满足于学生多元、个性的学习需求，逐渐使得教学中文化教学以及非语言技能教学的内容得到提升，让学生在英语学习更为突出个性、专业。

2. 大学英语个性化教学方法的设计

个性化的教学方法，要注重实现以往传授为主的教学向指导为主的教学转变，注重学生主体地位，以培养学生发现问题、分析问题和解决问题的能力为主要任务，重视英语知识应用技能的培养，尤其是学生在职业和生活中英语语言的综合应用能力的培养，让学生在未来的生活、工作、社会当中更好地开展口头英语交流与沟通，适应国内国外环境变化。

个性化教学方法重视因材施教，重视交流互动，在交流中解决课堂教学中遇到的问题，提升学生的语言能力，充分尊重和适应学生之间的个性化差异，保证教学方式的灵活性，以及教学情境的多元化，增强教学过程中的趣味性、互动性，提升学生兴趣，集中学生的学习注意力，使他们积极主动地参与到教学当中。

（1）分级分类的教学方法。“以学生为中心”的教学是对个性化教学的重要体现。近年来，各高校的教师在不同级别和类别的大学英语教学中，不断在教学中尝试各种不同新的方法。我们可以在低级别的大学英语课堂上，采取情景教学方法，使英语教学贴近生活，启发学生分析问题和解决问题的能力，培养学生的批判性和创造性思维，鼓励学生探究式学习，积极主动思考，在语言实践活动中提高英语语言应用能力。

在高级别的大学英语课堂上，采取任务型和研究性教学方法，组织和开展课堂小组讨论，建立课题研究小组，提交课程报告等教学活动，在教学中积极引导学生参与，把英语的工具性作为第一因素，充分考虑英语学生的个性需要，培养学生使用英语语言技能，完成研究性任务，进而提升专业水平和能力。

由此可见，通过分级分类的方法将会使得大学教学环境获得有效改善，既能够帮助学生实现英语教学的实践过程，还能够重点考虑课堂中教师所具有的辅助性作用和引导性作用。在分级分类教学方法不仅体现在教学方法的差异性上，而且即传授知识、发也体现在课程内容的呈现方式和教学手段的个性化上。不同类别级别的大学英语教学，对教材、课堂教学语言的使用频率、师生互动方式、任务形式难度都有所区别。难易多寡不是评价不同大学英语教学优劣的唯一标准，是否实现了个性化教学形式，满足了学生个性化需求，才是重要的判断标准。

（2）教学方法的多样化和灵活化。教学目标对教学系统起着根本性的制约作用，它既是教学活动的出发点，又是教学活动的归宿。教学目标中的多维结构决定的教师教学的多维功能，即传授知识、发展能力、教书育人。功能的不同，实施的方法必然不同。所以，教学目标的多维性决定了教学方法的多样化。同理，个性化教学目标的多维性决定了大学英语教学方式的多样化和灵活化。为了适应学生不同的学习风格和需求，教师要采用多种知识呈现与传达方式，让学生有更多的选择方式和接受空间，充分调动他们学习的积极性，促进他们更好地掌握所学知识。

常见的教学方法形式，可以归纳成四种形式：一是传统的讲—演—练的教学方法。在课堂上，老师讲解教学重点和语言知识点，通过实例演练，开展多种教学活动，给学生以练习的机会，通过重复和重现，加深学生的认知和记忆，把语言知识概念化。二是以视、听、说为主的教学方法。由于生理因素的差异，不同学生对视觉、听觉和表达存在不同程度的偏好，因此，对外部环境的刺激，会产生不同的反应。对这类学生应着重激发他们的视、听、说的潜力，采用各种刺激手段和教学策略，按照不同偏好组合，适当配比，充分利用感官刺激效果，提高教学效率。三是自主学习和合作学习形式，对不同学习特点的学生采取不同的教学形式，对偏好独立学习，喜欢安静学习环境的自主型学生，可采用自主学习的教学方法；而合作型学生则更偏好教师采取小组学习的教学方式，学生与学生之间，学生与教师之间合作学习，教师采取有针对性的指导。四是相机选择合适的教学方式。在大学英语教学中，教师根据学生的学习特点和教学条件，采取与之相匹配和适应的教学方法。可大班集中讲练，也可小班合作研讨，可以采用听、说法，也可采取传统语法翻译法，可以采用面授式，也可采用启发式、探究式和参与式的教学形式，既注重教法，还要重视学法和元认知策略教学，相机选择教学方法，有效选择和组合教学手段和方法，帮助学生学会主动接受知识、有效掌握知识，更好地促进课堂教学效率，教会学生“如何学”；尊重学生学习上所具有的主体位置，满足学生个体化需要，以及突出学生情感需求，实现因材施教的目的。

（3）适应专门用途英语教学的内容与语言整合的方法（Content and Language Integrated Learning，CLIL）。所谓“专门用途英语”，就是能够和特定职业、科目、目的具有关系的英语。其属于一种语言，教学当中不仅仅要突出技能元素，还需要强调专业性，实现专业知识学习和语言技能训练的双面提升。但语言教学本身并不是专门用途英语的终结，而利用语言实现一个确定的目标才是专门用途英语的真正目的。CLIL 是将孤立的、单纯的语言教学转向语言的形式教学与内容教学相结合。在 CLIL 教学模式下，利用语言来学习内容，并通过内容促进语言习得。由于专门用途英语课程多与学生自身专业紧密相连，因而多采用 CLIL。专门用途英语要求学生先要能够具备一定的英语基础，然后利用其开展进一步的学习。目前国内的专门用途英语课程，存在着两大课堂教学方式：一种是学生为中心；另一种是教师为中心。教师为中心多以教师在课堂上讲解为主；前者主要是问题解决式的教学方式、自主学习和基于信息技术的教学方式。

另外，在内容语言整合方法上也分为两种：一种是语言驱动型；另一种是内容驱动型。用这两种方法来表明动机和情景上的区别。内容语言整合方法将会建立在英语媒介基础上，对专业、学科知识视为二语习得体验的主要构成。对此斯特恩指出，CLIL 方法有利于专门用途英语教学的实施。对于英语学生来说，从英语语言学习一开始，就应该参与真实生活交际，越接近真实语境和交际体验，语言学习效果越好。对学生而言，最容易接近现实社会的是学校生活，而对学习情境了解更好的自然是学校情境。为此，学校提供专门用途英语课程，让学生能够更好地使用英语参与到学术、职业等情景当中，从而利用语言知识对学科内容进行传授，让学术可以在各自领域当中掌握必要的语言技巧和能力。所以，当前大学英语专门用途英语教学中，应加强第二类，即语言驱动型的 CLIL，强调以语言导向的教学，突出大学英语二语课堂的特征，明确语言驱动专业内容学习的关系。

（4）网络环境下的教学方法。网络教学方式，就是利用网络技术辅助学习生态环境，使得学生的主体地位得以充分展现，学习方式主要以探究式为主的活动。网络化教学可以满足学生不同的个性化学习需求，提供自主性学习方式。基于网络的个性化教学，以计算机辅助教学，以互联网为信息获取和交流媒介，以先进教育理念为基础，引入认知科学等学科的最新成果和认识，通过研究人类学习思维和认知过程的特点和方式寻求学习认知的新模式，使学生在个性化学习中获取知识，以实现真正个别化教学的目的。网络环境下的大学英语教学，或网络化大学英语教学，关注点在于学生自主学习和个性化教学之间的融合，能够有效调动和挖掘学生潜力，彻底转变教师的教学观念、教学方法和课堂角色。不管是线上线下，还是课堂内外，网络化的大学英语教学方法作为一种超文本化的整体教学方法，都强调在教学过程中培养学生自主学习能力，通过声音、图像、文字、动画的媒介，形成微课和慕课等立体式教学工具，使得教与学的界限变得模糊，时空限制不再重要，教学形式变得更加形象和生动。

网络环境下的教学方法呈现“多元化”的格局。从教学实践看，网络环境下的教学方法多采用以学生为中心、教师为主导的折中式教学模式，其将会从各种教学方式中吸收优点，展现了多元化开放性教学的优势，既有常态教学，也有大班级集中教学，在教学当中学生主体又能够得到确定，同时教师指导作用也能够推出。例如，网络环境中大学英语教学方法多达二十四种，如练习、合作、演练、教授、讨论、语料库、探究、主题、情境、随机整体、自学、互动交际、主题联想、团队合作、案例分析、角色扮演、在线辅导等。教师主导地位可以从两个方面看到：第一，从学生特点和教学要求上出发，采用合适的教学资源、信息，实施正确的教学策略，进而有效地带动学生学习动机，为学生提供有效的帮助；第二，多媒体网络时代当中，多媒体教学网络将会承担起知识传递者、信息源的身份，作为教师应当将集中力集中到学生身上，教师既要能够帮助学生更好地运用多媒体设备，使其能够从网上获得更多的资料和信息，同时还能够按照教学的要求自行设计多媒体教材，进而有效掌握学生学习的进度，了解学生学习情况，还需要合理进行小组分配，对小组讨论开展指导和协调等。

在网络环境下的大学英语教学中，教师把教师的教学过程与学生的学习过程融为一体，学习过程的发生时机不再受课堂教学时间的限制，教学过程和维度不断延伸，形成教师、学生和教学方法在课堂内外的不同组合，学生的主体性得到充分尊重、体现和发挥。网络教学环境下的大学英语教学的外延得到无限扩大，教师的角色从过去的“以教师为中心”的主导作用，逐步向“以学生为中心”的学生自主学习方式和教师的引导作用转化，以达到学生合作学习、研究学习、探究学习、接受学习、个性学习。这里来讨论一个网络环境下个性化的教学模式案例。

大学教育网络化为教育带来了日新月异的教学工具和媒介，不管采取与之相匹配的何种教学方式，教师作为一个教学组织者的地位将不可改变。面对网络化大学英语教学，教师要发挥好中介作用，发挥各种媒体的优势，不可轻视课堂面授的基础性作用，在此前提下，优化媒体的组合，给不同的学生提供符合其个性化需求的、理想的自主学习方式和环境。

网络教学环境下通过组织教师以及在学校当中实现网络课程的建设，能够有效实现多媒体的开展，实现对教学资源、素材的收集和整理，实现课程的开拓和丰富，进而在教学当中充分利用网络的时空优势、技术优势，在学生和教师当中打造有效的互动环境，形成科学的网络学习成绩评价体系，推动终结性和形成性双面评估，进而让网络课程的多元化、互补性以及交互性等优势更为充分显现。在网络课程创建上，应当充分认识到网络教学的特征所在，实现课程教学和网络信息技术的有效融合，从而带动学生的学习兴趣，让教师可以更好地利用网络开展各种教学过程，如网上辅导、网上答疑、电子作业布置等。在设计课程当中，还应当尊重教学设计，包括内容、环境、活动等设计，都需要考虑在内。应当充分从学生认知心理知识角度出发，找到能够有助于形成良好知识的学习策略，让学生在学习当中能够充分地开发大脑，提升学生的创新能力、文化素质水平等。

在网络教学当中，充分实现对网络化教学系统的有效应用，使其更好地服务于个性化教学需要。具体网络教学活动主要包括的系统有在线测试、学习讨论、辅导答疑、作业提交与管理、信息发布等。实现网络课程的互动性、个性化等特征。利用电子邮件、公告等实现课程信息的告知，有效进行信息的沟通与交流。开展作业功能发布，使得作业发布具有智能化，可以从学生的学习内容角度出发自动进行作业的布置，同时也可以人工进行范围的筛选。可以服务于学生进行作业提交、作业完成等，也可以服务于教师进行作业批改、点评等。在教学当中具有丰富完整的答疑资料库平台，可以为学生提供各种答疑网络界面。实现问题和解答的发布需要。还可以提供网络讨论组的相关内容、管理和提交工作，也就是利用网上教学活动的设置，实现个别化的协商交流模式，从而学生之间能够开展相应的问题讨论，作为教师可以利用网络实现与学生的对话，进一步了解学生，帮助学生，给学生创造良好的环境，让学生与学生之间可以达到一定的异步交互的结果，这是目前网络课程中非常重要的部分。至于在线测验则能够帮助教师实现对学生知识水平的测试和评估，对学生成绩进行相应的记录和保存。

利用网络化英语教学系统，将其建设成为一个资源丰富、技术先进、互动性强，有利于学生通过自主学习演练提升语言实践技巧的实验教学平台，能满足学生听、说、读、写、译全方面的训练要求，教师可拥有海量的教辅资料及扩展性资源，灵活地进行课程单元授课及单元设置，对学生的学习实现定时、定量、定目标，对学生的学习过程实现可知、可控、可管理。如此一来必然将会提升英语专业教学科研能力，以及深化大学英语教学的进一步改革，有效促进学院各学科门类的综合协调发展，有利于各专业学生综合素质的健康成长，增强学院核心竞争力和整体办学综合实力。

采购的语言教学实践平台，可为英语教学提供更良好的教学和学习条件。先进的教学设备在某种程度上改变了英语教学的观念，突破了传统的单一语言教学和学习模式。优良的高科技设备，丰富鲜活的视听教材，不仅丰富了教学内容，提高了教师上课的效率，突破了时间和空间的限制，还提高了学生学习的兴趣，为学生提供了一个利用现代化教学手段学习英语的良好环境。除了能够实现学生自主学习、学生与电脑互动、学生与学生和学生与老师互动外，还为教师提供了现代化的多媒体教学手段，从各个方面为教师创造了更多的教学机会和环境，提升了教师的工作效率。具体包括教学方面、学习方面、考试方面、评估方面、管理方面等，进而使得教学质量显著提升，师资队伍水平显著提高，成本投入有效下降。还可提供一个基于网络的教学创新平台和环境，实现对学生在网络环境下的可知、可控、可管理，有效提高教学质量，为老师提供一个有效提高教学效率的工具和科研平台。

3. 大学英语个性化教学组织形式的设计

教学组织形式是一种方式和程序，想要实现一定的教学目标必然需要围绕学习经验或教育内容基础，在一定的时空环境当中利用一定的媒体，开展师生互动。其关键点在于包括了一定时空、一定教学因素、一定师生互动。教学组织形式属于教学活动中的形式体现，主要是为教学内容提供服务的。教学活动具体就是指导教学目标、方法和内容。教学组织形式的存在，一方面是为了实现教学目标，另一方面是保证教学内容执行，还有一方面是运用科学的教学方法，最终都是服务于教学任务。在教学理论以及教学实践当中，教学组织形式是具体的落脚点所在，特点为综合性、集结性。从教学组织形式发展的历史规律，学生个体差异性特点的存在，现代教育技术的发展以及现代教育理念的进步，都使得个性化教学成为防线，其将会给个性化教学创造理论基础。走向个性化教学组织形式是个性化教学的回归，也是在现代教学理念指导下教师的必然选择。当前，大学英语个性化教学组织形式呈现出综合化和多样化的特征。

（1）个性化教学组织形式的综合化。随着人们对教学组织形式发生、发展和变革过程的深入研究，发现世界上并不存在万能的教学组织形式，每种形式都各有利弊。要使教学取得最佳效果，只有对各种教学组织形式进行优化组合。分级分类教学是一种体现了个性化教学理念、混合式的教学组织形式，是一种本着“以人为本”“以学生为中心”的教学管理方式，最大限度地尊重和顺应了学生的个性差异和教学可能性。大学英语个性化教学下的分级分类教学顺应了现代教育潮流，以“因材施教”为原则，全面实施的差异化、多元化的教学形式。按照学生学业特点和学习需求，分级测试和调查调研，打破自然班，按照学习能力和学习目标差异，混合进行班级编排；针对级别不同的学生，在教学当中应当各有侧重点，尊重个体差距之外，还需要强调目标管理，进而采取有效组织教学方案；动态管理是教学过程必须应用的，将会更加注重学生个性化，完成级别滚动制的要求。教学中因材施教原则要求教师教学目的性加强，教学目标与学生学习能力匹配，提高教学效率和教师的成就感，学生自我认知感加强，学得更加轻松，学习动机强度增加，学习自信心提升。

传统的大学英语课堂不断被以计算机技术和网络技术为主要教学媒体的计算机辅助和多媒体教学模式所替代。学习动机强、学习能力强、学习需求明确的大学英语学生和班级更适合采用这种“互联网 +”的教学方式，而这种教学手段和模式使用比例的增加，改变甚至颠覆了大学英语教学组织管理方式。“互联网 +”的教学方式，充分发挥了互联网数据处理快、信息存储量大、可按使用者意愿获取相关信息的特点，网络资源的共享性、开放性和交互性，也极大地满足各个层次学生的相关需求，从而真正实现以学生为中心的教学理念。

大学英语个性化教学的特点决定了大学英语所采取的分级分类多元化教学方式，应是一种传统大学英语教学组织形式与网络环境下的大学英语教学管理形式结合和融合的一种混合存在方式，即传统教学组织形式与“互联网 +”混合的分级分类教学组织形式。对不同级别的大学英语教学应积极创设不同的网络教育环境，在选择教学组织形式时，还应考虑学生的学习特点、学习动机、学习条件，选择适合的学习时间、学习进度和学习方式，最大限度地让先进的信息技术为大学英语教学服务，以便顺利完成教学内容。

从组织形式上讲，这种混合式教学形式，要求大学英语教学既要考虑教学时间和地点的适当性，又不能受其束缚；既要考虑教与学在时间空间内的融合，又要敢于大胆利用网络技术与资源，朝着个性化和自主学习的方向发展。这种混合的教学组织形式，符合当前学生在学习上存在的差异局面，同时还能够推动个性化学习方法的探索，使得个性化策略成为未来学生自主学习的关键所在。

随着移动互联网的发展，导致移动互联网个性化对大学英语教学组织形式提出了重要挑战，使“互联网 +”环境下的混合式教学管理方式更加复杂。当移动通信和互联网二者相结合，移动终端设备在大学英语教学中的作用日渐凸显。注重大学英语和移动互联网的融合，将会使大学英语教学管理迎来巨大的改变。建立在移动互联网个性化学习基础之上，能够充分利用移动互联网平台，构建个性化的网络环境，使学生能够通过终端设备，如智能手机、电脑、笔记本电脑、平板等开展随时随地的学习，实现个性化的学习需求。这种移动互联网个性化学习突破了传统比较呆板的班级模式，突破了时间和空间的限制，使得英语教学和学习呈现碎片化态势。根据学生知识水平的变化、学习能力的强弱、学习需求的进展，选择个性化的学习时间、学习材料和学习方案，从而极大程度上摆脱了传统课堂以教师讲解、学生演练的组织形式。基于移动互联网的个性化教学，也区别于当前网络课堂以教师面授、学生自主学习为主的组织形式，教师对学生的学习监控形式进一步虚拟化，未来在大学英语教学管理与组织形式中的比重将不断增加，成为每一位大学英语教师与教学管理者的重要挑战。

传统的课堂仍然以教师负责教学组织管理，并且使用一些多媒体教学设备，辅助课堂教学活动，以提高课堂教学时段效率水平。然而目前设备大都是停留在课堂之上，难以满足学生课外英语学习需要，也不能够因人而异地提供相应的个性化服务。

个性化的、基于网络的大学英语教学平台，是目前各个高校采取最多的教学管理形式，有利于学生开展自觉性学习，使其找到符合自身需要的学习思路，形成特有风格。为加强教学组织，大学英语教师开发了丰富学生课后自主学习资源，形成了网上的学习平台，微课、慕课等网上教学与学习资源，丰富了学生学习的选择。但这种组织形式，没有减轻教师的教学负担，教师不得不耗费大量时间和精力备课授课；学校须组织相当的人力和物力，制作各类网络视频资源。

适合智能手机使用的移动互联网英语学习方式，为大学英语教学组织与管理提出了新的课题。目前，针对各阶段各个层次的英语学生的学习资料，不仅仅以纸介和网页形式出现，相关移动互联网 App 平台资源也逐渐丰富起来。移动互联网让学生能够从自己的学习水平、内容、学习层次等方面着手，在移动端找到符合自身学习需要的相关资源，进而开展自觉性学习。学生不再以课堂学习，或在网络教室学习作为唯一的大学英语学习形式，相反会因学习效率和个性化问题，出现对大学英语传统教学组织形式的排斥和懈怠心理。移动互联网个性化教学在教学当中的地位越来越重要，让学生看到了便捷性学习过程，而且这种方法可操作性比较高，学生能够随时随地进行资源运用，碎片化学习，极大颠覆了传统的、集中化的学习管理形式，学习方式更加灵活。但这种学习方式，对学生的注意力、学习的专注性、教学组织的直接性都会产生不利的影响。

在“互联网 +”的教学管理形式下，不管是大学英语网络教学，还是移动互联网下的大学英语教学，教师往往是通过教师管理模块和学生管理模块，实现远程教学管理的。在教师管理模块当中，应当注重个性化作业和在线辅导两个模块，这是当前个性化教学的主要内容所在。教师应当针对学生的难题随时进行解答，针对学生不同的学习困难和进度，提供有效帮助；同时根据学生的具体情况和发展空间，布置个性化作业和测试评价，提出个性化建议。学生通过学生管理模块可以查看测试任务，进度和结果，做出个性化自我评价；通过学习策略指导模块，学习必要的英语学习策略，根据自己的学习风格与认知水平，找到合适的学习方案，进而利用所选的方案开展更丰富的训练；通过自主训练模块，参与各类技能训练，学生可以根据自己的学习情况，选择不同训练形式和难度；通过评价模块，学生可以把自己的学习成果、学习建议和思考，传送给教师或同学，进行学习互评和学习反馈，及时获取学习建议，学习目的性和学习成就感得以加强。

（2）个性化教学组织形式的多样化。教学组织形式的多样化是顺应时代发展的必然结果。纵观教学组织形式发展的历史走向，教学组织形式从最初的个别教学制逐步实现了班级教学制，到今天又走向了个别教学回归的道路。每一种教学组织形式在某一个阶段都有其存在的合理性，尽管有其不足，但这些教学组织形式也都传承下来，互为补充，合理并存。目前，大学英语个性化教学组织形式有以下方面：

①同步教学。同步教学或集体教学与个性化教学相辅相成。倡导学生学习的个性化、提高学习的自主性，并不是要排斥同步学习或集体教学。个性化教学是以集体教学或同步教学为基础的，当教师面对全体学生提出问题或共同解决问题时，当教师和学生需要在全体学生面前分享和交流个性化学习成果时，当教师要针对具有典型性的个性化学习问题和困难进行重点讲解和演示时，都要进行集体教学和同步教学。同步教学是与学生的同步学习一起发生的，学生是在被动状态下接受学习，如不能与个别教学、分组教学有效融合，就无法保证学生在同步教学都能全身心参与教学，共同学习。因此对同步教学的要求是，要强调同步学习，要深化对学生的参与感，要注意同步教学的使用时机。

②分组教学。优化分组教学形式，也是开展个性化英语教学的关键所在。在个性化英语教学之中，往往教师会在课前对学生进行分组，按照教学内容和课程进展需要，布置分组教学任务。也可以先设定不同课题或学习任务，由学生自由选择，自由分组，以是否完成学习任务为分组教学结果的评价标准。这两种分组形式，不管是教师统筹考虑，还是学生自主选择，都考虑了学生的学习起点、学习差异、学习特点的互补性和教学内容的进度等不同问题。综合两种分组形式的特点，不断优化分组教学形式的效果，可以采取动态分组教学形式，分时间段重新分组，以学生的意愿、兴趣为主，教师可以适当干预。教师干预分组学习时，要注意把分组学习与个别学习承接起来，要求学生能够积极参与到小组交流当中，实现学习成果和思想之间的交流和沟通，进而对错误及时发现，并且进行相互答疑。通过讨论和探索，找到更好的解决方案，同时做出相互之间的评价。此外，分组教学时要考虑小组成员的个性化差异，是否有利于小组共同解决学习任务或完成课题，有利于学习水平和学习风格不同的学生开展有效的互动，进而让各个层级的学生都能够更为积极主动参与进来。

③个别教学。个性化差异是整个大学英语个性化教学的基础所在，应当充分尊重学生的个体思维和心智成长过程所表现的个人特色，个别学习和个别教学形式成为个性化教学的主要组织形式。个别教学形式往往通过以下情况出现：首先，当同质的问题提出时，对不同学习能力和学习需求的学生，可以用不同语言表达形式、知识侧重点和难度呈现，以激发学生多样化的、个性化的、异质的思考和回答；其次，当通过课堂讨论、线上线下讨论、师生答疑解惑等课堂组织形式，形成了具有共核特点但表达不同的个性化答案时，可以对每一个学生身上内化而成的学习成果，给予个别评价，会帮助学生获得积极的自我评

价；再次，当学生获取教师个别指导、评价，选择所需教学资源，自我练习时，个性化教学管理可以帮助学生掌握个别所需技能；最后，当个别学生因学习能力差异，出现或快或慢，与多数学生不一致的学习速度时，个别教学鼓励学生采取个别学习的方式，使学生在一定时间专注于自身的学习进度，潜心学习，独立思考，以自己的速度，用适用于自己的学习方法，真正掌握英语语言技能和知识。

在日常教学中，教师可以根据教学目标、课程设置、学生学习水平以及教学环境等因素交替使用上述三种教学组织形式，以期达到最佳的成果，完成个性化教学目标需要。

第四章　大学英语教学模式改革与创新

第一节　大学英语教学模式的改革

信息技术正在给大学英语的教学模式带来巨大的影响，有了互联网，学生获取知识的便利性、灵活性有了非常大的提高，这就使得教学模式的多样化、开放化和专业化有了客观的必要性。教师要探索线上与线下融合、校内与校外结合、开放与特色并重的多样化教学模式。

一、大学英语教学的网络教学模式

（一）网络教学模式的本质含义

作为一种教学模式，网络教学主要涉及教学思想和教学理论、计算机网络技术、英语教学目标、英语教学资源、教学活动结构框架和教学方式这五大层面。

1. 教学思想和教学理论

任何教学模式都是建立在一定教学思想和教学理论基础上的，同样教学思想和教学理论也是网络多媒体教学模式的核心。换言之，基于网络多媒体的英语教学模式需要依据一些教学思想和教学理论，这些思想和理论可以从两个层次来分析：一是宏观层次；二是中观层次。其宏观层次主要是建立在哲学思想的教育学理论上，其主要内涵覆盖了教育心理学、教育学、教育技术学、学科教学论等；中观层次是基于英语教学的各种教学法，如语法翻译法、听、说法、任务法、交际法等，而各种教学法的背后也离不开理论的指导。

2. 计算机网络技术

基于网络多媒体的英语教学模式与传统教学模式相比，其最大的优点在于计算机网络技术的参与。由于信息技术的发展，英语教学中的师生交流方式、信息呈现方式等都发生了重大改变，且人们已经形成了一个共识：网络多媒体技术并不是万能的，再先进的技术也需要教师的辅助，即教师需要对学生进行督导、监控及情感层面的支持。就英语教学层面说，最为合理的方向是充分发挥计算机网络技术在多媒体信息呈现、信息查询、网络交流等方面的优势，辅助教师完成教学，减轻教学压力，也让教师有更多的精力和时间对存在差异的学生进行情感交流和个别监督，解决他们的问题。换言之，网络多媒体与教师都有其自身的优势，因此在英语教学中应该将二者的优势都充分发挥出来，使学生能够从低阶语言能力转向高阶语言能力。计算机网络技术在英语教学中的工具作用主要如下：

（1）知识演示与传输工具。计算机具有明显的多媒体特征，其在英语教学信息的呈现中也具有明显的优势，可以通过文字、图像、图片、声音、视频、动画等多种传递方式。目前，英语教学也多提倡使用网络多媒体教学，目的是能够为学生提供更多刺激感官的信息接收形式，从而促进学生的记忆和理解，同时还能够增强教与学的趣味性。

（2）交流工具。当前，网络已经成了一种普遍的交流工具，在英语教学中也普遍运用。基于网络的英语教学交流工具有很多，如网络论坛（BBS）、电子邮件（E-mail）等，这些都为教师、学生提供了便利。

（3）个别辅导工具。人机交互式网络多媒体作为个别辅导工具所具有的一大特色，主要体现在各种交互类的英语学习课件中。目前，计算机网络技术作为个别辅导工具主要具有个别指导、操练和练习、学习监测和反馈等。

（4）教学信息记录工具。计算机网络可以把教师与学生的各种与教、学相关的信息记录下来，这些信息可以为评价教师的教学行为、分析学生的学习情况和进度、帮助教师和学生进行反思等提供数据。

（5）学习情境创设工具。计算机网络技术可以为学生创造真实的学习情境，通过逼真的语言环境，可以促使学生进行探究和思考。

（6）教学管理工具。随着计算机网络技术在教学领域的应用更加广泛，计算机管理教学也应运而生。简单而言，就是运用计算机网络技术来帮助学校和教师进行教学管理。

（7）教学资源储存工具。计算机具有强大而便利的储存能力，这也逐渐成了英语教学资源的储存仓库，储存的内容包含课程教学课件、师生电子档案、电子教案、文献资料、多媒体语料库等。

(8)学习认知辅助工具。为了提高学生网上学习的效率，网络查询引擎、在线电子词典、电子笔记本等被开发出来，这些都是计算机网络技术的学习认知辅助工具，从而不断提升学生的学习效率和效果。

3. 英语教学目标

任何学科教学都离不开教学目标，基于网络多媒体的英语教学也不例外。教学对象不同，确定的教学任务、教学目标也不一样，其选用的教学模式也必然会不同。例如，对于听力教学而言，以提高学生理解和记忆能力的教学目标适用于采用人机交互型教学模式。如果教学目标是让学生掌握知识，那么教师可以采用以传递为主的教学模式；如果教学目标是培养学生的思维和运用能力，那么网络写作项目、网络英语角等人机互动教学模式更为符合。当然，采取怎样的教学模式并不仅仅依靠教学目标，还涉及教学任务、教学内容、教学环境、教学对象等因素。

4. 英语教学资源

基于网络多媒体的英语教学的教学资源主要是以文本、音频、图片、视频、动画等形式呈现的数字化教与学的支持内容，是辅助教师展开教学的直接工具，也是学生获取知识的直接途径，这些也构成了基于网络多媒体的英语教学模式的核心要素。无论是怎样的形式，教学资源本身的难度、选材等都应该从学生的实际情况出发。与传统的纸质教学资源相比，基于网络多媒体的英语教学资源更易于共享、易于更新，且能够海量存储。

5. 教学活动结构框架和教学方式

在宏观与中观教学思想、理论的指导下，需要将教师、学生、网络多媒体技术、教学资源等融合起来，形成具体的教与学的干预措施，包含教学内容的顺序、学习内容的组织、媒体呈现的设计、教与学的安排与设计等，这些都属于教学活动结构框架和教学方式的内容。

（二）网络教学模式的类型划分

1. 网络自主接受模式

网络自主接受模式一般由三种要素构成：①学生个体。②学习内容：指网络课件，通过网络传输的、由计算机作为媒介呈现的图文声像等语言材料内容。③学习指导者：指计算机和教师。

“网络自主接受模式所传递的主要是客观类的知识和技能，训练主要以选择、填空、拖动配对等具有明确答案的形式为主。”[①] 通过设定计算机的识别和反馈程序，可以自动批改和矫正学生的错误并提供解答。另外，还可以设定计算机程序使之自动探测学生的学习背景和学习风格等，然后提供适合的学习材料和学习路径等，计算机相当于智能导师。而对于学生在学习过程中遇到的各种问题，尤其是一些个性化的难题，以及人际情感沟通方面的需要，则需要教师通过网络交流工具，如学习论坛来帮助学生解决问题。

2. 网络自主探索模式

网络自主探索模式的一般构成要素主要有四个：①学生个人；②任务 / 问题；③参考资源；④教学指导者。在这一模式中，学习的主要目标是提升学生的语言应用能力，而不是学习语法、词汇等客观确凿的语言知识，因此一般以完成某一具体完整的语言任务或针对某些问题阐明自己的观点作为学习的主要内容，如翻译某段文学作品或独立观看某段原版影片后写出影评等。

在整个学习过程中学生会得到必要的提示和指引，一方面学生自己可以参阅网络资源

① 吕文丽、庞志芬、赵欣敏：《信息化时代下的大学英语教学改革探索》，吉林大学出版社 2018 年版，第 61 页。

或图书列表；另一方面教师会通过电子邮件、论坛等交流工具检查并督促学生的进度，指导学生解决遇到的问题，并给予必要的评价和总结。

3. 网络集体传递模式

网络集体传递模式的一般构成要素是：①学生群体；②学习资源；③教学指导者。网络集体传递模式一般有两种教学过程：一是完全虚拟的网络课堂。教师和学生群体在统一的时间登录特定的网络“班级”，教师讲解新课学习内容，组织练习、讨论等学习活动，解答学生的提问，给予必要的反馈指导；二是自学加集体指导型。学生选择自己方便的时间自主观看教师布置的学习资源，如以图文声像等呈现的多媒体课件，然后在统一时间教师通过网络实时教学系统为学生提供集体指导、讲解和答疑。

4. 网络综合教学模式

在实际的网络英语教学中，根据师资、教学目标以及技术开发水平等条件往往综合应用不同模式的各种教学手段。例如，大学英语综合教程某一单元的网上教学过程是：学生自主观看该单元的网络课件，完成网上的填空、选择、拖动配对等练习并得到计算机的自动批改反馈，如果该学生已经达到本单元客观知识技能的基本要求，则会进入本单元的自主探索部分，会要求他研读一份额外的主题材料并完成一份评述报告，在研读和写作的过程中教师会通过电子邮件 / 学习论坛等方式给学生必要的引导和提示。

这一网络教学过程就融合了网络自主接受模式和网络自主探索模式的部分教学手段，我们将这种混合的应用称为网络综合教学模式。我们认为在设计和确定教学模式时，应该综合考虑教学目标、师资力量、学生的学习风格等各种因素，选择应用合理的教学活动，只要有利于实现教学目标，可以采用综合的网络教学模式。“需要说明的是，这一模式的划分方法与其他分类方式并不矛盾，只是参考的角度不同而已。”①

5. 网络协作探究模式

网络协作探究模式的一般构成要素如下：

（1）学生小组。学生扮演的角色是进行小组自主分工、制订协作计划、定期自查、完成计划、总结发言并提交作品。

（2）任务 / 项目。任务 / 项目是网络协作探究模式的核心要素，主要教学理念是让学生通过使用目标语言合作完成较为复杂的项目或任务，提高自身的语言综合应用能力和团队协作能力，其中项目或任务往往是与社会生活或工作紧密相关的，如策划一个产品的销售方案。

（3）教学指导者。这里的教学指导者即教师。在项目或任务的完成过程中教师给予必要的引导，例如，协助小组进行分工、提供可能的资源索引、对语言应用的错误给予必

① 张红玲：《网络外语教学理论与设计》，上海外语教育出版社 2010 年版，第 42 页。

要矫正、协调可能出现的矛盾、督促进度、组织评估等。

网络协作探究模式的宗旨就是构建一个虚拟的真实任务情境，帮助学生在这个情境中通过使用目标语言来提高英语水平。任务／项目的选择视学生的兴趣和语言程度而定，如果学生小组的语言应用水平比较低，那么在设计任务、项目时也要与学生的语言能力水平相适应，不能相差太远。

二、大学英语教学的情感教学模式

英语情感教学，是指充分发挥情感在英语教学中的功能，优化学生的态度、体验、情感等，合理对待教学过程中认知与情感的关系，从而提高英语学习效果，实现教学目标。简言之，它既是通过情感进行英语教学，也是为了发展情感进行英语教学。英语情感教学是一种教学模式，也是一种教学手段，还是一种教学目标。

（一）情感教学模式的源点分析

英语教学中存在的情感源点有教师、学生和教材，并使情感教学成为可能。

1. 教师中的情感因素

教师是教学的组织者，其具有稳定的高级情感，是英语教学中最重要的情感源点。教师的情感因素有以下来源：

（1）主导的情绪状态。它是教师在教学活动中的情绪基调，受人格特质和自我修养的影响。

（2）对教育和教学工作的情感。教书育人的事业，关系到社会的进步，需要教师投入足够的情感。

（3）对学生的情感。教学是师生之间的交往，这就要求教师对自己的教学对象满怀爱心和情感。

2. 教材中的情感因素

教材是呈现人类认识世界和改造世界成果的文本，满足社会的需求，是教育者的意志的体现。教材中的情感因素有显性和隐性两个方面：显性情感因素，是指教材中通过语言、图片等直接表现的情感，如艺术类教材中的歌曲、舞蹈、绘画、雕塑、摄影等作品。隐性情感因素是指在反映客观事实的过程中附带的情感。例如，作者在记叙历史时，难免带有个人的主观情感。

3. 学生中的情感因素

学生作为一个情感源点，在教学活动中更多的是接受外界的情感刺激，并形成内部情感。学生的情感包括以下方面：

（1）主导的情绪状态。它是学生在教学中的情绪基调。

（2）对学习活动的情感。它是学生对学习表现出的态度。

（3）对教师的情感。其主要包括尊重、敬爱、畏惧、对抗、憎恨。

（二）情感教学模式的理论观点

情感教学的理论基础，包括情知矛盾观、情感系统观、情感功能观和教学导乐观。

1. 情知矛盾观

情知矛盾观认为，教学中的认知因素和情感因素是一对矛盾。认知上的矛盾是教学要求与学生实际认知水平之间的差距，情感上的矛盾是教学要求与学生当时的态度体验之间的差距。认知上的矛盾涉及的是学生能不能学、会不会学的问题，即可接受性问题；情感上的矛盾涉及的是学生要不要学、愿不愿学的问题，即接受性问题。教师要努力使两方面达到和谐统一。

2. 情感系统观

情感教学包括三大情感源点，即教师、学生和教材。这些情感因素在教学活动过程中被激发，并产生动态的三大回路，即师生间伴随认知信息传递而形成的情感交流回路、师生间人际关系中的情感交流回路和师生情感的自控回路。这些回路形成了教学中情感交流的动态网络。教师在英语教学中应充分发挥情感功能，使情感回路变成一个有目标、有序的情感交流系统。

3. 情感功能观

在情感教学领域，情感具有以下功能：

（1）动力功能，是指情感对个体的行为具有增力或减力的效果。积极的情感有利于学生主动性的激发；消极的情感则起到相反的效果。动力功能和学习效果呈正相关关系。情感还能通过调节情绪，来提高学习效率。

（2）感染功能，是指一个人的情感对其他人的情感产生影响。这就要求教师在教学中保持愉悦积极的情感，以此去感染学生。

（3）迁移功能，是指一个人对某个对象的情感会影响他对与之有关的其他对象的情感。例如，学生会因为喜欢教师而喜欢该教师所教的学科，所以教师应该充分发挥人格魅力来赢得学生的好感。

4. 教学导乐观

教学的苦学观和乐学观之间的争论由来已久。情感教学心理学认为，学生的学习没有所谓的苦乐属性，苦可以发展成乐，而乐也可以发展成苦，苦乐是动态发展的。当学习满足学生的需要时，学生就获得乐的体验；而当学习不满足学生的需要时，学生则有苦的体验。学生乐学有利于学习效率的提高、教学目标的实现，因此是应该提倡的。然而学生的乐学是由教师的引导导致的，情感教学就是导乐的有效手段。

（三）情感教学模式的核心要素

英语情感教学模式是揭示英语教学过程中与情感因素有关的结构和程序，它只是单独从情感维度来理解英语教学过程，具体包含以下四个基本要素：

1. 诱发要素

诱发是指激发学生对学习内容的兴趣，以此来使学生积极地参与当前的认知活动。英语教师是在规定的时间、地点，依照规定的教学程序、进度，传递规定的英语知识，这一系列的“规定”让英语教学活动变成一种固定的操作程序，无法迎合学生当时的实际需要。而且，求知需要往往不是学生最为迫切的需要，这一现象背离了英语教学目标。而且，即使学生当时拥有求知需要，其求知需要的具体内容也会与特定的教学内容有分歧。英语教学中普遍存在英语教学活动与学生当时的具体需要不符合的现象，因此英语教师应懂得如何使自己的教学成为学生学习的诱因，激发学习动机，使学生走在主动学习的路上。

2. 陶冶要素

陶冶是指培养学生高尚的情感以及良好的人格。教材蕴含丰富的情感现象，具体可分为以下类型：

（1）显性情感因素，即通过语言、文字等直观形象材料等使人能直接感受到的情感因素，艺术、语文、英语等教材中较为多见。

（2）隐性情感因素，是指在反映客观事实的过程中使人感受到的情感因素，史地类教材中较为多见。

（3）悟性情感因素，是本身不含显性或隐性情感因素，但却具有引起情感的某种因素，主要存在于理科类教材中。

（4）中性情感因素，是目前的认识水平无法体会到的情感因素，仅限于理科教材中，但教师可以通过情感教学策略使学生感受到情感。

3. 激励要素

激励是指在学习过程中，不断增强学生的自信心，激发学生的动力。随着学习任务的加重、学习难度的加大、学习挫折的积累，学生需要补充学习动力。教学评价就是一种情感激励手段，并且它还是学生获得学习反馈的主要形式。教师对学生多进行肯定、鼓励，同伴们对彼此多给予支持、赞赏，会使学生产生良好的激励效果。情绪对人的学习行为具有强化作用，积极愉悦的情绪有助于学生调动积极性，提高创造力，养成良好的情感品质和能力。教师要创设条件让学生体验成功，并利用好强化这一手段。

4. 调控要素

调控是使学生的情绪始终处于有利于学习活动的状态。情绪在很大程度上决定着身体的成长、智力的发展和情感的培养。但是，持续的、愉快轻松的情绪状态不一定最有利于学习。例如，焦虑对中等以上学习成绩的学生来说，能提高认知活动的效率，强度过大的焦虑使中等以下成绩的学生削弱创造力。一般而言，强度适中的情绪状态总能为认知活动提供最好的动力。

三、大学英语教学的个性化教学模式

（一）国外的个性化教学模式分析

1. 四分法

从教学过程的进展出发，个性化教学有四种模式。

（1）随机模式。根据学生能力、经验等心理特征决定每个学生的学习起点，但是教学过程和教材不必具有序列性，在前一阶段未达到目标的情况下，可以超前学习新的单元，但最终均达到同一目标。

（2）多元模式。根据不同学生的个别差异来决定学生的学习起点和最佳学习途径，教学实现同一教学目标。

（3）阶层模式。根据学生过去的学习经验、能力及其心理特征来决定学生的学习起点，保持学习过程的循序渐进。在重新学习新课题或单元之前，每个学生必须达到教学目标，且目标一致。

（4）多元多价模式。起点与途径是多元的，不要求人人达到同一教学目标。

2. 五分法

从学生学习的主动性、个别差异、学习策略以及技术运用的维度，个性化教学区可以分为以下五种类型：

（1）适应性教学，依据学生的个别差异，充分发展每个学生的个性。

（2）策略教学，强调学生学会学习。

（3）计算机化教学，强调当代教学技术的使用。

（4）掌握教学，依据布卢姆的“掌握学习”原理，强调学生知识的掌握。

（5）自主学习，强调学生学习的独立自主性。

（二）国内的个性化教学模式分析

从教学模式服务于教学目标的立场出发，可以把个性化教学模式分为五大类型。

1. 掌握学习

所谓掌握学习，就是要求任何教师既能帮助“慢生”又能帮助“快生”很好地学习，使他们获得各方面的发展。掌握学习是一套有效的个别化教学实践，采用个别的、小组与集体相结合的形式进行，由教师与学生共同掌握教学的进度。

（1）基本原理。儿童要认识世界和认识自己，就必须借助前人积累的知识。个人对于诸多有助于实现其目标的力量往往处于必然的无知状态，这种状况就要求教育必须借助人类文明中所积累的知识，实现儿童“从无知向有知”的转化。

在知识同化的过程中，学生利用其自身原有的观念吸收、消化新的知识，使新知识成为自身原有知识的一部分，使原有的知识观念得到发展。尽管儿童不断获得和掌握知识，并为此感到自豪，但是儿童知识的增长并不意味着儿童无知的范围在逐渐缩小，因为伴随知识的增长，儿童的认识范围也在不断扩大。由于我们关于世界和自己的知识的增长会恒久地向我们展现新的无知领域，所以我们依据这种知识而建构起来的文明也会日益复杂，而这就对我们在知识上理解和领悟周围世界造成新的障碍。

知识的分工特性会扩大个人的必然无知范围，也使个人对这种知识中的大部分知识必然处于无知的状态。因此，无须使学生尽可能多地掌握知识，也不可能实现这个目标。这种状况正是学习化社会的必然。尽管教学旨在使学生获得和掌握知识，但掌握知识不是教育的最终目标，掌握知识的目的是提高自我的自觉性。

（2）产生的基础。了解影响学习的变量是掌握学习的重要环节。

①学习毅力，是指学生愿意花在学习上的时间量，在很大程度上受学习动机的制约。

②学习机会，学生在学习中具有的服务于学习的各种环境的综合。根据学校时间表，允许学生学习的机会或时间量并没有根据学生的能力倾向来安排。

③能力倾向，学生学习时所表现的能力偏向性。在最理想的学习条件下，能力倾向变量决定学生学习给定教学任务所需的时间量。

④理解能力，学生对教学的把握能力。在某种程度上，学生缺乏理解教学的能力，就需要增加学习时间。

⑤教学质量，教学活动所实现的整体教学目标的程度。教学质量提高，学生所需的学习时间减少；教学质量下降，学生所需的学习时间增加。

（3）影响学习的因素。为了实现所有学生掌握学习的教学目标，“适当的学习条件”可以具体化为影响学习的三个变量，即先决认知行为、先决情感特点和教学质量。

①先决认知行为。先决认知行为，是指学生掌握了多少基础知识，以及学生的能力倾向等。它是学习的前提。先决认知行为在学生的学习中起 50% 的作用，缺乏这种前提特征的教学就没有支撑点。对于每个学生来说，其先决认知行为总是在不断积累的。这样，教师在进行教学活动时，第一步就是要在进行知识的教学之前，先诊断学生原有的知识水平，

然后才能“对症下药”，提供适应学生学习的学习任务。但是，教师在诊断学生的先决认知行为时，有以下三种不同情况：

第一，在连续的学习任务中，对学生的先决认知行为的诊断相对容易。因为在按顺序排列的连续的学习任务中，每个学习任务中都包含了以后的学习任务所需的先决认知行为。

第二，在一门课程的学习开始时，对先决认知行为的诊断有些困难。因为往往教材的编写更多的是考虑知识的逻辑顺序，而很少考虑学生的心理逻辑。

第三，学生的已有知识并不可能都成为其后继学习的先决认知行为。布卢姆认为，除了极少数智力迟钝者，绝大多数学生在有准备的情况下都能够完成学习任务。一项学习任务一般又可以分解为几个小的学习单位，从知识的逻辑关系与学生的学习心理出发，小的学习单位是按照先后次序安排的，前一个学习单位是后一个学习单位的必要学习。

②先决情感特点。所谓先决情感特点，指的是学生对所学课程所持的情意、态度、兴趣、信心等非智力因素的总和。不同的学生对其所学习的科目有不同的态度与偏好，同一个学生对不同的学习科目也有不同的态度与兴趣。这种先决情感特点对于学生的学习成绩有着决定性的影响。这种先决情感特点在学生的学习中起25%的影响力。那些带着兴趣与热情去学习的学生，其学习效果自然比那些对学习毫无兴趣的学生的学习效果更好。而这种情感组合的影响力既与学生以前的经历相关，又与他对某一学科的先前学习有关。只要在教学过程中使学生始终感到自己有学习的能力，能够体验到学习的成就感，那么他就具有后继学习的情感基础。

③教学质量。教学质量，是指对学习任务各要素的表达、解释和顺序安排是否适合学生的学习程度。教学质量对学生的影响力主要取决于教师的素质。一个高素质的教师往往在学科知识、教学技能和教学态度方面具有自己的独特性。一个有经验的教师对学生所学的知识只给一些提示，保证学生积极地专心于学习过程，并给予适当的强化。提高教学质量，可以克服学生先决认知行为上的不足。此外，运用反馈与矫正的方法，可以克服学生在学习过程中的消极情绪。对于那些学习能力较弱的学生来说，教师的教学态度尤为重要。

（4）基本步骤。掌握教学模式是围绕单元教学展开的。在教学之初，先对学生的先决认知行为、先决情感特点进行诊断，然后施以与学生特点相一致的学习单元。当学生掌握了学习单元的任务后，教师可以根据学生的学习情况设计新的学习单元。当学生未达到教学要求时，教师需通过补救或矫正的方式，使学生达到掌握学习的目的。这样，掌握教学形成一个依次递进的单元教学系列。根据掌握教学过程的特征，便可以对教学进行设计，其中主要是考虑教学的基本步骤。

①确定教学目标。清晰而确切的教学目标是掌握学习的前提，也是后继评价的标准。根据布卢姆的教育目标分类学，教育目标分为认知领域、情感领域和动作技能领域。

第一，认知领域的教育目标由低级到高级共分为六级：知识、领会、运用、分析、综合和评价。

第二，情感领域的教育目标由低级到高级分为五级：接受（注意）、反应、价值化、组织、价值与价值体系的性格化。

第三，动作技能领域的教育目标分为七级：知觉、定向、有指导的反应、机械动作、复杂的外显反应、适应和创新。

教师应该根据教育目标分类学的规定，将每一学科的教学目标具体化。

②组织单元教学。根据具体的学科教学目标，确定每一单元教学的具体行为目标。单元的划分应依据教学内容而定，一般按章节划分，也可按教学时间划分，一般是两周为一个单元教学时间。

③实施教学。为了使每个学生达到掌握学习，教师必须实行个性化教学。通过对学生的先决认知条件、先决情感特点的诊断，提供必要的准备知识，并帮助学生树立学习信心，激发学习动机，使学生积极主动地学习并如此持续整个学习过程。

④设计形成性评价。形成性评价，即只反映学生自己在学习过程中的进步状况，而不是把测验结果与其他学生进行比较。测验的题目编制是与教学目标、教学单元相配套的，目的是及时诊断学生在本单元学习中的掌握情况。这个诊断需要在学习内容的广度与深度上都能反映目标。

⑤组织补救教学。根据形成性评价的结果，凡是对测验掌握了 80% 的学生就可以进入下一个单元的学习。而对那些未达到要求的学生，必须进行补救教学。通常一个单元教学必须给予一个课时的补偿学习。补偿学习不是简单地重复教学内容，可采用多种方法进行，要尽可能根据学生的特点进行补救教学。

6）设计充实性教学活动。对于那些达标的学生，则给予充实性教学活动。通过更为广泛的与学生特点相一致的充实性学习，使学生得到更全面的发展。

7）发展总结性评价。在一个学期或学年结束时，必须就每门学科的学习进行总结性评价。一般而言，一个学生参加考试后，教师所评定的分数是总结性的，这种总结性考试的成绩被用来评定学生对学习内容掌握的程度和达到课程目标的程度。

2. 策略教学

策略教学是指以系统培养学生的学习策略为核心的教学模式，这种模式通过学生学会学习而达到自己独立自主学习的效果。策略教学的思想最早可以追溯到我国古代的“授人以鱼，不如授人以渔”的思想。策略教学的主旨就是帮助学生自主学习、信息加工与处理、问题解决。策略教学的原则如下：

（1）学习策略是一种分析学习任务和为特定情境设计恰当策略的问题解决的形式。

（2）学习策略首先指个人用来成就学习目标的计划，而学习计划都具有学生自己的个人风格。

（3）为有效学习，学习策略要求有具体的学习技能或技巧，如浏览、篇章结构的修正、记忆术等。

（4）在大多数学习情境中，学习策略一般侧重于为创造性学习目标而非为知识性目标服务。

3. 创造思考教学

（1）基本原理。创造思考教学以培养学生的创造力，养成学生的创造精神，形成学生独立思考的行为习惯为基本目标。创造思考教学的使命就是“化知识为智慧”。从教育的立场看，智慧是人类的一种综合素质，包括智力、思考力、创造力以及相应的创造精神品质等要素。其中。创造力是个体解决问题能力的最高表现，同样也是人类及个体智慧的最高表现。

随着学习化社会的到来，知识的创造成为社会的中心，创造性的培养也成为世界各国教育教学关注的重心。这就要求我们更新教育教学观念，实施与发展人的创造性相一致的教育教学，使学生在掌握知识的基础上，“化知识为智慧”，成为具有创造性的人。

①在掌握知识的基础上开发智力。创造活动既可以是真创造，也可以是类创造。创造思考教学要实现学生的“转识成智”，首先必须基于社会实践的历史进化和个体发育的自然过程。社会实践的历史进化的结果形成了人类的知识，学生借助人类诸形态的知识概念从无知走向有知，进而起到开启智力的作用。要有高创造性就必须具有高于一般的智力水平。智力的开发是基于个体生长发育的特征的。人脑有 150 亿～ 1000 亿个神经细胞，而当前人类开发的大脑智力只占其中的10%。因此，根据大脑潜能的功能定位以及知识的类型，如何充分开发学生大脑的整体潜能，是创造思考教学的首要环节和目标。

②在开发智力的基础上发展思考力。从静态的角度来说，发展思考力就是发展学生的思维路径和思维方式。一个具有创造性的学生，必须具有多元的、综合的思维方式。心理学家吉尔福特将思考的运用分为收敛性思考和发散性思考。收敛性思考是指个体根据信息知识寻求结果的认知加工方式。发散性思考是指根据已有的信息知识生成新的信息知识的认知加工方式。现代认知心理学认为，决定一个人的创造力的关键要素是发散性思考的能力。

从动态的角度来说，发展学生的思考力，是一个“一致而百虑，同归而殊途”的过程。任何人的思维过程都是一个从抽象到具体的矛盾运动，是从发现问题、提出问题开始，经过分析而又综合，达到解决问题的过程。

③在发展思考力的基础上培养创造力。

第一，培养人的创造力，首先要培养人在智力方面的创造性品质。首先是流畅性，是指个体在一定时间内能够得出许多解决方案的能力。其次是敏感性，指对问题的洞察力。

再次就是灵活性，面对一个问题可以改变思维方式。最后是周密性，是指不仅能够把握全局，而且可以预测未来趋势。

第二，还要培养与创造力有关的情感、品德、个性等方面的特质。首先是好奇心。具有创造性的人往往具有较大的好奇心，并且对理论观念和符号转化的兴趣大于实际且具体的事物。其次是勇于探索，敢于挑战新问题和复杂问题。再者就是自主意识强，具有创造性的人往往从众性低，喜欢独立判断，并且敢于对教师和长辈的观点提出异议。另外就是开放的思维和心胸，善于广泛听取他人的意见，善于吸取经验教训，并及时调整思路。最后是细腻的感情和丰富的想象力。一个富于创造性的人，往往表现出丰富的想象力，而这种丰富的想象力又是与其细腻的情感一致的。

（2）基本原则。

①面向全体学生。每个人存在于世，要获得创造性，就必须受到法律的平等的保护。创造力再也不必假设为仅限于少数天才，它潜在地分布在广大人群中。

就潜力而言，每一个新生婴儿都是未知量，因为在婴儿身上存在着无数未知的具有相互关系的基因和基因组合，而正是这些基因和基因组合促成了他的构造及品行。每个新生儿都有可能成为迄今为止最伟大的人物之一。因此，任何以歧视性强制措施实施的“天才教育”或“精英教育”，都是与真正的创造性教育背道而驰的。

②尊重个性。创造性的特质之一是原创性或独创性。因此，开发与培养个体的个性非常重要。在创造思考教学中，应该做到以下方面：

第一，尊重学生的个别差异。不同的学生有不同的爱好、想法，不能以一致的标准和答案强求学生，应依据学生的个别差异做灵活的要求，在其独特的潜能领域进行深入指导。

第二，鼓励学生表达不同的意见和想法。教师首先必须肯定学生敢于表达不同意见和想法的精神，并且引导学生充分表现自己的独特见解，激活学生的思维。

第三，宽容学生的错误与失败。科学技术的发明和发现是在不断“尝试错误”的过程中进行的。面对学生的错误与失败，教师应有一颗宽容之心，在肯定其创造性精神的基础上，引导学生认识错误及失败的原因，并鼓励学生继续探索。

第四，营造师生互尊、同学互爱的宽松自由的创造性氛围。在教学中，鼓励学生参与、共同讨论、争辩，形成良好的独立思考、自由表达的教学氛围。

③结合学科特点。许多国家为了强调培养学生的创造性而开发了专门的创造性思维课程，但是脱离学科而进行一般的创造性培养的效果并不理想。真正有效的方法是基于学科教学进行创造性的培养。结合学科教学进行创造性的培养又可分为两种方式：一种为分科式，即在分科教学过程中，根据不同学科的特点培养学生在该学科领域的创造性；另一种为综合式，即打破学科界限，通过不同学科的有机结合进行创造性的培养。

④在实践中学。培养创造性必须与社会实际生活相联系。相应地，教育也必须最大限

度地为学生提供发挥其创造性的机会和动因。在教育中，我们可以采用多样化的方式使学生的学习与运用结合起来，以利于学生创造性的培养。例如，鼓励学生发表自己的习作，并为学生提供在报刊发表的机会；鼓励学生根据社会的实际问题进行创造性的探索，寻求解决的方案；鼓励学生参与企业的实践，在实践中培养解决实际问题的能力。“转识成智”的关键就是“化理论为方法”，即在观察、实验、劳作中运用所学的关于世界万物的理论、观点，将其还之自然万物。

（3）基本步骤。

①提问。要使学生的学习成为有意义的学习，成为学生主动建构知识的过程，就需要在学中问。解决问题与创造活动的第一步就是产生疑问。因此，教师在创造思考教学中，首先必须为问题而教，为使学生能够解决问题而提出问题。

第一，教师依据学生的经验、知识背景及需求，将所要教的知识设计成问题，由简单到复杂、由易到难，通过层层发问，一步一步地深入问题的关键处。

第二，创设问题情境，激发学生对问题的兴趣。

第三，培养学生自问的意识和能力。

②思考。学与思是相互依存、辩证统一、相互转化的。要实现认识过程的转识成智，就必须实现主观与客观的统一。因此，教师在创造思考教学中激发学生的思考和想象，就是要激活学生长时记忆中与问题相关联的观念，使其进入工作记忆之中，使学生处于思维状态。

③劳作。创造活动必须通过具体的行为表现出来。创造性的培养也必须借助各种形式的劳作，在实践中寻求答案。教师的工作重心是创设劳作的机会、活动的情节、行动的情境。

第一，充分利用校外的劳作场所，使学生有机会接触社会实践。

第二，在学校中创设多样化活动的情境，使学生可以在实验、制作、具体行为中探索问题。

第三，创造适于学生探究的宽松的教学气氛，使学生可以充分发挥其创造的潜能。

第四，鼓励每个学生积极主动地投入活动与劳作，并注意学生的个别差异。

第五，创设学生小组和集体合作进行创造活动的教学环境。

④评价。评价不是为了确定学生创造性水平的高低，而是为了鼓励学生继续探索问题，解决问题，使学生在探究问题的过程中提高自己的创造性。基于这样的精神，教师在评价中应遵循“暂缓批评”的原则，即对学生在探究过程中、在创造性学习过程中出现的错误与失败，暂时不予批评，在充分肯定学生成绩的基础上，分析学生出现的错误，使学生能发现自己的问题，并及时修正错误。

4. 情意教学

（1）基本原理。情意教学是德行本位的教育。“全人格”的教育还必须实现人从智慧到德行的转化，情意教学就是实现这种转化的中间环节。

如果实现“转识成智”的目的是使每一个人具有最大限度的创造性。那么，实现“化智为德”则是对这种创造性进行价值判断。一个人有能力创造出这种或那种产品，并不意味着产品就符合、满足人们的需要。要使一种产品满足人们的需要，就必须使人们觉得它可用。但是，这种评价要运用人类的理智和理性对此进行约束。人类及个人的价值具有两重性：一方面由于其增进人类利益的目的而有功利性，因而具有工具的意义；另一方面，它是人的本质力量的显现，人在其中能获得精神的满足，因而具有内在价值。人类对物质和精神产品的评价，是以一定的理想做标准进行权衡和选择，从而使理想转化为现实。

人是通过与环境的交互作用，本质力量的对象化，促使能力、德行发展起来。精神主体所具有的知、意、情等力量，是在其固有的自然禀赋的基础上，主要通过教育和实践培养锻炼出来的。人类的进步和自由，不仅仅是物质的繁荣，更表现为人类在精神方面的本质力量（知、意、情等）的不断发展和完善。情意教学就是为了最充分地发展人的本质力量，它是培养具有自由德行的主体的“全人格”教育的重要环节。

一般而言，情意教学就是把情绪提升为情感情操，把人的自然属性提升为人性灵性，把人的野性转化为意志品德，从而形成符合人类理想的价值观、世界观、人生观，并使理想转化为现实的主体的精神、信念的过程。因此，教育的使命是教学生懂得人类的复杂性和多样性，人类的共性与相互依存的状况。教育的一个特定目的就是要培养学生感情方面的品质，特别是在人和人的关系中的感情品质。系统的培养有助于人们学会彼此如何交往，如何在共同的任务中彼此合作。此外，个人表现的另一个重要方面是美感活动。对美好生活的追求，使“人诗意地居住在大地上”，是人和谐地生活在世界上的理想境界。为实现健全的人格，情意教学建构道德主体必须从四个维度考虑：

①发展性建构。发展性建构是把学生视为一个“人性本善”的人，通过运用合乎人类理想的道德规范，使一个具有天资禀赋的儿童成长为符合人类道德理想的主体。

②预防性建构。在社会的感性实践过程中，他或她可能会在道德行为、价值观上发生背离人类道德理想的偏差，因此情意教学必须在教学中进行价值是非的澄清，预防儿童可能出现的情意发展的偏差。

③辅助性建构。在某种意义上，教育更多的是在辅助和帮助个人，使之成为具有人性的人。在儿童的发展中，教育教学与感性的劳动实践是相辅相成、共同作用的。

④矫治性建构。就像主体的生物学形态一样，每一个人在从生到死的过程中，都会发生“病变”，人的精神形态同样会发生“病变”。个体对外界人和事的不恰当的知觉会导致社会适应不良，教育教学通过提供恰当的引导，纠正不当的思维方式和价值观，使个体

摆脱社会不适应的困境。

（2）基本原则。

①在感受中得到体验。感受性是人的德行之端，是人的情绪情感提升的起点，是引发价值的出发点。

②在直接经验中获得了解。人必须对人类的各种动机、期望和人生的苦痛有直接的了解，才能与别人和社会建立合适的关系。因此，情意教学要为学生提供接触社会、接触世界的机会，通过获取直接经验来明白是是非非。

③在艺术欣赏中得到熏陶。个体通过感觉、知觉、领悟而达到对艺术作品的欣赏，在欣赏过程中潜移默化地把艺术作品中充满感情的生动形象的理想，内化成为自我的、现实的美感和内在的精神素养。

④在文化理解中得到涵养。人类要学会“共同生活”，就要了解彼此的文化，实现人类的相互理解和共同生活。

⑤在社会实践中达到升华。人生的过程是不断实践的过程，要实现理想与现实的统一，桥梁是劳动或感性实践。在实践中，人可能会迷失方向、犯错误，会陷入自私、傲慢等异化状态，而将实践与教育相结合是克服这种异化的有效途径。

5. 民主教学

（1）基本原理。民主教学是集知识的掌握、创造性的培养和德行的养成于一体的一种综合的教学模式。教育是生活的过程，而学校是社会生活的一种形式。教育上许多方面的失败，是由于它忽视了把学校作为社会生活的一种形式这个基本原则。儿童被当作灌输的对象，在严格的控制和服从下接受知识，教学显得非常有序但缺乏自由。

民主教学就是以民主原则创设自由有序的教学情境。这种情境是简化的民主社会的生活情境。民主教学把学生视为教学的主体，通过鼓励学生积极参与教学生活，在动态的课程生成的过程中，让学生学会如何民主地生活。民主教学是教育学生学会民主生活，培养民主社会之未来公民的一种最为有效的方式。让教育的民主化从真正的民主行动开始，让尽可能多的人们帮助重建创造教育。

①责任。在教师友好而真诚的引导下，学生在学习过程中学会自我负责。责任是民主社会每个成员必须具备的基本素质。但是，责任必须在民主原则指导下的自由活动中，由学生自我探索而养成。

②尊重。尊重包括师生之间、同伴之间以及学校以外的更广泛的社会成员之间的互尊互爱。在民主社会中，社会成员之间的互尊互爱是人类自由的基本内涵之一。在民主教学中，一方面，教师把施加给学生的强制减到最小限度，教师的任务仅仅是依据其较多的经验和较成熟的学识来决定怎样使学生得到生活的训练，而不是通过强制的方式对学生进行控制和灌输；另一方面，学生之间同样在共同的学习生活中建立一种相互尊重、互不干扰

的学习秩序。

③智谋。智谋指学生在教师引导下，自主探索知识，学会如何学习、劳作、生活。在民主教学中，学生是学习的主动建构者，是意义的主动探索者，学生的学习是集知识、智谋、情意为一体的有机综合的自由活动。

④敏感性。敏感性指学生对家庭、社区、国家和世界的实际社会生活的快捷的反应力。学生获得信息而生成更多的信息，运用自己的本质力量做出具有鉴赏力的判断，提出建设性的意见，创造出富有个性的物质和精神产品。

（2）基本原则。民主教学旨在通过最大限度地唤起学生本能中的学习驱动力，使学生积极主动地参与学习，不采用惩罚、竞争、强制等外在力量来控制学生学习。民主社会或民主教学之“民主”，只是社会生活的一种规范、一种手段，而不是目的。民主是个人自由的重要保障，而自由又孕育勇气和勤奋。简言之，民主教学更能产生自由。没有强制的教学情境的自由状态对学生个人潜力的发挥是最有助益的，这种助益在于每一个学生都有机会参与活动、参与生活，在与外界交互作用的过程中，在积极主动的探索中渐渐地向教育所期望的方向发展。民主气氛所营造的作用状态并不是学习的放任自流，人类的任何社会生活都存在一定的制约力，即生活规则。同样，学习过程也存在一定的制约规范。它要在遵守教学规则的过程中学会共同管理和自我管理。根据人类行为的自然后果的逻辑，民主教学界定了其活动的三大教学规则：

①不做任何有危险的或有害的事情。

②始终处于一种安全的管理状态或日常规范中。

③一旦教师发出危险信号，学生立即离开教室或学习场所。

（3）基本课程。民主教学的课程是一种简化的社会生活情境。民主教学的课程可以分为下述三大板块：

①学术性课程。在民主教学中，学术性课程占学习时间的50%；以更为广泛、综合的方式呈现。学术性课程主要形成学生的知识素养，实现学生从无知向有知的转化，以学科的逻辑进行划分和实施，但强调课程的广域性和综合性，这是为了使学生对知识有更为整体的把握。

②创造性课程。创造性课程以主题为单元，涉及自然环境、人际关系和人类理解、艺术欣赏、雕刻绘画、历史地理、计算机信息技术、烹调、服装设计、舞蹈、战争与和平等广泛的创造性学习活动，要求学生积极主动地学习和发现，突出创造性探索与时代问题的紧密关系，以此培养学生解决实际问题的能力。

③活动课程。活动课程以活动为单元，强调活动中学生自我个性的发挥和集体合作精神的培养，致力于学生社会化的过程，包括生活技能的培训、健康维护、人际关系、体育锻炼、游戏与娱乐、家庭活动、联谊活动、课外活动等。

第二节 大学英语分级与模块教学模式

一、大学英语分级教学模式

所谓“分级教学模式”，指以学生的学习水平和学习潜能为标准，将学生划分为不同层次，并在此基础上开展相应的教学活动。因此，分级教学模式体现出因材施教的教学理念，最终目的是让不同层次的学生取得进步。

（一）分级教学模式的理论支撑

1. 迁移理论

迁移在心理学上是指旧知识、技能影响新知识学习的一种过程。按照产生的结果是积极还是消极，迁移可区分为正迁移和负迁移，前者是积极的，后者是消极的。

语言迁移是指一种语言对另一种语言的学习所产生的影响。语言迁移是一个认知心理过程，受诸多因素影响。语言迁移包括母语对第二语言习得的影响和母语向第二语言的借用，前者为“基础迁移”，后者为“借用迁移”。成人在母语中的时间太长以至于形成了根深蒂固的母语习惯，这必定会影响着第二语言的学习。语言迁移在多数时候研究的都是母语对英语学习或第二语言习得的影响，这时候的语言迁移一般指的是母语迁移。

第二语言学习中遇到的障碍来源于第一语言的定势，在第二语言习得过程中，与母语接近的地方较容易学习，与母语有区别的地方较难学习。当英语和母语的相似度比较大时，就容易引起正迁移。通过对比分析跨语言的差异，人们就可以确定第二语言习得的困难。实证研究发现，第二语言习得的困难不总是源于跨语言差异，而且母语在第二语言习得中的作用重新受到重视。

中国学生是先学习母语的，所以中国学生的英语学习会受到母语学习经验的影响。只有通过语言迁移这个关键问题，才能科学地解释中国学生英语学习的认知心理过程。研究语言迁移，有助于解释母语在英语学习过程中的作用和英语教学中应如何科学地运用母语等一系列英语教学的根本问题。有人错误地认为，汉语与英语在语言、文化方面的不同，导致汉语母语的负迁移作用大于正迁移作用，所以在课堂上尽量不用母语，从而避免母语干扰，少犯或者根本不犯语言错误，学到地道的英语。然而，学生的母语学习建立在正常的思维能力的基础上，学生学习母语后，不可避免地会用母语来思维。

2. 监控理论

20 世纪 70 年代末，美国语言学家克拉申提出了“监控理论”，该理论被认为是二语习得研究中最全面的理论。监控理论认为，人的大脑有两个独立的语言系统，分别是有意识的监察系统和潜意识的监察系统。监控理论具有五个假说：习得－学习假说、监控假说、自然顺序假说、输入假说和情感过滤假说。

（1）习得－学习假说。习得－学习假说是这五种假说里面最基本的一种假说，该假说的核心在于对“习得”和“学得”的区分，以及对它们第二语言能力形成过程中所起的作用的认识。根据“习得－学得”假说，成人习得第二语言能力主要通过两条不同的途径实现的。

第一条途径是“语言习得”，也就是通过无意识地构建语言体系来获得语言能力。学生主要关注语言所传递的信息，而不是将注意力放在语言形式上，进而通过目的语交流自然、无意识地提高语言能力。儿童学习母语的过程和这一过程非常相像。

第二条途径是“语言学得”，也就是在理解教师所讲解的语言现象和语法规则基础上，进行有意识的练习、记忆等活动，进而掌握其语法概念、了解所学语言。

习得是潜意识地形成语言能力，而学得是有意识地掌握语言结构。二语能力的发展只能是通过语言习得，而“学得”只能在语言运用中起监督检查作用，不能视为语言能力本身的一部分。“习得”是第一位的，“学得”是第二位的，但也并不排斥“学得”的作用。但是就当前的大学英语教学而言，学生的语言综合能力既有“习得”的结果，也有“学得”的结果。在二语学习的过程中，二者是相互伴随的。

（2）监察假说。监察假说认为，人的大脑中有两个独立的语言系统：有意识的监察系统和潜意识的监察系统。监察系统是一种“意识到的语法”。在语言学习过程中，监察系统一旦发生作用，就会具有编辑控制的功能，它使语言使用者更加关注语言形式的运用而不是语言内容的表达。这一理论体现在语言习得与语言学得的内在关系上。根据此假说，正在学得或已经学得的规则在于对那些按习得的规则说出的话语进行监察和修正，学得的知识通过言语的监察起作用。监察作用的实现需要具备以下条件：

第一，要想有效地选择和运用语法规则，语言使用者必须有足够的时间。

第二，语言使用者的注意力必须集中在所用语言的形式上，换言之，语言使用者必须考虑语言的正确性。

第三，语言使用者必须已经具有所学语言的语法概念及语言规则的知识。

在日常生活交际中，如果语法规则不是通过习得获得的，人们往往倾向于关注交际的内容而不是形式，换言之他们很有可能没有时间去细细推敲语法，因此这些语法规则可能在短时间内无法付诸实践。所以，在口语交际中，如果一方过多地使用语法监察，时刻注意自己口语中语法的准确性并对其中的错误加以纠正，就会使得自己的语言不流畅，进而使对方有结束这次交际的想法，因而达不到交流思想的目的。但在需要事先做好准备的正式发言和写作中，语法的使用能提高语言的准确性，进而为演讲或文章增添色彩。

以上三种不同的监察使用类型是有区别的：第一种是使用得比较成功的人。这类人在口语交际中常常发生错误，但经人指出后能够自己改正；然而在书面交际时，他们由于比较关注语言形式，很少会出现错误。第二种是使用过度的人。这类人掌握了较为全面和完善的语言规则体系，书面语一般都较准确，但却缺乏口语交际的信心。第三种是使用不足的人。这类人在口语交际中常常出现错误，并且不能自己改正。

（3）输入假说。输入假说是克拉申二语习得理论的核心内容，即“可理解的语言输入”是语言习得的必要条件，输入材料本身和输入的方式会影响情感过滤的结果和输出的质量。在第二语言学习的过程中，学生理解地输入语言超过其现有的语言水平，语言习得才可能发生。学生通过情境提示的帮助去理解这些语言，产生语言的能力最终就自然而然地形成了，并不需要教师的传授。

理想的输入应该有四个特征：可理解性、既有趣又关联、非语法程序安排和足够的输入量。其中，需要特别加以说明的是，“既有趣又关联”是指输入的语言应当与学生相关并且能让学生感兴趣。这样，学生就可以在不知不觉中很轻松地习得语言。“非语法程序安排”是说按语法程序安排的教学行为并不可取也没效果，足够的、可理解的输入对于语言习得才是重要的。“足够的输入量”即给学生提供足够多的语言材料。学生自身创造性构建程序的操作也可能提供新的语言形式。创造性构建程序是学生依据已习得的规则构建新的语言形式的程序。

例如，学生在习得一般过去时的动词规则时，理解了动词原形 +ed 的语言形式，如 worked，walked 等，这样动词原形 +ed 的形式便可能成为下一步要习得的规则。如果学生在输入中继续听到动词原形 +ed 的形式，便可最终习得这种形式。此外，学生还可以利用创造性构建程序，根据动词原形 +ed 的形式创造出 knowed，maked，sweeped 等语言形式。由于此种语言形式不会被后来的输入证实为正确的，因此是过渡形式。这样，学生后来会放弃它，不把它作为下一步要习得的规则。直至学生在后来的输入中听到了 knew，made，swept 等形式，并注意到 knew，made，swept 与 knowed，maked 和 sweeped 之间的差异，这些不规则动词的形式才会被确定为下一步要习得的规则。

（4）情感过滤假说。情感过滤假说认为，大量适合输入的环境并不能保证学生可以学好目的语，情感因素也会对第二语言习得的进程产生诸多影响。通过情感过滤，语言输入才有可能变成语言“吸入”。在语言进入到大脑的语言习得器官的过程中，输入的语言信息必须经过过滤这一道关卡。那也就意味着，情感因素在第二语言习得的过程中可以有着积极或消极的影响，也可以说是促进或阻碍。其中，有三个心理上的因素制约着学生的语言学习速度和质量，学生不是将他所听到的一切都全部吸收。

第一，动力。学生是否拥有明确的学习目的，这关系着他们的学习效果。学生只有具备了明确的目的，他们才会获得较大的动力，进步也会比较快。

第二，性格。通常情况下，如果学生拥有自信、外向的性格特征，并且愿意接受陌生的学习环境，他们就会较快地取得学习上的进步。

第三，情感状态。学生是处于焦虑还是放松的精神状态，这会直接影响着外界的语言输入。拥有放松的心情和舒适的感觉显然能使学生在较短的时间内学得更好。由此可见，学生的情感因素很大程度上决定着第二语言习得的成功与否。

（5）自然顺序假说。根据自然顺序假说的基本观点，学生遵循一定顺序去习得语言结构知识，并且该顺序可以被预测。有些学生总是对于某些语法结构掌握得较早，而对其他的语法结构则会掌握得较晚。不是每一个学生都有完全相同的习得顺序，然而这种顺序可能具有某些类似的地方。当儿童和成人同时学习第二语言时，他们都是先了解现在时然后再学习过去时，先掌握名词复数然后再掌握名词所有格。如果将习得某种语言能力作为学习目标，教学大纲不一定要受这种顺序的制约。“自然顺序假说”重新明确了第一语言和第二语言学习的关系。有时，第一语言通常被认为是学习第二语言的一大障碍，事实上并非如此。第二语言和第一语言可能有许多相同的规律，其语法顺序并不总是受第一语言干扰。中文和英文在语言功能上是相同的，在某些语言表达方式上也有共同之处。在课堂上教师有时需要借助母语以便使学生更快且准确地理解英语，但不是把语法结构进行简单排序。

（二）分级教学模式的基本原则

分级教学模式在具体实施中需要遵循一定原则，主要包括循序渐进原则和因材施教原则。

第一，循序渐进原则。遵循循序渐进原则指教师在传授知识时既要尊重知识的内在规律，又要采取相应程度的学生可以接受的教学形式。分级教学模式使教师得以在学生英语知识体系的基础上进行教学，采取适合他们的教学方法，从而使学生逐步提高语言技能。

第二，因材施教原则。所谓因材施教，指教师要从学生的实际出发，有的放矢地进行教育。由于环境、教育、学生本身的实践等方面，学生之间必然存在一定的差异性。近年来，随着扩招政策的推进，越来越多的学生得以接受高等教育，但不同学生在英语水平方面的差异不容忽视。在这种情况下，如果不对差异性进行充分考虑就把英语水平悬殊的学生安排在同一班级，容易造成教学资源的巨大浪费。分级教学模式承认学生之间的个体差异，可以为学生提供满足其自身需要的教学条件，从而取得理想的教学效果。

（三）分级教学模式的实施方法

分级教学模式的实施可以从以下方面着手：

1. 合理地进行分级

分级教学不要求全体学生达到同一目标，而是按照不同的级别制定不同的教学目标。因此，进行合理、科学的分级是分级教学模式取得实效的前提，对此应采取科学的分级试题和分级标准。具体而言，应以《大学英语课程教学要求》中的各级词汇量为基础组织分级试题，同时应注意题目的层次性。分级标准则应对分级测试结果、个人实际水平、个人意愿等因素进行综合考虑。在具体的教学实践中，将学生分为A级与B级两个级别较为合理。此外，为缓解B级班学生的心理压力，调动他们积极的学习情感，可利用星期日的时间为他们补课。这样，B级班学生可以尽快达到A级班学生的水平，从而在同一起跑线上竞争。

2. 提高分级的区分度

高考英语成绩与摸底考试成绩是很多院校进行分级的标准。但是，有一些学生因为几分之差甚至一分之差没能进入A级班，往往很难说明英语水平的高低。因此，为了提高分级的区分度与合理性，可在分级时听取学生的意见，进行双向选择。学生对自己的实际英语水平与兴趣有较好的把握，他们由被动接受转为主动选择，可以增强主体地位，提高他们在后续学习过程中的自觉性与积极性。

3. 避免负面影响

任何事物都是优势与缺陷的集合体，分级教学模式也不例外。作为英语教学改革中的新生事物，分级教学模式不可避免地会带来负面影响，如操作过程较为复杂、考勤管理较为烦琐、学生产生不良情绪、班级归属感降低等，这些问题如果不及时解决，会对分级教学模式的推进带来阻碍。对此，教育管理者需要制定相应的制度规范，并根据遇到的问题及时调整，从而将分级教学模式产生的不良影响控制在最小范围内，发挥其最大优势。

4. 升降级调整机制

实施升降级调整机制是对学生的学习程度进行动态管理，使学生的级别随学习的兴趣、成绩以及能力变化而变化。具体而言，B级班学生取得的进步，达到A级班水平时，教师可将其升入A级班，以激励学生取得更大的进步。A级班的学生未能取得进步，且成绩滑落到B级班程度时，教师也可将其降入B级班，给予其适当压力。需要注意的是，进行升降级的调整应坚持选拔与自愿相结合的原则，且在一定范围内定期调整，不可过于频繁。

5. 制定评价标准

在分级教学模式下，不同级别应采用不同难度的试卷，很容易造成一种不良现象，即英语水平高的学生所取得的英语成绩可能低于部分水平低的学生。因此，为提高评价的科学性，可采取：①采取总结性评价与形成性评价相结合的方式确定最终成绩，具体办法是在总评成绩中增加日常表现的比重；②根据各级别试卷的难度，设定一个科学系数，通过加权算法从宏观上调整两个级别的分数。

二、大学英语模块教学模式

模块教学模式是大学英语教学改革的重要组成部分，是一种系统性的教学模式，以大学英语教学为系统，将其分为知识、技能、拓展三大模块，并在不同的学期中进行有针对性的教学，从而提高学生的综合语言应用能力。

随着英语教学改革的推进，英语教学系统发生重大改变。英语教学向着能力化、技能化、多样化、信息化的方向发展，英语模块教学模式是在这种转变中被提出来的，在一定程度上反映时代发展对大学英语教学的要求。所谓模块教学，指通过一个能力和素质的教育专题，在教法上强调知能一体，在学法上强调知行一致。模块教学模式主张提高学生的素质和具体技能，教学中通过集中开展理论技能、实践等活动实现教学目标。

大学英语模块教学能够丰富英语课程，实现课程的多样化。对学生而言，模块化的教学形式是通过丰富的课程，提高学生对英语学习的兴趣，调动学习的积极性。随着现代科学技术的发展，英语教学课程的固定化越来越难适应社会形势，采用模块教学，在一定程度上使英语教学贴近时代发展，增强人才培养的时代性。

通过对《大学英语课程教学要求》进行分析可以看出，对于英语水平的划分提出不同的能力要求。在这种多层次的要求下，大学英语很难通过一整套教学实现人才的全方位培养。英语模块教学模式主张在一定时期内对学生进行阶段性目标培养。这种观点正好迎合了教学要求。由于模块教学模式是对整个教学系统的管理，其在实施过程中需要教学工作者进行科学设计。下面以拓展模块为例，对模块教学模式进行分析。

拓展模块主要是对学生的能力进行拓展，因此，可以开展丰富多样的课程，具体包含以下方面：

第一，开设应用专业型英语后续课程，如时事新闻英语、商务英语、旅游英语、经济英语、法律英语、商务信函写作、实用英语写作等。

第二，开设实用技能型英语后续课程，包括日常口语提高、高级口语、听力提高、演讲、视听、说、高级写作等。

第三，开设跨文化知识型英语后续课程，介绍西方各国文化、常识、思维方式、价值观、民俗、礼仪、历史、教育；对比传授中西文化、跨文化研究等。

第四，开设欣赏型课程，内容包括欣赏电影、音乐、神话、小说、诗歌、散文、演说等。

第五，开设综合考试型课程，包括继续通用英语的深入学习、考研英语、雅思等各类出国考试的培训。

上述模块依据学生和社会需求，以语言实践为目的，实现提高学生的实际应用英语能力、语言能力和文化修养、专业信息获取能力、语言表达能力，从而适应社会需求。这样的拓展模块设计，细化学生对大学英语教学的需求，在整体上建立和完善与传统大学英语教学体系完全不同的大学英语拓展模块体系。

第三节　大学英语任务型教学模式的创新

任务型教学作为一种教学模式，具有结构性，它由教学目标、信息输入、活动方式、师生角色、教学环境等要素组成。任务型教学中是以任务学习法为主的，任务学习法与传统学习法之间的差异在于前者注意信息沟通，活动具有真实性而且活动量大。下面主要探讨任务学习法在大学英语教学模式中的创新。

任务学习法，是使学生在真实的学习情境中带着任务进行学习，并持续驱动和维持学生学习兴趣和动机的一种学习方法。任务学习法是教师根据特定的交际方法和语言项目，设计出具体的、可操作性的任务，学生通过表达、沟通、交涉、解释、询问等众多语言活动形式来完成教师布置的任务，以达到学习和掌握语言的目的。任务学习法是在吸收以往多种教学方法优缺点的基础上形成的，它和其他的学习方法相辅相成、共同促进，彼此之间并不排斥。任务学习法是在 20 世纪 80 年代，语言交际法被广泛采纳的社会大背景下产生的。

任务学习法是英语教学界提出的过程教学大纲的产物，其基本观点是通过课堂教学让学生和教师共同完成某些任务，使英语学生自然地习得语言，扩展中介语体系并促进英语学习进步。任务学习法旨在把语言学习真实化，把课堂学习活动社会化。通过教学任务的学习，而非单独依靠一套教材、书本练习或者老师讲解，可以让学生体验到教师是如何运用语言做事或处理矛盾的。在课堂上，教师可以给学生设置任务，让他们设法用所学语言去解决问题、克服困难，从中学会处理人际交往之间的信息偏差、推理偏差以及观念偏差等问题。

任务学习法强调的是学生的习得过程和知识建构过程，要求学生由外部刺激的被动接受者和知识的被动灌输对象转变为信息加工的主体、知识意义的主动建构者。教师在设计任务时，应将自己由知识的传授者和灌输者转变为学生主动建构意义的帮助者、促进者，鼓励学生以交流参与的学习方式进行学习。在教学活动中，教师应当围绕特定的、符合真实生活的交际和语言项目，设计出具体的、可操作的、实用的、趣味性较强的、连贯性的任务，引导学生通过各种语言活动形式来完成学习任务，以达到学习和掌握语言的目的。

一、大学英语教学模式中任务学习法的现实意义

（一）任务学习法可以显著提升学生的英语能力

大学英语的教学目标是培养学生在一定工作环境中运用英语的交际能力，满足学生日常生活中的英语交际需要，而任务学习法正符合大学英语工具性和实用性的特点。利用任务学习法，可以把培养学生英语语言实际应用能力的全过程分解到各个教学任务中，学生

带着真实的任务在探索中学习，在完成任务的过程中不断培养和拓展学生的生存能力和工作能力。由此可见，任务学习法特别适用于大学英语课程的教学，易于达到大学英语的教学目标。

任务学习法把语言教学真实化，把英语课堂社会化，其主要目的是让学生不仅在运用中学，而且为了运用而学。通过课堂教学，以让学生去用英语完成各种情景中真实的生活、学习、工作等任务，从而培养学生英语方面的综合应用能力。任务教学法充分体现了学生的主体性，是改变以往大学英语教学模式以教师讲授为主的有效途径之一。

（二）任务学习法能够创造真实或模拟的语言环境

任务学习法将具有真实生活的语言材料引入课堂，任务要求与真实生活有一定的关联，以便学生能迅速产生兴趣，应用到生活中。此时教师在完成任务过程中充当的是示范者、组织者、指导者的角色。例如，在一个以 shopping（购物）为背景的任务中，英语教师通过任务演示，向学生提出完成该任务的要求，明确达到的认知目标，并布置任务。学生在规定的情境中准备并完成任务，展示结果。在这个任务情境中，学生可能会考虑到挑选物品、讨价还价、购物方式等情况。学生在这样真实的或者模拟真实的语境中，进行交际活动，让学生融入角色中去，既有趣新颖，又培养了学生的语言能力、模仿能力和表演能力。由于没有考试的压力，更乐于参与到这样真实有趣的语言环境中来。

（三）任务学习法能够帮助学生养成协作学习习惯

任务学习法是以小组或团队为单位参与学习任务的整个过程，学生在一定的激励机制下，为获得最大的个人、小组学习成果，达到共同学习目标而协作互助。任务学习法强调的是学生的创造性、自主性和互动性，在任务学习中，将每个任务分解成若干子任务，由小组成员分担各项子任务，但由于各个子任务之间有一定的联系。因此，组员之间不是独立的，而是需要共享资源、共同负责、共担荣辱、共同完成任务。同时，任务学习法不仅体现在课堂上，而且可以延伸到课外，在课后任务准备或者参与第二课堂中，小组成员可以通过网络或者面对面的方式进行沟通，交流自己对教学任务的看法和意见，启发彼此的思维。

在上述这种相互依赖、相互帮助的环境中实现取长补短、共同提高以及共同进步。分组后的学生，他们的学习不再仅仅只和自己有关，他们的表现直接影响到小组的荣誉。因此，自己如果落后必定拖累全组，相反，自己进步也会带动全组共同努力。在此种荣辱与共的观念影响下，全组同学一起为实现目标而共同努力。

（四）任务学习法可以提高学生的英语课堂参与度

任务学习法是以学生为主体，充分发挥学生的主观能动性是其终极目标。为此，大学英语教师需要要求学生在教学任务中，人人演角色、人人有任务、人人要展示。此外，英语教师要尽量保证每个学生机会均等、任务相当。为了保证任务参与者与其他同学之间的交流互动，英语教师需要要求小组成员之间相互提问并回答问题，这样就在最大限度上调动了学生的积极性。分组后的学生，由于彼此水平相当、目标相同，参与课堂任务的积极性亦将有一定的提高。

（五）任务学习法能够有效监控学生课堂学习情况

在任务学习法的语言课堂内，教师的身份和角色也在发生着转变，即从课堂的主宰者变成引导学生自主思考、自由发挥的引导者。任务学习法要做到善始善终，任务式学习的课堂还必须配套完整而科学的评价系统，以实时监控学生参与课堂活动的情况，以及完成教学任务的实际情况。因此，任务学习的评价系统必须根植于学生的实际水平，坚持鼓励为先、测定为主、分层为辅的原则，优先鼓励英语基础较差的学生参与到任务中来，并针对这部分学生，适当降低语言输入难度，增大输出任务量，敦促他们跟上班级整体水平。教师在整个任务的完成过程中，不仅要起到维持课堂秩序、衔接课堂任务的作用，还要为学生提示任务线索，纠正学生的实践错误，尽力扮演好任务完成后的点评督导角色。

（六）任务学习法能创造适合学生情况的语言环境

真正适合非母语学生的输入输出环境在难度上必须满足“i+1”的特点。其中，“i”代表 intelligence（语言学生现有语言基本功），“+1”意味着有效的语言输入和输出环境难度系数必须略高于语言学生的现有水平。而任务型学习的另外一个独特之处，就是强调通过设置任务，为参与课堂教学的学生设置真实可行的语言输入输出环境，并能根据学生的实际参与情况实时调整任务内容与难度系数，以求在第一时间定位适合学生的最佳输入输出语言环境。

此外，在任务的内容和语境设置的取材上，更要源于课本并高于课本，以生动性、形象性和趣味性为主线，选取一些贴近学生生活的实例，不仅能引发学生运用语言解决生活实际问题的热情和兴趣，还能在完成任务的过程中，生动形象地将所学语言知识和技能深深地刻在学生的脑海里，从而极大提高学生的学习效率。在规划课堂时间分配上，教师可以分配一小部分时间，以提纲的形式分列出本堂课所学主要知识点，并采用微格教学简要阐述其定义、概念和用法，略微举例之后，将大部分时间交给学生，用来完成任务，重复实践正确的价值，从而敦促和引领他们成为课堂的主角，真正实现以学生为中心的目的。如此一来，学生极其容易迸发学习英语的兴趣火花，从而形成语言学习的良性循环，打破语言学习效率低下的陈规陋习，最终提高学习效率，增强学习效果。除此之外，由于任务的完成需要的是学生的集体互动，因此在实际教学的过程中，教师为了保障任务实施的井然有序以及有效完成，可以将教学班级分成小组，使大班学生细化成若干团队。这样不仅可以提高任务完成的效率，更能在完成任务的过程中让学生互相取长补短、各司其职，从而习得团队协作的精髓所在。

二、大学英语教学模式中任务学习法的具体构成

第一，目标。类似日常生活和工作中的任务，学习任务首先必须具有明确的目的，即学习活动应该具有较为明确的目标指向。这种目标指向具有两重性：一是任务本身要达到的非学习目的；二是利用任务所要达到的预期的学习目的。例如，在案件侦破任务中，其非学习目的便是根据不断增加的线索进行判断推理，直至最后侦破案件。但是，任务学习所期望达到的目标，则是旨在通过完成任务的过程，以对该过程中所产生的语言交流感受有所体会，进而增强学生的语言意识，提高学生的交际能力，并在语言交际过程中学会应用诸如表示假设、因果关系，或“肯定”“可能”“也许”等目的语言表达形式。由此可见，任务学习法作为促进学生学习的重要方法，教师应该更多地关注它的教学目的。

第二，内容。任务学习法的这一要素，可简单地表达为“做什么”。任何一个任务都需赋予它实质性的内容，任务学习法的内容在课堂上的具体表现，即是学生需要履行的具体行为和活动。

第三，程序。任务学习法的程序是指学生在履行某一任务过程中所涉及的操作方法和步骤，任务在一定程度上表现为“怎样做”，它具体包括任务序列中某一任务所处的位置、先后次序、时间分配等内容。

第四，输入材料。输入材料是指学生在履行任务的过程中使用和依据的辅助资料。尽管部分课堂任务并不一定都要使用或依据此种类型的输入材料，但是在任务学习法的设计过程中，通过提倡运用此种类型的材料，可以使教学任务的履行更具有操作性，同时能够更好地使学习任务与学习行为结合在一起。

第五，教师和学生的角色。任务学习法并非都要明确教师和学生在教学任务中所要履行的角色，但教学任务大多会暗含或反映教师和学生的角色特点。教师既可以是学习任务的参与者，也可以是学习任务的监控者和指导者。在学习任务的设计过程中，设计者需要考虑为教师和学生做出明确的角色定位，以使学习任务能够顺利高效地进行。

第六，情景。任务学习法的情景要素是指学习任务所产生和执行的环境或背景条件，具体包括英语语言的交际语境，同时也牵涉到课堂任务的组织形式。教师在教学任务的设计过程中，应尽量使任务情景接近于真实，以提高学生对语言和语境之间的关系意识。

三、大学英语教学模式中任务学习法的运用原则

（一）真实性原则

真实性原则所指的是所设计的任务材料，应源于真实的社会生活。同时，要贴近生活实际，这样的教学环节设计学生不会感到陌生，更易于融入学习任务之中，促进知识的有效掌握，同时有助于提高学生语言运用能力。所以，在英语学习中教师要尽可能创造出真实或接近真实的情境，让学生接触真实的语言环境，促使他们运用所学语言解决实际问题。

但是，“真实”不等于直接可以拿来用，因为源于生活中的一些真实任务，往往无法与课题直接对接，需要教师结合学生的实际情况，以及教学目的、任务、教学内容进行加工、整合，使其更加符合教学需求。

（二）“任务链”原则

“任务链”原则强调任务之间的关系，以及课题设计中各任务的步骤和程序，即怎么使设计的任务能够在教学中达到逻辑上的连贯和流畅，而非在课堂中简单穿插几个活动，各任务之间要相互联系、具有统一的目标指向性。另外，教师在设计任务过程中，要遵循由简到繁、由易到难、前后相连、层层深入的原则，使其形成环环紧扣的“任务链”。

（三）可操作性原则

任务一定要具有目的性和可操作性，其中可操作性是任务教学法实施的一个关键。任务教学法实施不能脱离教师的掌控，教师在设计任务之前，要对任务教学法实施过程中可能出现的问题进行充分的预想，尽可能避免这些问题。同时，针对这些存在的潜在问题，要有相应的对策方法，推进任务的完成，让任务的操控性和目标性更强。

（四）兴趣性原则

兴趣是最好的老师，它能使人在工作中形成一种积极的心态。所以，在任务教学法实施过程中，对于学生兴趣度的考虑至关重要。教师设计的英语任务，应符合学生实际情况，符合学生身心发展特征，选择容易激发学生共鸣的话题，这样才能激发学生潜在的求知欲望，使其积极地投入到教学任务中来。

四、大学英语教学模式中任务学习法的具体程序

（一）任务学习法的准备

第一，把全班同学按照 5 ～ 6 人分为若干小组。分组时，需要根据性别、学习基础、学习主动性的差异进行合理搭配，每组配一组长，也是教师的助手。他们的职责是对组员考勤，组织组员完成教师分配的任务，帮助组员解决学习中遇到的难题，平时帮助老师检查常规作业，如抄写、速读、泛读等，组长的人选一方面要考虑他们的英语水平；另一方面也要考虑他们是否有工作热情，是否愿意锻炼自己。

第二，由于英语班级是非固定班级，有些同学不属于同一专业或同一系，同学相互之间很难联系，因此要制定班级通讯录，包括姓名、专业、宿舍、联系电话、性格爱好等，以便同学间加强了解和联系。此外，由学生制作班级英语期刊，把学生活动成果刊印出来，一课作为一期，既满足学生的学习成就感又锻炼了他们的动手能力，也利于学习、复习所学内容。

第三，制定每一课的教案，包括教学目的、教学重点、活动的形式、任务的分配、指

导、检查、实施及最后的评估、反馈等众多方面。

（二）任务学习法的引入

每一次任务安排到完成约需六节课。要求学生课前预习课文，第一节课把课文串讲一下，指出重点和难点，要求学生结合辅导书与课后练习进行操练。其余的学习内容以任务的形式分配下去，从听、说、读、写各方面学习英语语言。第二节课分配任务，各小组展开讨论。在任务学习法的实施过程中，任务的设计非常关键，任务设计得巧妙、有趣、难度适中便易引起学生的学习兴趣，促进他们的学习，反之则会削弱他们的学习积极性。教学任务活动遵循的是交际性的六个特点，即让学生使用交流达到一定的目的，创造一种交流的愿望，传达一定的信息，鼓励想象力，脱离教师独立交流，能自己决定说什么。其主要形式具体如下：

1. 运用不同体裁改写课文

例如，学到《大学英语》第一册第七单元“The Sampler”时，教师可叫学生从老人的角度改写原文，有的学生便发挥想象力，添加老人的身世；学到“A Miserable，Merry Christmas”时，教师可以让学生从父亲的角度改写课文，有的学生写道他怎样想给儿子一个惊喜但结果有点出乎意料；在学到“My First Job”时，学生根据教师提供的范文，为课文中的学校写一份招聘教师的广告，及从原文中叙述者的角度写份求职信；学到“Is There Life on Earth？”时，教师要学生为记者招待会写海报；等等。改写课文是教师重点运用的教学任务形式之一，它能紧密联系原文，利于学生在理解基础上的输出，同时利于发挥他们的想象力和创造力。

2. 话剧表演

《大学英语》中的很多故事都是话剧表演的好素材，如“A Miserable，Merry Christmas”“You Go Your Way，I'll Go Mine”“The Sampler”等。首先，学生们把原文改编成剧本，可酌情添加台词，然后排练表演。由于表演与课文内容相关，学生有了一个运用从课文中学到的词汇和语法结构的机会，巩固了对课文的理解，听、说、读、写各方面都得到了锻炼，创造力和表演才能也得到了体现。

3. 为课文准备背景材料

例如，学到“Is There Life on Earth？”时，教师要求一组学生到图书馆查阅有关太阳系八大行星资料并向其他同学做讲解；学到“The Party”时，要求学生们准备印度独立及眼镜蛇的有关资料；学到“The Woman Who Would Not Tell”时，一些同学主动要求准备美国南北战争的资料，从而锻炼了学生收集资料、归纳总结等科研能力。

4. 小组讨论和写读后感

例如，学到“The Present”一课时，让学生们讨论比较外国老人与中国老人的生活状况及他们的人生观、价值观，以及怎样对待自己的父母；学到“Is There Life on Earth？”时，让大家讨论怎样从我做起、从小事做起保护我们的地球，这样便把科学、人文素质教育寓于英语教学之中。

5. 编故事

编故事也是操作、复习课文重点、难点的好方法。具体做法是从所学英语课文中挑出 10 ～ 15 个重点词汇或短语，让学生用于所编故事中，顺序不限。编故事可避免学生机械记忆，并提高其灵活运用英语语言的能力。

6. 其他难度较大的任务形式

例如，学到“The Party”时，可组织辩论赛“Man or Woman，Who Has More Self-control?”；学到“My First Job”时，做个求职面试；学到“Is There Life on Earth?”时，组织一个新闻发布会等。

（三）任务学习法的评估

任务分配过后，英语教师需要给学生两节课的准备时间，并加强课外辅导。第三节上课便于检查任务完成情况。除了表演性质的，一般是每组选一个代表，上讲台陈述各组的任务完成情况。陈述完毕，其他小组便为陈述小组打分并做简单的评议。小组评议保证了每组陈述时，其他小组在认真倾听。同时，为保证每个组员都积极参与任务的完成，组长要对组员的参与程度做记录、打分。另外，每组陈述后，老师也要对其任务完成情况做客观、公正、有针对性的以鼓励为主的评价。

（四）任务学习法的反馈

每一课的学习结束后，都采用问卷调查、个别谈话等形式听取学生的意见，对教学及时做出调整。例如，在一次运用任务教学法后，教师进行问卷调查，绝大多数同学都对新的教学方法表示欢迎，认为这种方法更生动有趣，学习起来更轻松，也更能培养他们的综合能力。但也有个别同学不太赞同，有的是因为学习观念没转变过来，有的因为学习基础不好，又不预习课文，老师简单串讲后，对课文还是搞不懂。针对这样的同学，教师可通过个别谈话，鼓励他们锻炼独立学习的能力，养成良好的学习习惯，多向其他同学学习，以适应新的教学法。学生们经常提出许多好的建议，对教师教学和自身学习非常有帮助。

五、大学英语教学模式中任务学习法的构建阶段

（一）任务写作前期

在任务写作前期，英语教师需要提出具体的写作任务和要求。语言准备活动可以分三步进行：第一步，教师先示范或讲解学生要完成的写作主题或任务，选择的主题所涉及的话题应是所有学生都较熟悉的，如求职信、实验报告、感想和笔记等，以便于他们有足够

的思想内容可以表达；第二步，根据不同的任务提供不同的英语写作素材和英语语言形式，激发不同背景知识的语言信息，给学生提供课堂上运用真实语言的机会；第三步，学生之间、师生之间就教学任务交换意见、策划方案、选择方法和寻找信息等。

（二）任务写作期

任务写作期的任务，首先由学生个人在特定时间内独立完成给定的题目，开展实际的创作，然后让学生成对或以小组为单位按以下问题就其作文进行讨论、计划，并且共同拟定讨论文稿，为后面的汇报做准备：①我想要写什么；②目标是什么；③对此任务的态度是什么；④对此主题我了解多少；⑤对此题目我感兴趣的是什么，此题目最重要的是什么。

通过讨论，学生在课堂上一起分享他们的写作目的、观点和方法。最后，推选几名代表汇报各自小组的讨论结果，汇报时除注意以上几个问题外，还需注意写作中英语语言的精确性和流利性。在此阶段，英语教师只需充当观察者或助手，提醒学生注意某些形式，以及形式同意义的联系等，使他们顺利地完成任务。

（三）任务改写期

任务改写期的课堂活动可以分为三步：第一步，英语教师带领学生一起讨论他们的作文。教师先分析学生的汇报，并对文章的主题、说明主题的例句和观点等提出评判标准。然后，根据这些评判标准评价学生的作文。教师还可以利用质量不同的作文，让学生自己进行评判，并产生一致的评价标准。第二步，两两或小组交换初稿，根据评判标准修改或改写初稿。同伴反馈和同伴评估很重要，它可使一些标准实现内化，并且提高他们独立评判他人和自己作文的能力。第三步，英语教师针对学生作文中出现的一些问题进行语法练习，对英语语言形式进行复习与巩固，使学生的作文在意义和结构上更准确、流畅。

英语教师在大学英语教学的过程中，可以根据具体情况灵活地运用和实施上述教学步骤，以达到最佳的教学效果。英语教师在运用任务教学法时，要注意以下方面：

（1）任务教学模式是以主题单位来组织教学。

（2）在英语教学任务的具体实施过程中，教师需要注意对意义和语言形式之间的尺度进行合理的把握。英语教师如果忽视教学任务的内容，会导致教学任务的执行过程变成语言形式的机械操练，以致教学任务缺乏现实意义。同时，如果忽视语言形式，将难以促进学生中介语言能力的发展。所以，英语教师忽视任何一边都会使任务教学法失去其真正的教学意义。

（3）英语教学过程中，选择教学任务时要有一定的难度且兼具一定的复杂性。因为教学任务过于简单，会使学生感到厌倦，最终不利于其英语学习，有组织的任务可使有限时间内的语言学习更有效率。

（4）教学任务难度的设计要遵循循序渐进的原则。教师在设计任务时，要对任务的难度进行分级和排序，以适合学生的认知发展水平。为此，任务的难度设计要考虑两个因素：第一，任务困难程度。任务困难程度，指教学任务能够展示、诊断或者解释学生的语言能力和语言知识的程度（即语言难度），能够提供可以观察和反馈的程度（即活动因素），学生有开展这个活动的语言基础并能发现自己学习所需要的程度（学生的因素），任务困难程度也是学生能够自己找出问题并解决问题的程度。第二，任务实施程度。任务实施程度，指教学任务所需要的资源、任务实施过程中的组织和管理的复杂程度、任务的可调适度等方面，允许用不同的方式完成教学任务，允许教师和学生对任务的表现和结果做出评价，允许学生进行自主学习以及用足够的时间和空间进行思考，保证教学任务有不同程度的成功，进而保证适合大多数学生均能够完成。

六、大学英语教学模式中任务学习法的策略运用

（一）主体性策略

在高校英语教学中，教师应明确学生是教学活动的主体，坚持“以人为本”，树立主体意识，造就独立人格。因此，教师在高校英语任务教学法中应重视学生的主体地位，改变传统的“教师主导课堂，学生被动听讲”的教学模式，培养学生的学习兴趣，激发学生的学习动机。同时，应激发学生的潜能，培养学生的自主能力，在英语教学中发挥学生的主观能动性、发挥学生的主体性，首先，教师可以为学生创设良好的教学氛围；其次，教师应尊重学生，尊重学生之间的差异；最后，教师应尽量丰富教学内容。

例如，教师可以为学生构建一个良好的学习氛围，多与学生沟通交流，和学生以朋友的方式相处。为学生营造良好的学习氛围，可以对学生的心理和非智力发展起到明显的促进作用，使学生没有顾虑地全身心参与到课堂教学活动之中，提高学生学习英语的热情，增强学生的主体意识。同时，教师应了解不同学生之间存在的差异，尊重每一位学生，并以鼓励的方式为主，经常鼓励学生，增强学生学习英语的自信心，提升学生解决英语学习任务的积极性。另外，教师可以利用先进的多媒体技术丰富高校英语的课堂教学，利用音频、视频等为学生讲解英语教学知识，将书面的知识用形象的方式呈现，加深学生的理解。同时，也方便教师为学生布置相关的学习任务。

（二）目标性策略

随着社会的发展和国际交流的增加，掌握一门英语对当代大学生来说是一项极其重要的学习任务。而英语作为一种世界性的语言，在高校语言学习中尤为重要。而任务学习法对大学生英语学习具有明确的指导意义，因此，在高校英语教学中，教师应善于运用任务学习法，为学生布置明确的任务，让学生在完成任务过程中和完成任务时可以提高学生英语某一方面的能力。但是，当今的高校英语教学目标又存在动态性和多层次性，因此教师在设置目标时，应考虑学生的实际情况，应根据学生的实际学习情况设置能提高学生某方面能力的任务。

例如，教师可以为学生设计一份英语学习的英语问答，了解学生对英语教学中哪些方面比较欠缺，了解学生的英语学习情况，根据调查结果为学生制定相应的教学目标。如果从调查结果中发现大部分学生对学习英语阅读有困难时，教师可以分析学生阅读困难是哪些原因造成的。如果教师通过调查发现是因为学生的词汇量不达标，导致基础知识不扎实时，教师可以为学生布置相应的任务：背诵单词、词组，扩大词汇量。同时，教师可以教学生一些学习英语词汇的方法，如反复记忆、图文对应、在阅读中猜词义等。

另外，在发现学生的理解能力差导致学校阅读困难时，教师可以为学生布置相应的任务：坚持阅读，查阅阅读材料相关的文化背景知识。通过这种方式开阔学生的视野，增加学生的英语知识。同时，教师可以为学生布置相应的阅读理解题，让学生在做题中既提高阅读理解能力，又提升学生的自学能力，通过有目的性地为学生布置学习任务，可以逐渐提高学生英语专项技能，从而促进学生英语学习的全面发展。

（三）合作性策略

在高校英语任务学习法中，应强调学生的合作性，加强学生之间、师生之间的互动，可以让学生通过合作学习共同完成相应的任务。在学生合作完成任务的过程中，还要加强学生与教师之间的互动，提高学生之间的团队精神，使学生之间互相帮助、互相合作、共同进步，促进学生之间的交流和了解，同时也拉近师生间的距离，提高学生的学习效率。另外，合作学习与传统的教学相比，更能有效地激发学生的学习动机，提高学生课堂的参与度，同时也是一种使学生有效地学习英语的方法。

例如，教师在为学生布置学习任务之前，可以将班级学生按照学习情况的不同、理解能力的不同、性格的差异等，分成若干小组，保证每个小组中学生的平均程度都尽量相同，便于任务的顺利进行。然后，教师可以为学生布置学习任务，例如，教师在讲到一篇英语阅读时，可以让小组用角色扮演的形式将阅读呈现出来，并建议学生分工合作，每个学生都参与到学习之中。此外，教师可以让小组合作分段背诵英语课文，建议英语成绩较好的学生背诵课文中比较难的段落，照顾小组中英语成绩较差的学生，培养学生分工协作的能力。同时，培养学生的合作精神，使学生都能有相应的提高。学生在小组合作学习时，教师可以与学生互动，及时引导、帮助学生解决小组合作学习中的困难，使小组成员都能有一定的提高。

（四）交际性策略

高校英语教学与中学英语教学不同，高校英语教学中，教师除了应重视语言知识的讲解和传授之外，还应重视培养学生的口语交际能力。而高校英语任务学习法的一个重要特点就是交际性。在高校英语教学中，教师善用任务教学法，培养学生的英语口语交际能力，提高学生的交际能力和语言的实际运用能力，并使学生在实现任务过程中不断强化英语能力的训练，有利于实现英语学习的最终目的。

例如，教师在运用任务学习法培养学生交际能力时，可以通过两种布置方式进行：其一，为学生布置自由交谈任务，我国大学生在中学时期大多数没有专门的听、说训练，但是英语学习中最终目的就是听懂、会说。因此，在高校英语教学中，教师应为学生布置口语交际作业，并抽取部分课堂时间引导学生用英语自由表达，教师在学生的表达中找出不足并及时纠正、引导。通过这种任务的布置，不但可以增加课堂氛围，还可以锻炼学生用英语交谈的勇气和胆量，可以逐渐提高学生的口语表达能力。其二，布置小组讨论任务，教师可以让学生各小组合作收集与教学相关的文化背景知识、不同民族间的风俗习惯等。然后，让各小组派出代表用英语进行阐述，教师根据学生的阐述提出相应的问题，让各小组进行讨论，找出问题的解决方法。最后，通过听、说、讨论这三个步骤，逐渐提高学生的思维能力、概括能力和英语口语表达能力。同时，在学生收集资料时，拓展学生的知识面，开阔学生学习英语知识的视野，有利于提高学生学习英语的自信心，从而积极参与到英语教学活动之中。

七、大学英语教学模式中任务学习法的具体应用

（一）听力教学中任务学习法的应用

1. 强化任务教学管理，加强学生心理疏导

任务教学应根据学生的个体需要，制订不同的授课计划、教学目标、授课进度、考核要求，合理确定课堂的规模、教学手段、教学形式等内容的课程体系。如果对学生进行等级划分，优等生会产生骄傲的心理，差生可能会感到自卑，影响其学习的正常进行。教师要平衡学生心理，重视师生情感交流，建立和谐的师生关系，邀请英语学习成功者介绍成功秘诀，激发学生的学习兴趣，消除紧张、焦躁等负面情绪，增强自信心，从而最大限度地培养和激发学生对英语听力学习的爱好和兴趣。

2. 加强听力技巧训练，注重英语文化导入

听力理解是大脑对所听的内容进行思维加工、解释、判断并得出有关结论的主动学习过程，而大多数非英语专业学生英语发音不准，语言连贯力不强，影响对输入信息的准确理解。因此，教师要组织学生纠音，掌握语音、语调、重音等语音听力技能，了解英美读音的区别，培养语感，减少以单词为感知单位的训练，加强以句法结构为感知单位的训练。教师应帮助学生在中国语言文化的背景下，把英语国家的经济、政治、文化、历史、地理、风土人情以及英语国家人们的思维方式、行为习惯移入、吸收和消化，进而形成较强的英语思维能力，理解会话的真正含义，从而提高听力水平。

3. 丰富听力任务形式，延展课下听力环境

激发学生学习兴趣，需要丰富课堂教学内容的体现形式，将听力任务以游戏、对话、实景演练等形式呈现出来。将学生分组完成任务，小组内分工合作，小组间对比竞争，既

提高了口语交际能力，又锻炼了组织能力、团队精神和竞争意识。学生可以像教师一样运用多媒体手段制作和播放与任务内容相关的视频或音频，提高听力教与学的实用性、应用性、体验性、趣味性以及创新性。

4. 注意选择听力教材，注重真实、趣味性

英语教材的好坏是决定听力教学质量的关键。首先，在听力教材的选择上，一定要选择任务与难度相适应的教材，如果教材很难，则学生的听力积极性和主动性势必会受到影响。如果难度太小，又会影响学生进步。其次，在选择和设计英语教材时，要注重教材内容的多样性，从而避免学生因为教材内容单一而产生厌倦心理。对待既定教材，教师可以对教材进行增补、改编，灵活地运用教材，也可以适当增加一些娱乐英语方面的材料，如故事、诗文、歌曲、电影等趣味性内容，吸引学生的注意力和增加课堂活力。最后，听力教材的选择是提高英语教学最关键的一步，一本好的英语听力教材要具有针对性，要根据学生自身的特点和所学专业的特点来编写。听力教学的根本目的是交流，英语教材只有与学生的专业特点结合起来，才能真正达到学以致用的目的。

5. 注重学生分组方法，提高英语教学效率

学生分组可以使教学单位变小，任务型英语听力教学提倡学生分组的方法。面对大班教学以及学生众多的环境，学生的英语听力能力差别非常大，老师很难把握全班的教学质量。而教学分组可以很好地弥补大班教学的缺陷，积极发挥优秀学生的领导作用。小组成员稳定、分工明确可以保证每个学生都参与到课堂中，另外，通过小组成员之间的互相帮助，可以使每个同学的听力能力都得到进步。

（二）口语教学中任务学习法的应用

任务学习法的出现，为商务英语口语教学注入了新的活力。任务学习法的中心思想是在做中学，是以学生为中心，来进行教学的过程。任务学习法在商务英语口语教学中的实施过程中主要分为三个步骤，即任务前、任务周期和任务后。

1. 任务前

任务前是任务学习法的起始阶段，在这一阶段，教师要根据教学内容制定合理的任务，并且尽量使任务的安排贴近真实生活中的场景。任务制定后，教师要帮助学生解读任务，激发学生兴趣，并且要给学生提供与这次任务相关的一些语言资源，如词汇、语法、固定句式等，保证学生手里有充足的资料，为后续任务的展开打下良好的基础。例如，在学习西方就餐文化时，教师可先给学生讲解一些关于西方文化或者西方餐桌礼仪的背景知识，引起学生的注意力，激发他们学习的兴趣，这样可以充分调动学生的积极性，学生的积极性提高了，学习效率自然也会提高。

2. 任务周期

任务周期就是指任务的实施过程，该阶段通常根据学生个体差异均衡地将学生划分为几个小组，然后小组内成员相互配合、互帮互助来进行练习，从而完成任务。

在完成所有的前期准备工作后，教师要请全部小组或者随机抽取几组上台表演，要给学生提供尽可能真实、尽可能多的机会来锻炼自己的口语应用能力。以饭店点餐为例，教师可以利用讲台做餐桌，事先自制菜单，创设情境，请小组同学在场景中真实演绎点餐过程。这样一来，学生可以很自然地运用口语来进行交流，不会觉得尴尬难为情，并且演示过程中情感到位。通过这样的一个过程，不同小组之间可以互相观摩、吸取长处、弥补不足，有利于提高全体同学的口语水平。

3. 任务后

任务后阶段是一个提升的过程，上述任务实施过程是以学生为中心的，当然，该阶段也不例外。在演示任务完成后，教师不必急着提出意见，可以先让小组内部或小组之间相互进行点评、交换意见。在学生自评和互评结束以后，教师再总结发言，指出任务进行过程中学生发音、语法或是固定搭配等方面存在的问题，并给出建议。同时，教师在进行点评的时候，要充分考虑学生的心情和心理承受能力，在点评的基础上尽可能提升学生对口语运用的信心。此外，教师还可以布置口语作业来练习学生的口语，并且在口语成绩的考核中，教师要更加重视学生的日常表现，弱化考试成绩所占的比重。

（三）阅读教学中任务学习法的应用

任务型阅读课堂学习模式，是一种既灵活又操作性强的阅读教学模式。下面以商务英语阅读教学为例，探讨实施任务学习法的教学效果。

1. 设置情境，激发兴趣，布置任务

在阅读课中教师为学生提供与主题有关的信息，或者让学生自己准备与本节课主题相关的内容。例如，让学生查阅有关商业组织、商界成功人士、商务文化的资料，然后在课堂上互相交流。在阅读教学中，教师和学生应处于一种互动的交际活动中。要想在以后职业中成为交际能手，就应该先从课堂上的交际入手，把老师当成客户进行实际交谈和商务合作演练，这样既能锻炼胆量，又能提高交际能力，在以后职场中获得成功的机会就越多。同时，教师还应适时地给学生布置任务，让他们有备而来，利用任务驱动他们去学习，使学生在课堂上主动配合老师的教学活动。教师应该根据教学的内容，提前让学生准备相关的材料。

以商务英语阅读教学为例，还应注重对学生阅读技巧的培养，把握文章的总体结构。在刚开始，可以引导学生选择一些较容易、篇幅较短以及较接近生活的商务材料进行阅读，以增强学生阅读的自信心，然后再由浅入深、由易到难，如此就更容易引起学生的学习兴趣，更能培养学生探究式学习的能力。因此，在商务英语阅读教学过程中，教师要多设置任务情景，呈现相关的语言材料和语言情景，使学生置身其中，获取商务知识，提高语言技能。在任务的驱动下，促使学生养成积极主动学习和思考的习惯，培养学生的实践和交际能力，提高学生对社会竞争的适应能力。

2. 注重跨文化知识与基础知识的联系

在商务英语教学中，不仅要培养学生的听、说、读、写能力，还要从文化层面上对学生进行知识传授。从实践层面上看，阅读理解教学是使学生能够将所掌握的语言和知识去运用的过程，通过阅读更多地了解国外的文化知识。因此，在教学过程中，应注重跨文化知识的传授，以提高学生的阅读水平，达到阅读理解教学的目的。阅读理解是人对物进行的一种积极的思维过程，通过表象的字面理解延伸到对其深层次的隐含意义的理解，从而真正把握阅读材料的真实目的，只有这样，解决问题时才会游刃有余。学生对字面意义的理解并不难，难的是对材料深层次的理解和把握，这不仅要结合文章的本身意图，还要联系到本国的风俗习惯和文化背景来进行阅读。在商务英语阅读教学中，教师可以在课堂上对国外文化进行介绍，还可以指导学生进行课外阅读，拓宽其知识面，并将课外掌握的文化知识在课堂上进行讨论交流，激发学生的表现欲望，促使他们在相互学习中获得知识，增强他们在未来竞争中的商务交际能力和技巧。因此，每次都布置一个任务或一篇课外阅读材料让学生去阅读，积累知识，提高阅读速度和质量，然后在课堂上进行讨论交流，让学生带着任务、目的去学习，从而提高学习效率。

3. 模拟情境，培养学生英语交际能力

在高校商务英语阅读教学中，教师可以根据阅读内容适当安排一些虚拟商务活动来提高学生的商务交际能力，提高其语言运用策略。例如，在班级组织商务谈判活动，选派学生扮演不同的角色，可让一个同学扮演营销人员，另外部分同学扮演外国客户，进行一次现场商业贸易的谈判活动，营销人员应充分发挥其聪明才智将客户留住并达成协议。这样就给了学生一个明确的任务，然后在任务驱动下让学生去学习语言知识，进行技能训练，创设任务情境氛围，促使学生形成积极主动的学习态度，调动其完成任务的积极性，并将任务结果利用多种形式的讨论或谈判在课堂上展示出来，进行实际交际能力的训练，提升学生学习英语的兴趣，进而提高商务英语阅读教学的质量。

（四）写作教学中任务学习法的应用

1. 任务前活动

在任务前活动阶段，教师根据不同的写作目的、不同的学习对象以及不同的内容主题，设计、组织不同的准备活动。例如，词汇“头脑风暴”活动，篇章结构特点明显的范文讨论与学习，为挖掘内容、拓展思路而做的口头调查活动，为后续阶段做铺垫的句子写作、“小写作”、写作知识的讨论与学习等。任务前活动既可以是为写作而做的激活知识或学习知识的活动，也可以是主任务前的一个子任务或任务链的一个部分。

2. 任务中活动

任务中活动包括写作、报告和评价，教师仍然要根据具体写作目的、不同的学习对象以及不同的内容主题提出不同形式的写作任务，包括单词、短语、句子、段落、文章、表格等各种难度、各种类型的写作，但无论是哪一种类型的写作，最主要的是要把握好写作的意义，务必使写出来的东西具有意义和交流的必要。写作的形式也可以多样化，如班级集体写作、小组集体写作、个人写作、社会实践写作、课题写作等。报告的形式也可以采取多种形式，如小组、个人、口头、书面等，报告的内容可以是写作的内容，也可以是互评的反馈。评价既可以采取学生互评方式，也可以采取教师评价方式。

在任务中活动阶段中，写作是第一个环节，而报告和评价两个环节则可根据教学的需要灵活安排，或先报告再评价，或先评价再报告。需要重点指出的是，这里所说的报告与评价，并不局限于我们通常所指的范畴，它们也可以是学生与学生之间的笔头或口头交流。

3. 任务后活动

任务后活动阶段主要有修改、教师点评或总结写作知识，或者写作技巧的归纳、针对一些具体的问题做练习等活动。修改可以采取个人修改或集体修改两种方式，写作知识或写作技巧的归纳，最好是教师组织学生进行，当然也不排除教师的讲解性归纳。除此以外，任务后活动也可能是任务链中的一个任务或新一轮写作过程的任务前活动。

（五）翻译教学中任务学习法的应用

1. 任务准备阶段

在任务准备阶段，教师首先要将教学大纲要求与学生的实际学习能力、性格特点等内容相结合，任务涉及的领域应该与学生未来的工作和生活相衔接，增强任务的真实性，使任务能够有效激发学生的学习兴趣和活动参与热情，学生在一种较为真实的情境中学习英语翻译知识，不断提升自身的英语翻译能力。例如，教师可以通过问卷调查或者加强日常交流等方式对“在课余生活中，你比较喜欢做什么”“在英语翻译学习中，你更希望学习到哪些知识”等问题进行调查，了解当前大学生普遍喜欢的任务，然后通过水平测试等方式检测学生当前的英文翻译水平，增加对每一位学生翻译水平的了解，再根据学生的性格特点和水平测试结果科学地设计任务。在任务设计的过程中，教师可以利用多媒体等信息技术软件丰富任务的内容和形式，并通过循序渐进的任务模式不断提升学生的英语翻译能力。

2. 任务实施阶段

在任务实施过程中，教师首先可以播放提前准备好的视频、图片、资料等内容，创建良好的教学氛围，吸引每一位学生的注意力，使每一位学生都能快速融入大学英语翻译教学的氛围当中。然后，教师可以通过问题引导的方式将学生带入任务实施的氛围当中。

例如，以“大学生的文化生活”为主题，由教师组织学生模拟召开信息发布会。首先，由教师利用多媒体信息技术等手段播放信息发布会的一些真实场景或者视频片段，增加每一名学生对发布会流程、提问模式以及回答方式等内容的了解。其次，教师组织学生模拟发布会的场景，由一名或者几名同学扮演发言人发表讲话，一位或者几名同学扮演英文翻译，其他同学则扮演媒体记者。这种英文翻译方式能够告别过去英文翻译教学中过于依赖课本内容的教学模式，真正将学生解放出来，展现学生更多的才能。任务教学模式能够在充分调动学生学习积极性的同时，不断提升学生的英文翻译能力，使学生感受到英文翻译学习的乐趣，培养学生的英语思维能力和良好的英文翻译习惯。

3. 任务检验阶段

评价是检验学生学习效果和教学质量的重要方式，其对教学活动的深入开展具有非常积极的影响。在学生完成任务之后，教师可以对学生在任务中的表现和任务完成结果进行评价。教师也可以直接评价每一名学生、每一个小组的任务实施结果，还可以组织学生进行互评。例如，在学生完成任务之后，教师可以组织学生采用互评的方式对每个小组的任务完成效果进行点评，如“哪一名学生的翻译质量非常好”“哪一名学生的表达非常流畅”等。最后，由学生投票选出“最佳翻译奖”“最佳合作奖”“最佳表达奖”等多个奖项。教师可以设计模拟颁奖的场景，对表现优异的学生给予鼓励和嘉奖，或者增加学生的课堂表现分数等方式，增加任务教学模式的乐趣，提升学生英语翻译学习的自信心。

4. 任务巩固阶段

任务活动不能局限于课堂教学活动当中，45 分钟的时间无法最大化展现学生的潜在能力和个性特点。在课堂教学活动结束之后，教师还应该进行适当的教学延伸，以此帮助学生更好地巩固旧知、预习新知，不断提升学生的英语翻译水平能力。在学生完成任务之后，教师可以在课堂教学结束前 5 分钟进行课后任务的布置，可以根据本堂课的教学内容为个人或小组布置课外作业。例如，组织学生进行记者发布会，情境翻译模拟之后教师可以给学生布置“列出记者招待会翻译过程中需要注意的事项”的作业，可以根据下堂课的教学内容布置新的任务，组织学生提前查找资料，为下一次的任务教学活动奠定良好的基础，最大限度发挥英语翻译教学的作用和价值。

第五章　大学英语生态课堂教学及其策略

第一节　大学英语教学的生态特征表现

一、大学英语教学的生态系统认知

大学英语生态教学是一个完整系统，从属于教育生态系统，由一定教育环境的相关要素组成，学界把这些要素分别归结为自然环境、社会环境和规范环境。教育生态系统以人的活动为生态环境主体，按照人的理想建立一套相应的系统要素。

教育生态系统特点包括：社会性，即受人类社会作用和影响；易变性，即不稳定性，容易受到各种环境因子影响，并随人类活动而发生变化，自我调节能力相对较弱；目的性，系统运行的目的除了维持自身平衡外，还需要满足人的需要。教育生态系统的运行，既遵循自然生态系统的某些规律，也遵循社会系统的某些规律。

“教育生态学是将生态系统内在机理映射到教育领域，并针对二者的相互作用和联系性开展深入研究的新兴学科”①，从教育生态学而言，教育生态系统是由生态主体和生态环境构成的有机整体。教育的生态主体主要指学生和教师，教育的生态环境指对教育活动发生作用和影响的环境体系。

教育生态环境包括三个层次，实际上也是教育生态系统的三个层次：一是围绕教育的综合自然环境、社会环境和规范环境所组成的单个或复合的系统，如整个教育工作、教育事业；二是以单个学校或某一教育层次的某一教学单位为中心，构成、反映其内部相互关系的系统；三是围绕学生个体发展而形成的外部环境，即由自然、社会和精神因素组成的系统，如学校自然环境、教育政策、教学活动、教师学生生理心理条件等，大学英语教学生态系统处于第三个层次。

（一）大学英语教学的生态系统构成

大学英语教学生态系统是围绕大学英语教学活动而构建具有生态特性的教学系统，由教学主体（学生、教师等）及其相应的教学环境组成。该系统有其特定结构，正是由该特定结构，决定大学英语教学生态系统的特定功能。教学环境指影响大学英语教学活动的一

① 魏丽珍、张兴国：《大学英语教学的生态特性及教学定位探究》，《环境工程》2022 年第 40 卷第 2 期，第 2 页。

切外界因素的总和，有自然环境、社会环境和规范环境之分。

自然环境是社会环境的基础，而社会环境又是自然环境的发展。自然环境是环绕在人们周围的各种自然因素的总和，如地域、大气、水、植物、动物、土壤、岩石矿物、太阳辐射等，是人类赖以生存的自然生态条件。自然环境是实施教学行为的基础，直接或间接作用于人的身心、认知及审美能力的发展。教学的自然环境更多地指教学的物理环境或称教学条件、教学资源等。大学英语教学的自然环境是社会环境的物质基础。

社会环境是人类生存及活动范围内的社会物质、精神条件的总和。社会环境在教育生态学中，主要指对教学活动产生作用和影响的各种社会条件，也指教学活动与其他社会组织发生的各种关系，包括从社会、政治、经济、文化到家庭的亲属关系、学校的师生关系、同学关系乃至学生个人的生活空间心理状态对教育的影响。因此，大学英语教学的社会环境包括政治环境、经济环境、文化环境、家庭环境、生活环境等，以及教学过程中产生的各种社会关系。

规范环境又称精神环境或价值环境，是人类在社会群体生活中所形成和持有的态度、风气、气质和观念等。教学规范环境是社会普遍的、符合教学群体需求期望的教学规范、教学态度和价值观，包括教育传统、教育政策、社会风气、文化传统、伦理道德、科学技术等环境因子，也是教学要求、评估标准、课程设置目标的教学理念、师生的认知观念。

大学英语教学环境既包括课堂教学环境，也包括学校环境与社会语言环境，但主要指课堂教学环境，还包括学生个体生理心理环境。应该特别注意的是，要重视大学英语教学生态系统内外环境的多维镶嵌性。总体而言，在大学英语教学的一个时空内，教学主体（学生、教师等）和教学环境（非生物因素）共同构成一个互相影响、互相作用，具有物质、能量和信息传递功能的统一整体，以上是大学英语教学生态系统。作为一种独特的生态系统，大学英语教学生态系统同样表现出生态系统的若干基本特性。

（二）大学英语教学的生态系统等级

1. 个体生态

大学英语教学生态关注教育过程中学生个体的存在状态和学生生命体的健康成长。在教学过程中，作为教学生态主体的学生，有着不同的生理特征、心理特征、成长背景，也有着不同的知识结构、语言观、价值观、人生观和世界观，本身就是一个相对独立的生态系统。周围环境（物理环境、社会环境和规范环境）对学生个体生态发挥的作用、产生的影响都不相同。个体生态的物理环境是学生所处的物理教学环境，主要指课堂环境和学习条件。个体生态的社会环境，更多指学生个体与其他个体（学生和教师）之间的关系及其对学生个体的影响。无论是主动或是被动，生态个体总会与其他个体形成某种关系并相互影响，相互作用，而且生态个体往往会把其他个体作为自己的一个镜像。

生态个体的规范环境既有外在的教学规范，例如教学要求、学习要求、评估标准等，又有内在的师生教学理念和语言认知观。现代教育强调个性化的教学，对大学英语教学的个体生态进行分析，有利于发掘不同学生的个体潜能，发展学生的个人才智。

2. 群体生态

生态学中的群体生态指一定栖息地范围内同种或异种生物群体所处的环境状况。在大学英语教学生态系统中，由不同的学生个体、教师个体组成为不同的教学群落，如一个教学班级，一个教学小组。教学群体可以有正式的和非正式的。正式的群体具有较强的稳定性，最典型的正式教学群体是英语教学班级；非正式群体的流动性较强，群体的组成往往出于兴趣、情感或是完成某一教学任务，如学习小组、任务小组、兴趣小组等自然或半自然的群聚体。

生态教育学中，群体性质不同于生态学上的物种内和物种间的关系，由于生态教育学的生态群体是由人组成，人除了自然性，更多的是社会性。因此，群体生态包括群体内人与人之间的关系以及心理效应。教育者和教育管理者通常运用心理学中的群体动力学原理研究人和群体的发展。

3. 系统生态

生态系统的生物成分有生产者（主要是绿色植物）、消费者（主要是动物和人）、分解者（主要是各种微生物）。生产者、消费者和分解者各司其职，保证生态系统内外物质流、能量流和信息流的顺利移动和交换，使系统处于动态平衡状态。大学英语生态教学系统中也有生产者、消费者和分解者之分，但是在划分时不同于生物生态系统中生物功能划分得绝对和明晰。

就高校而言，学校、教师等是物质、能量、信息的生产者，学生不仅是消费者又是分解者，学生通过消费、分解学校提供的资源，生成自身的知识、能力和素质，创造社会财富，也为高校提供生存、发展所需的物质能力和信息，由此形成动态平衡的生态循环。教师开发教学资源、传授知识、引导学生学习和思考，实际上是教学生态系统中的开发者；作为消费者的学生接受并内化从教学开发者获得的知识和技能，是对知能和信息的分解利用，学生也会发挥主观能动性，与教师共同开发教学资源，在这个层面，学生又成为教学生态系统的开发者；教师通过教学和科研活动，其教学、专业能力获得提升，教师又成为教学生态系统的消费者和分解者。

总而言之，在大学英语教学生态系统中，每个生物体的功能都是多元多维的，作为教学主体的学生和教师，通过履行职责，使物质流、知能流（信息流）和能量流在教学系统内外循环和转移，保证教学生态系统的有序运行。

（三）大学英语教学的生态系统规律

大学英语教学生态系统的运行有其自身特有的规律，结合教育生态学比较有共识的基本规律用于大学英语生态系统中，主要包括以下方面：

1. 平衡与失衡

自然界中的各种因子都是彼此间互相联系和制约，并由此构成统一体。因子之间的相互作用达到一个相对稳定的平衡状态就是生态平衡，可见该平衡态是通过自然生态系统的自我调节而达成。生态平衡是动态平衡而不是静态平衡，是相对平衡而不是绝对平衡。当生态系统受到外部干扰超过生态系统自我调节能力的可控范围时，生态系统将无法维持相对稳定的平衡态，被称为生态失衡。一旦出现生态失衡，各种生态问题会陆续出现。在大学英语教学生态系统中，知能信息、物质在各个因子间转换和循环，各教学因子间的相互作用和制约，使教学生态系统处于相对稳定的状态，但是局部生态中教学失衡现象也会发生，需要通过外部干预或内部自调自控机制干预进行调节，使得教学生态系统达到新一轮的稳定平衡。

2. 富集与衰降

生物学中，生物富集或称生物浓缩是生物有机体或处于同一营养级上的生物种群，从周围环境中蓄积某种元素或难分解的化合物，使生物有机体内该物质的浓度超过环境中浓度的现象。在大学英语教学系统中，也有物质、能量、信息的富集过程。一般而言，随着富集度增大，相应地促使教学生态系统向高水平发展，但是在一定时间和空间条件下，并不是富集越多越好，无论是能量、物质和信息都是如此。如果能量、物质、信息富集过多，容易造成物质、能量的浪费和信息的无序。

与富集过程相反，能量流、物质流和信息流都有衰降直至衰亡的情况，这就是衰降规律。以教学资源为例，随着信息化的高速发展和网络普及，学生可以轻松获得丰富的英语学习资源。这些丰富的学习资源有利于帮助学生开阔视野，拓宽知识面，提高学习效率，但是过多的学习资源会对学生的学习产生负面影响。因为一些学生不知道如何选择适合的学习材料而花费大量的时间和精力，学习效果必定不佳。

3. 迁移与潜移

生态系统的物质流、能量流和信息流的循环与交换，表现为宏观上的迁移和微观上的潜移。大学英语教学生态系统的物质流、能量流和信息流同样也表现出迁移和潜移特性。教师讲授课程、向学生演示语言技能，语言知识、信息流动有明确的流向和路径，这是知识、信息的转移（迁移）。知识和信息通过感官进入学生大脑后，学生的认知结构会发生变化，知识、信息被分解为数据，再由数据合成信息，建构成新的认知。这些新的认知将对学生的身心发展产生影响，特别是由于语言是文化和思维的主要承载，这些新的认知将促成学生或是认知的发展，或是情操的陶冶，又或是价值观、人生观和世界观的发展等，这是知识和信息的潜移。

4. 竞争与协同

同一生态环境中的不同物种之间存在竞争，从长远观点来看，物种间的相互竞争最终会导致协同进化。环境的不断变化给予生物个体进化的压力，而环境不仅包括非生物因素，也包括其他生物因素。因此，一个物种的演化必然会改变作用于其他生物的选择压力，使得其他生物也发生变化，这些变化又反过来引起相关物种的进一步演化。在很多情况下，两个或更多物种单独进化会相互影响，形成一个相互作用的协同适应系统。协同进化促进生物多样性的增加以及物种的共同适应，并且维持生物群落的稳定性。这种情况同样也存在于大学英语教学生态系统演化和发展过程中，学生之间的关系也是竞争与协同发展的关系。在教学生态环境中，协同发展表现得更为明显，但竞争关系也使学生学习更有动力。要实现协同发展，需要调整竞争与合作之间的关系。

（四）大学英语教学的生态系统构建

1. 大学英语教学的生态系统构建原则

大学英语教学作为一个生态系统，拥有系统所属的基本特征。按照生态系统的基本特性和教育教学的基本规律，要构建相对理想的大学英语教学生态系统，必须充分体现以下主要原则：

（1）整体性原则。大学英语教学系统是由教学主体（教师和学生等）、教学物理环境（自然环境）、社会环境、心理环境、规范环境（教学目标、教学策略和教学阶段等）等要素构成的统一有机整体。教师和学生脱离教学环境，便不再是严格意义上的教师和学生，而没有教师或是学生的教学，同样不再是教学活动。教学系统中的教学目标、教学策略也不是先于教学系统而存在，而是在教学系统不断优化和发展中逐步形成和完善。关注各个要素的同时要考虑系统整体的平衡性，而系统整体的稳定和发展也是各要素共同作用的结果。因此，在构建相对理想的大学英语教学生态系统时，必须把系统的整体性放在首要位置，并发挥其作用。如此强调整体性，关键在于要使组成系统的各种要素在遵循规则的过程中整体发挥作用。

需要特别注意的是，在研究教学系统中各个要素时，既要将学生看成是整体系统中的一个重要部分，又要把学生看作是一个完整的生命有机体，尊重其认知、情感发展的规律，赋予学生完整的生命教育。英语教学策略与教学方法也有各自特点和规律，在尊重这些规律和特征的同时，需要考虑如何优化和加工，才能使其为英语教学系统的整体目标服务。

生态世界观强调世界是一个具有内在关联、活的生态系统，是由事物间动态的、非线性的、永无止境的相互作用组成的复杂关系网络，呈现为一个不可机械分割的有机整体。整体性是生态系统内部各组成要素，并不是彼此独立，而是有着联系，它们相互联系、相互制约，共同组成一个具有一定功能的有序整体。需要明确一点的是，整体功能不是各组成部分的简单叠加，而是通过各组成部分有秩序、有规律地结合形成整体所拥有的特定功能。

运用整体的观点考察大学英语教学系统，可以发现，大学英语生态教学模式是由教师和学生等生态主体、多维生态因子与环境相互作用、相互影响，共同形成一个复杂而统一的整体。各组成部分具有不同的特点和功能，在整个教学模式的不同时空位置上发挥不同作用。只有各生态要素协同发展，才能促进大学英语教学整体功能发挥，实现整体发展。由于在大学英语教学中，各生态因子存在相互联系，其发展不可能是无限制的，而是受到其他因子和环境影响及制约。正是通过各因子之间此消彼长、竞争与共生，才使得整个系统得以不断发展，从而不断追求大学英语教学整体的最大效益。具体而言，大学英语教学生态系统的整体性表现在以下方面：

①大学英语教学系统中生态主体本身就是一个有机、系统的整体，体现作为个体“人”的整体性。在该系统中，学生是最重要的生态主体，大学英语教学不仅要关注学生语言知识的习得，更要把学生看作一个完整的生命有机体，注重情感、价值观等方面的发展，赋予学生完整的生命教育，才是生态化大学英语教学的出发点和落脚点。

②生态化大学英语教学系统中的师生是一个统一整体。师生关系从传统的教与学转变成平等对话、互惠互利的生态关系。教师的“教”要以学生的“学”为基础，教师教学方法的使用、教学语言的选择和教学手段的取舍，都要以学生为中心，尊重学生身心发展规律；学生的学习态度、学习行为和学习兴趣也影响教师情绪的变化和教学能力的发挥。因此，只有建立生态型的师生关系，师生整体才能得到优化，实现师生“共生”。

③大学英语教学活动的各部分应该具有整体性，主要表现在：教学目标上的整体性，包括知识、技能、方法、情感等培养，是为了促进学生全面发展；教学内容的整体性不仅强调课内与课外、教材与现实的整体联系，也主张相邻知识或性质相近学科间的整合，主张跨学科或超学科互动；教学评价的整体性指要把学生看作完整的人进行全面评价，不能仅对学业的评价或是侧重于某一方面进行评估。

④生态主体与环境也是不可分割的一个整体。大学英语教学中的空间环境（如教室的大小、桌椅摆放等形成的环境）、文化环境（如师生服饰、习惯风俗等形成的环境）及精神环境，无一不对师生的教和学产生直接或间接影响。

⑤大学英语教学系统本身就是一个整体，教学中的每一个因子都有其存在价值，大学英语教学的成功在于各因子的综合作用，实现其整体效力。

（2）相关性原则。高校内的教务部门、英语教学机构、学生班级，教务人员、教师、学生、校园环境、实验室、实践基地，教学制度、教学要求、教学模式、教学管理、教学方式等，都是紧密联系、相互依赖、相互作用，作为系统要素，表现为一种相互关联的共生态，各要素互为条件并相互影响，就是系统的相关性。

教师为学生的学习提供服务，学生又是教师存在的条件。同时，学生之间也存在共生性。不同教育群体处于同一个教育生态系统中，为全面发展而创造良好的校风、班风，彼此间相互学习、相互鼓舞、相互提高，体现互助和互惠关系。因此，必须高度重视系统相关性的特质，正确处理各要素之间的关系，使之相互协作、相互支持、相互补充、相互理解，才能充分发挥各自的积极性、创造性，形成强大而健康的合力，使高校大学英语教学环境成为一个充满活力、生机勃勃、有序运行、高能高效的教学生态系统。

（3）有序性原则。构建相对理想的大学英语教学生态系统，遵循有序性原则显得尤为重要。在大学英语教学生态系统内部，各个子系统、各个要素均是层次等级结构，其形态特征是稳定有序的。但事实上，形态特征的稳定有序并不能说明实际运行一定稳定有序，这是在构建相对理想的大学英语教学生态系统时所关注的一个核心问题。需要特别指出的是，对大学英语教学活动总是希望其过程稳定有序，是完全正确的，但这种愿望和追求又不能过于绝对，因为波动和无序也是客观存在、不可避免的。

有序使人们便于驾驭局势，便于操控实际工作，实现既定目标，但这样的有序也会束缚和限制人们主动性、创造性的发挥；无序会干扰有组织、有计划、有目的的工作，但是会带来自由发挥和机动调整的新因素，带来可供选的新机会，由此而纠正或者完善既定计划方案中实际存在的误差和不足。因而，有序和无序都是人们在工作中发挥主动性和创造性的必要条件，同时又互为限制因素，两者彼此适中才能构成系统的不断优化。这一点对于创建相对理想的大学英语教学生态系统格外有启示，因为要构建的系统是一个自由活跃、充满和谐和生机的系统。

（4）协变性原则。协变性是当系统出现变化，特别是出现无序时，通过系统内部的协同作用，使系统实现有序。实际上，大学英语教学过程是一个动态起伏的过程，有智慧、有经验的教师会把这种动态起伏把握得恰到好处，做到动静有度，起伏有序。在英语课堂上，教师、学生以及他们的心理情感总是相互作用、相互影响，一个因子的变化会导致另一个因子发生变化。这种变化作为系统要素因子可能是维护系统的有序性，也可能是影响系统的有效性。如果是后者，则要通过系统内的协同组织功能消除这种影响，使系统重现有序。

教师的教学理念将决定其选用的教学模式、教学方法和教学资料，不同的教学模式、方法和教材对学生的知识结构和认知能力将产生不同影响。学生也许一时不适应，但会努力做出心理调整，使知识结构和认知能力适应教师教学发生的变化。学生的认知结构和认知能力变化，反过来又将改变教师的教学理念，教师或将坚持其教学理念，又或将对已有的教学理念重新理解，甚至放弃。协同变化还表现在教师和学生间的情绪变化，学生的情绪会直接影响教师的情感，在积极的课堂情感环境下，学生的主动参与会提高教师的教学热情。反之，学生没有热情，教师的情绪也会受到影响。同样，教师的情绪也会传染学生，亲切热情的教师更加富于感染力，更能调动学生的积极性和兴趣。

（5）可持续发展原则。可持续发展强调持续性、共同性和公平性原则，认为事物发展的各阶段都是相互依存的，目前的发展是将来的基础，要保证事物持续性发展；强调发展的整体性和协调性，认为任何一方的发展变化都会作用于整体，不能因为一方发展而损害另一方，甚至整体利益；强调各个生态主体都拥有平等权利，应当互相尊重。

人类社会的可持续发展，在很大程度上取决于生态主体，即人的因素，而教育作为社会大系统下的一个子系统，担负培育生态主体的重任，会对生态主体的观念、素质和行为产生巨大影响。大学英语教学作为教育系统中的一个子系统，也应当肩负起育人重任，秉承可持续发展原则，主要包括：

①大学英语教学生态系统作为一个可持续发展的系统，其优化应当以培养个体的可持续发展为目标，重点是使学生获得终身学习的能力，即学会如何学习、怎样学习。人们不可能掌握全部知识，能够做的是培养掌握知识的能力，只有拥有能力，才能增强在社会中生存和发展的潜力，才能赋予个体旺盛的生命力。

②从可持续发展的角度看，大学英语教学的优化不仅包括英语知识的传递与习得，更应该重视学生身体、心理的健全发展，忽视任何一方都会对另一方产生影响，不利于学生生命的健康成长。

③教师、学生、环境和其他生态因子都是大学英语教学系统可持续发展的必要组成部分，教师或学生的发展不能以失去教学环境或其他因子的利益为条件，师生和其他各因子是一个统一整体，任何一个因子的缺失或损坏，都会引起整个大学英语教学的不正常运行。因此，大学英语教学的可持续发展应当兼顾全局，注重整体效益的发挥。

大学英语教学生态系统的可持续发展在于系统的生命力，即生命存在的能力和生命发展的能力。对于构建相对理想的大学英语教学生态系统并充分体现其可持续发展能力，主要依赖于：一是系统本身的科学性、合理性，换言之，该系统不完全是主观产物，而是客观需要的产物，它的存在、发展、运行是有规律的，是合乎历史逻辑和常理的；二是该系统运动的动力是源源不绝的，有持续不断的信息、物质、能量输入和输出，维持和更新系统本身的动态平衡和发展需要；三是系统运行的可靠性和可控性，即该系统是有序和无序的有机结合，是可靠的，也是可以驾驭和控制的，能够通过有效调节，维持其正常运行的状态；四是系统的各个子系统、各个要素的主动性和能动性，都是积极的而不是消极的，是主动而不是被动的，是求新求异的，而不是守旧保守的，都有使系统更优的普遍心理追求和实际行动。

学生自身的可持续发展，在于该系统要将学生塑造为人格健全的，会生存、会创造、会发展的能动的人，是全面发展的人。现代教育的价值取向是追求人的发展，追求人的全面发展。人的教育与发展不仅要求知识的积累、观念的更新，更要求人的综合素质培养和提高。人是可持续发展问题的核心，教育的可持续发展强调在不同阶段关注发展个人的意识、能力、态度与价值观；强调学会生存、学会生活和学会发展，使其能够有效地参与地方、国家的可持续发展行动，以建立更具公平性及可持续发展的未来；使其具有整合环境、经济与社会问题的决策能力和执行能力。

2. 大学英语教学的生态系统构建要求

大学英语教学生态模式是大学英语教学系统、大学英语教学政策系统和教师、学生心理情感系统以及高校所处自然环境、社会环境的复合体。构建相对理想的大学英语生态教学系统模式，最关键的是两个条件：一是组成该系统的各要素应比现有要素更优越、更强健；二是由这些要素所组成的系统结构比现有的系统结构更优越、更科学，才能保证系统更优越、更高效、更强劲，实现人们对大学英语生态教学模式所期望的功能效果。因此，构建相对理想的大学英语教学生态系统，至少有以下五个方面的基本要求：

（1）必须是一个紧密联系系统。联系是事物本身的固有属性。系统是由一定数量并相互联系的要素组成，是事物普遍联系的一种状态。联系导致事物之间及事物内部各要素之间相互影响和相互作用。在相对理想的大学英语教学生态系统中，作为要素的高校各有关部门（尤其是教学管理部门）、各院系（尤其是承担大学英语教学任务的外国语学院）、各专业、各班级以及教师、学生、教学空间等，还有大学英语教学政策系统、教师学生情感系统及其各要素，均应是紧密结合、有机联系的。换言之，这些要素的存在和组合需要紧密联系，其组织、机制和秩序要便于系统有目的地运行。因为紧密联系才能构成系统的整体性，才有可能实现整体大于部分之和。这种紧密联系使各要素相互依存、相互制约、相互作用，是系统高效做功的反应。这种紧密、有机的联系也是系统的结构性和相关性的保证，而结构性和相关性又是决定系统整体功能的关键，结构愈合理，相关度愈大，整体内能愈好，反之亦然。

（2）必须是一个稳定有序系统。系统具有严密的结构和稳定等级层次，以体现系统的组织化及各要素之间不可分离的相关性，也是系统运行稳定有序的基础和前提。相对理想的大学英语教学生态系统，则是一个稳定、按规则运行、易于调控的高效高能系统，必须限制、消除无序，保证和扩大有序，也要正确处理有序和无序的辩证关系。高校的大学英语生态教学系统，其结构关系、等级层次、运行秩序都应是严密的、明确的，校级的教学行政管理部门及各相关部门的职责、任务、工作方式与内容，院系及外国语学院的职责、任务、工作方式与内容，教师、学生的任务和教学方式、学习方式内容，都要明文提出要求，并要有严格的执行和检查督导机制，才能够及时消除工作中的无序和干扰，保证整个教学活动稳定有序地进行。

（3）必须是一个开放创新系统。开放系统是与周围环境和相关系统发生信息、物质、能量交换的系统，是一个活的系统。开放系统一旦切断与外界信息、物质能量的来源，便会影响系统的稳定有序。同时，系统的自组织能力能够在一定条件下应对和抗拒外部干扰，保证系统的稳定性。开放的系统一定要不断吸收外来事务，以维持和发展自身运动。构建相对理想的大学英语教学生态系统，必须是一个开放系统，也必须吸收外部信息、物质、能量，保证自身运行。教育的开放与交流是人类文明进步的表现，创新是事物发展的不竭源泉，也是系统不断进步、不断优化并朝着最优状态接近的强大动力，对于相对理想的大学英语教学生态系统建设尤其重要。因此，相对理想的大学英语教学生态系统必须是一个改革创新的系统，是一个兼收并蓄、对外开放的系统，以保证系统的可持续发展。

（4）必须是一个自调自控系统。为了保持和发展系统的稳定、有序和高效，相对理想的大学英语教学生态系统必须具有自我调节、自我控制、自我纠错的机制和功能。对此，要求系统的自组织能力、环境适应能力、协同调处能力、信息反馈能力强。其中，最关键的是系统不仅能够很快发现外界干扰，而且能够很快发现自身运行中出现的问题，既可以及时对抗干扰，又可以及时自我纠错，使系统按照既定目标继续有序运行。相对理想的大学英语教学生态系统，应该展现自调自控的能力。因为高校的大学英语教学是一个庞大复杂的系统，系统本身和系统运行受到外界干扰是不可避免的，随时都有可能发生，但出现这些问题的系统，首先要有自己解决问题的能力。

（5）必须是一个充满活力的系统。活力指旺盛的生命力，行动、思想和表达上的生动性以及积极的情绪和心境状态。活力包括三个方面，即体力、情绪能量、认知灵敏性。把“活力”的概念移植到大学英语教学生态系统中并作为一个特定功能，要求相对理想的大学英语教学生态系统具有旺盛的生命力，充满无限生机。具体而言，该系统中的人（管理人员、教师、学生）身体健康，精力充沛，饮食、睡眠良好，业余活动积极向上，思维敏捷、工作和学习效率高，充满自信，追求卓越，动机强烈。

大学英语教学生态系统的管理人员应该恪尽职守，既坚持原则，以人为本，实行人性化管理；教师不断改进教学方法，因材施教，倾听学生意见，课堂生动活泼，既教书又教人；学生学习积极主动，能够把握情感情绪，以饱满的热情上课听课，并热衷师生互动。该系统所遵照执行的各项政策、规定制度，其指导思想正确，内容切合实际，既能规范各项教学活动，又能体现民主管理，调动师生员工的积极性和创造性。

二、大学英语生态课堂的特征表现

大学英语生态课堂是学生生命成长的过程，在这一过程中，学生通过各种课堂活动与生态课堂的其他因子相互联系、相互作用，共同成长，因此，我们将大学英语生态课堂定义为了学生生命的发展，依据生态学的理论和方法而开展的各种英语语言教学实践活动。传统的大学英语课堂无法获得较好的教学效果，究其原因主要是课堂生态存在种种失衡因素，这些失衡因素主要表现在课堂生态主体与课堂生态的失衡、应试教学目标与生命全面发展失衡、教与学的失衡和课内学习与课外运用的失衡这四个方面，因此人们转而追求一种高效的、生态化的课堂教学。

教育要以人为本，大学英语生态课堂同样关注人的生命的发展。人的生命发展是多方面的，先是学生的个体发展。学生个体的发展主要表现为个体身心的和谐发展、保持有探究的好奇心、求知的欲望、解决问题的能力、与他人合作、交流的能力，以及对国家、社会的责任感等。学生个体的发展还包括批判性思维能力和创新能力的发展。但是，学生个体的发展不应以忽视其他个体的发展作为某些个体发展的条件，因为教育要面向全体学生，要兼顾不同层次的学生能力发展。因此，学生个体的发展是全体学生发展的前提，而全体学生的发展和可持续发展则是教育始终追求的目标，这一目标贯穿着教育对学生生命成长的关怀。

因此，大学英语生态课堂的本质就是学生生命的成长过程，学生通过生态课堂吸取自身生命成长所需要的营养，同时又以物质、能量与信息交换的方式反哺生态课堂，为他人生命的成长创造条件。大学英语生态课堂这种物质、能量与信息交换的良性循环，为学生生命的成长和可持续发展提供了良好的生态环境。因此，学生个体的发展、全体学生的发展和可持续发展是大学英语生态课堂关注的永恒主题。生态课堂是一个由教师、学生、教学内容、教学环境、教学方法等因子构成的一个小生境。在这个小生境中，作为生态主体的教师发挥着主导作用，而作为生态主体的学生发挥着主体作用。生态主体（师生、学生）之间、生态主体和其他环境因子之间相互联系、相互作用，使大学英语课堂形成一个不可分割的有机生态整体，共同完成大学英语教书育人的生态功能。大学英语生态课堂的特征主要表现在以下方面：

（一）整体性特征

所谓整体性，就是把大学英语课堂看作为一个小生境，关注生态课堂的每一个因子及它们之间的相互联系和相互作用，最大限度地优化各种因子的生态位，减少限制因子的数量，降低限制因子的副作用，使大学英语课堂的生态功能得到充分发挥。根据生态学的整体观，大学英语课堂生态中的任何一个因子发生变化，都会引起连锁反应，继而打破课堂原有的生态平衡，破坏课堂的有序发展。例如，随着时代的发展，学生对语言除了有工具性方面的要求以外，尤其关注语言的人文性，因此，大学英语教学理应与时俱进，充分挖掘教学内容所蕴含的人文性信息，满足学生人文发展的要求。如果仍然停留在语言的工具性层面，势必妨碍学生的学习积极性，削弱大学英语教学教书育人的生态功能。

（二）多样性特征

所谓多样性，首先是生态课堂因子的多样性，这些因子包括教师、学生、教学内容、教学环境、教学方法等；其次是每个因子本身特征的多样性，例如，作为课堂生态主体的学生具有不同的性别、年龄、学习动机、学习策略、学习风格和自我效能感。多样性既是大学英语生态课堂的内在规定性，同时也是各个因子的内在规定性。大学英语课堂教学因遵循这些因子的内在规定性，不以强制的外在力量去约束学生，而是从学生生命成长的实际需求出发，通过精心的教学设计和合理的资源配置，因材施教，从而使每一个学生在生态课堂上绽放异彩。

（三）共生性特征

所谓共生性，是大学英语生态课堂主体之间的相互联系和相互作用，共同生长。作为大学英语生态课堂主体的教师和学生，其共生性主要表现在：一是互利共生关系，即因子之间的相互联系和相互作用是积极的，能够促进彼此的生长，例如，师生之间教学相长的关系以及学生之间的互助合作关系。二是偏利共生关系，即生态主体之间的相互作用只是对其中的一方有利，而对另一方没有任何影响。传统的以教师讲授为主的课堂最容易滋生偏利共生关系。三是无关共生关系，即生态主体之间的相互作用于彼此既没有好处，也没有坏处，产生这一现象的主要原因是师生之间、学生之间缺乏物质、信息与能量的交换。由于互利共生关系能够有效降低生态课堂的内耗，提高教学效率，因而倍受大学英语生态课堂的青睐。

（四）开放性特征

所谓开放性，是生态课堂及其因子不是封闭的和一成不变的，而是在不断地与外界进行物质、能量与信息的交换，探索适合自身发展的生态位。首先，英语教学需要打破课堂教学时空的局限性，把课堂延伸到社会，引导学生走出教室小课堂，走进社会大课堂，强化课内学习与课外运用的关联，注重课堂教学与外界社会的互动。其次，教学目标、教学内容、教学方法等因子也要与时俱进，只有这样才能满足学生生命成长的需求。长期以来，大学英语教学一味地强调语言的工具性功能，忽视了语言的人文性功能，致使大学英语教学裹足不前。新的课程教学要求对语言的工具性和人文性并重，在强调学生语言能力发展的同时，也强调学生人文素养的培养，生态课堂的开放性给大学英语教学注入了新的活力。

（五）动态平衡性

所谓动态平衡性，是大学英语生态课堂沿着平衡—不平衡—平衡的轨迹发展。动态平衡性是教育生态学的核心思想，也是大学英语生态课堂的核心理念。根据生态课堂的动态平衡性，大学英语生态课堂的平衡只是暂时的，随着因子之间的相互作用和此消彼长，生态课堂原有的平衡必然被打破，而一旦这种平衡被打破，就需要建立新的平衡。例如，当学生的语言输入达到一定的量以后就产生了语言输出的要求，那么教学活动也应该顺应这一要求。换句话说，语言输入阶段的平衡被打破了，就需要在语言输出阶段建立新的平衡。这一过程实际上是一个由量变到质变的过程，也正是在这一过程中，学生的语言能力和人文素养得到提高，学生的生命得到发展。这种平衡—不平衡—平衡的发展过程也就是学生生命发展过程的真实写照。

生态课堂的本质是学生生命的成长过程，而学生生命的成长需要一个健康和谐的生态环境。大学英语生态课堂以学生生命的成长为出发点，积极协调生态课堂各因子之间的关系，努力营造一种互利共生的教学环境。生态课堂不再是一种封闭式的课堂教学，而是根据学生实际需要调整教学目标、教学内容、教学方法，合理配置教学资源，最大限度地优化各个因子的生态位，使生态课堂这一环境的教书育人功能得以充分发挥。

第二节 大学英语课堂生态结构及其功能

一、大学英语课堂生态结构

结构的“结”表示结合、联系之意，“构”是表示结构、框架之意，结合起来，结构就是指若干组成部分按照一定的关系结合而成的一种架构，常用来表示事物的存在状态。结构主要包括两层含义：组分和关系，即由什么构成，以什么关系存在。一个生态系统，有了组分还不够，还需要有一定的结构才可以运转，才可以实现其功能。生态系统结构包括两种：形态结构和营养结构。形态结构是生态系统在内部和外部的配置、质地与色彩。营养结构是营养为纽带，把生物和非生物紧密结合起来，构成以生产者、消费者、分解者为中心的抽象结构。形态结构包括内部基本构造和外部呈现形态。

一个生态系统的基本构造主要由生物（按功能可细分为生产者、消费者、分解者）和非生物环境（可分为无机物质、有机化合物和气候因素）构成，它们之间相互利用。如果具体到特定的生态系统，则生物的类别和个体、环境的构成均有所不同，而且会因受到营养结构的影响而出现不同的外部呈现形态，因此不便用统一的图形来表示，但内部的基本构造仍然可以抽象出来。营养结构中的生产者、消费者、分解者是依据它们的生态系统中的功能而划分的，而与分类类群无关，所以又成为生态系统的三大功能类群。来自太阳的能量通过生产者的光合作用输入生态系统，逐级流动，形成生态系统三大功能类群的营养结构。

将课堂生态类比为自然生态，有其基本的内部构造和营养结构。课堂生态的基本构造可以简化为人（课堂生态主体）和环境（课堂生态环境）两个维度，“人”相当于自然生态系统中的生物，课堂环境相当于自然生态系统中的非生物环境。其中“人”可以细分为教师和学生，课堂环境可以细分为教材、教学手段、课堂布置、教学氛围、师生关系、规章制度等，课堂生态系统中的这些生态因子相互作用、相互影响、相互依赖，共同构成一个生态整体。课堂生态中的基本营养结构是：教师是生态系统里的生产者，将来自外部世界和自我经历的信息（知识）消化转换，以学生能够吸收的方式通过课堂环境传授给学生，学生消化分解这些信息（知识），再通过课堂环境给老师一定的反馈。

但是，课堂生态作为一种社会生态，又有与自然生态不同的地方。随着教育生态学的不断发展，人们对课堂教学本质的认识不断生态化，对课堂生态系统中的各生态因子以及这些组分之间的关系也有了更深的认识，促进了课堂生态的形态结构和营养结构不断进化。对课堂生态结构的研究需要确立两个方法论的前提：①运用结构观点，以关系思维而非实体思维，把握课堂生态要素之间的关系；②运用过程观点，揭示课堂生态要素之间的互动，以动态的观点来把握课堂生态。

传统的课堂结构观认为，课堂教学就是一个教师将知识通过一定的方式和手段传授给学生的过程，这个过程涉及很多教学要素，如教师、教材、教学观念、教学方法、教学手段、学生、环境等，传授知识的过程基本是单线流动的，方式以教师讲授为主，教学的目的是帮助学生成长。现代生态学的核心思想是追求和谐与共生，和谐之关系维度的和谐，共生指生物的共同生长。生态教学观认为：课堂是一个复杂的生态系统，系统的分组（教师、学生、课堂环境）之间相互作用、相互依赖，甚至相互交融和转换，形成各种关系，各种关系需要和谐，以实现师生的共同成长。

在课堂生态系统中，教师是系统内部信息（知识）的主要生产者，但不再是唯一的生产者，课堂环境中的某些因素（如计算机网络多媒体等）也可以成为信息之源。同样，某些学生也可以成为信息之源、知识之源。学生主要是学生，是信息的消费者和分解者，但部分学生在一定情况下也可以成为系统中的生产者，提供知识，在一定意义上履行教师的职责。在现代课堂生态中，教师也不再是单纯的生产者，他也同时成为系统里的消费者和分解者，在一定程度上吸收来自学生、同事以及环境的知识。这样，教师和学生都同时具备三种功能身份，是系统里信息的生产者、消费者和分解者，不过有主次之分，教师主要是生产者，学生主要是消费者。教师、学生、环境之间通过课堂交互活动，实现能量流动和信息流通。

关于课堂环境，传统结构观强调课堂环境主要是课堂气氛和教师环境，现代生态教学观还没有形成统一的认知。一般而言，可以将课堂生态环境分为客体性课堂生态环境、派生性课堂生态环境和客体性课堂生态主体三类。客体性课堂生态环境是那些独立于课堂生态主体的主观意识而客观存在的课堂生态环境因素，主要是物理因素，如教室的布置、仪器设备等。派生性课堂生态环境是那些由课堂生态主体派生而形成的课堂生态环境因素，如教材、教学方法与手段、班级学风、管理制度等，是社会环境和规范环境的组合。客体性课堂生态主体是作为客体性环境因素而存在的课堂生态主体，主要是就教师个人因素和学生个人因素而言的，包括教师专业素质、师生个性倾向等。但这种分类方法也有难以理解之处，先是“客体性课堂生态主体”作为一种课堂环境的名称容易引起歧义，另外，派生性课堂生态环境中的教学方法似乎也应该属于客体性课堂生态主体的范畴。

一般而言，课堂环境应该考虑三个维度：①结构维度，即课堂环境由哪些生态因子构成。心理学认为环境是生物有机体周围各种条件的总和，是某一特定生物体或生物群体以外的空间以及直接或间接影响该生物群体生活与发展的各种因素。在这个意义上，课堂环境应包括课堂设施和布局、现代信息技术和教材等教学媒介、教师的教学理念和方法、学生的学习态度等。需要特别指出的是，社会生态中的环境也包括人，因此教师、学生在一定的条件和情况下也起着课堂环境的作用。②关系维度，即课堂生态系统中各生态因子之间的交互关系，主要是教师的情感态度、学生的情感态度、师生之间的关系、师生与环境的关系等。③文化维度，即维持和改进课堂生态系统运行的各种课堂文化（荣誉班级、学习氛围等）和规章制度。

以上三个维度的看法，为了理解上的便利，可以从时空维度进一步理解，第一个维度是课堂教学之前就确定了的客观情况，不妨称为课前生成的环境；第二个维度是通过课堂教学中的交互现场形成的情况，不妨称为课中生成的环境；第三个维度是通过课堂上的各种反馈而形成的学风或相应制定的制度等，不妨称为课后生成的环境，这三种环境是一种动态的概念，它们之间会随着时间的推移而相互转换。换言之，这次课堂过程中的交互关系语境，如学生对老师的看法和态度，如果固化下来，就成了下次课的课前生成环境；如这次课堂上形成了一个良好的互动氛围，如果固化下来，形成了班风，则成了下次课的课后生成环境。

从结构、关系和文化三个维度理解，课堂环境既影响着教师和学生的教与学，同时也受教师和学生的影响而变化。教师、学生、课堂环境之间以及他们 / 它们的个体之间实现着交互甚至交融，形成了网络状课堂生态结构。李森等认为，课堂生态的结构关系主要表现为交叉结构，其实质是教师和学生以课堂环境为中介的互动和发展，教师和学生在课堂环境中进行各种交互活动，同时给课堂环境带来新的质的变化，从而不断呈现出新的课堂形态结构。

我们在提到“课堂生态”时，就是课堂生态系统所表现出来的状态，它是通过课堂中各属性间的相互关系来表现的。课堂生态强调的是一个实然状态，具有客观存在性，即课堂“看上去”如何，因此，所有的课堂都必然会具有生态。生态课堂是个不同的概念，这里的“生态”是作为形容词使用的，意思是“生态的”或“生态化的”，词语的感情色彩趋于褒义。准确一点说，生态课堂是用生态主义的观点来理解课堂、建构课堂，是一种理想化的课堂，是一个教学效益最佳的课堂。生态课堂强调的是一个应然状态，即应该是一个怎样的课堂，具有主观人为性。生态课堂的内涵包括课堂中和谐平衡的环境生态、文化生态、行为生态、心理生态、关系生态等。生态课堂本质上是内外关系和谐的、利于师生共同成长的课堂生态。课堂生态和生态课堂的联系在于，课堂生态是生态课堂的内容和基础，生态课堂是课堂生态的方向和目标。构建生态课堂，可以立足于对现有课堂的生态进行考察、分析，使低层次、欠和谐的课堂生态系统发展为高层次、和谐的课堂生态系统。

课堂生态结构不是一成不变的，它是动态的，会随着各个生态因子的变化而发生演变，甚至突变。教师的责任心、学生的学习态度、信息技术的应用、教室环境的布置等等都会影响系统内能量流动和信息流通的方式和路径，形成不同的教学模式。复杂的课堂生态系统活动可以提炼为六个要素：目标、任务、社会结构、角色、资源以及时间和步调，体现三种不同的教学关系和课堂生态：讲授式课堂生态、建构式课堂生态和共建式课堂生态。讲授式课堂生态是以教师为中心的传统教学法，课堂生态的能量流动和信息流通主要由教师控制。建构式课堂生态是基于建构主义理论的、以学生为中心的新型教学法，课堂生态的能量流动和信息流通主要由学生控制，教师的角色转变为助学者。共建式课堂生态是一种理想的课堂生态，是基于生态理论中的共生原则，摆脱了一元主体，体现了主体间性，教师和学生都是课堂生态中的学习主体和创造主体，通过探索和发现实现共同成长。这三种基于过程的课堂生态是一种动态的关系结构和营养结构，在具体的课堂教学中有可能交叉出现。三种课堂生态各有利弊，但是以建构主义观点和生态教学理论来看，建构式课堂生态和共建式课堂生态更是生态课堂的追求。

二、大学英语课堂生态功能

功能是有特定结构的事物或系统在内部和外部的联系和关系中表现出来的特性和能力，凡是系统都具有功能，系统的功能指由系统行为引起的、有利于系统所处的环境中某些事物或整个环境发展和存续的作用。这里的系统行为指系统相对于它所处的环境表现出来的变化。生态系统有三大功能：能量流动、物质循环和信息传递，它们共同维持着生态系统的正常运转。课堂生态是教育领域里的一个微观生态系统，因此也具有生态系统的一般功能。具体地说，课堂生态的功能就是指课堂生态系统内部各生态因子之间的相互作用或系统与外部环境之间的相互作用给系统内、外带来的积极作用，这种作用只能在系统与环境的相互作用过程中才会表现出来。结构和环境决定系统的功能。

课堂生态在形态结构上表现为教师、学生、课堂环境相互作用而形成的整体，在营养结构上表现为系统与外部环境的物质、能量、信息交换与传递，以及师生依靠教学活动完成系统内物质循环、能量流动和信息流通，维持系统的正常运行。在这样的结构和环境中，课堂生态系统会对系统组分、系统本身以及系统所处的环境产生一定作用。课堂生态是一个生态系统，课堂生态主要是课堂环境，尤其是派生性课堂生态环境。结合课堂生态的性能和生态课堂的表征，从系统对内部结构、内部关系、系统整体以及社会所产生的作用，可以归纳出课堂生态的以下四大功能：

（一）优化结构功能

课堂生态的基本结构是相对稳定的，由课堂生态主体和课堂生态环境组合而成。课堂生态的营养结构也是比较清楚的，教师生产知识，学生消费知识，环境在过程中起着媒介的作用，在这点上教材扮演着重要角色，学生通过对教材的学习增强自己的知识，提升自己的能力。但是，随着人们生态理念的加强，许多固有的格局被打破，例如，教材不再是知识的唯一载体，网络和多媒体成为重要的知识载体。教师不再是知识的唯一提供者，学生可以互相学习，环境本身也具有一定的教育功能。学生不再是知识的被动吸收者，而是知识的体验者、探究者、发现者和创造者。在这些生态理念的推动下，课堂生态因子之间的互动随之发生变化，课堂生态逐渐由传统型向建构型、共建型等新的生态结构演化，在此过程中课堂生态系统得到不断优化。

（二）调谐关系功能

教师和学生是课堂生态里面的生态主体，他们之间的关系是课堂生态的重要构成和主要关系。师生关系是流动的、互为依存的，通过课堂教学活动不断调整变化。生态视野下的课堂追求师生之间更多的交互，提倡学生更多的课堂参与。这些教学活动给系统输入新的动能，促成一种新型的互相尊重的和谐师生关系的诞生。此外，生态视野下的课堂打破传统课堂中教师和学生二元对立的模式，重视主体性，强调学生与老师之间、学生与学生之间、老师与老师之间的多元互通。师生交互的过程中，必然伴随着情感的交流，情感信息在各种生态因子之间发生流动，形成情感交流的动态网络。学生的情感态度会影响老师的教学，老师的情感态度会影响学生的学习，师生在教学生态中不断通过反馈自我调整情感，有利于师生关系的和谐。同时，课堂生态中主体与客体的关系也通过系统的反馈不断优化，关系趋向更加和谐。

（三）促进演化功能

生态系统的正常运行必须依靠系统与外部环境的物质、能量和信息交换以及在内部的流通，这是系统动力的源泉。课堂生态是一个社会生态，系统的能量并非来自太阳，而是来自师生的课堂交互活动以及系统外部环境的影响。良好的师生关系、好的教学方法、好的学习资源、正面的社会期待等都能对教学产生促进作用。系统的信息主要来自老师对外部学习资源的转化以及自身的生产创造。伴随着能量和知识的输入，系统内产生了驱动力、信息流和能量流，它们在系统内流通，促进了师生的成长和环境的优化，促进了系统的运行和自然演化。最初来自外部环境的知识和智能最终通过学生的消化吸收，以自己对社会的贡献等方式返回到社会大生态中。

（四）生态育人功能

生态系统的最根本功能是提升生产力，课堂生态的根本功能是培育人才。这里的生态育人包含三层意思：①生态主体的共同成长。人是教育的核心元素，育人是教育的根本任务，所以课堂生态的功能归根结底是育人的功能。和谐与共生是生态课堂的根本属性，教师和学生的共同成长是生态课堂的最终目标。传统课堂主要关注学生的发展，生态课堂尊重生命的光彩，包括教师和学生。而且，教师的成长和发展又会反过来促进学生的成长和发展，生命的共同成长进入良性循环。②生态主体的均衡发展和可持续发展。传统课堂主要关注学业成绩，把学生当作产品批量生产，学生的能力提升和情感体验被忽略。现代课堂生态更加关注人的全面自由个性发展，提倡多样性共存。可持续发展指对学生的培养更加放眼长远，注重自主学习能力的培养和终身学习理念的传输，最终通过人的可持续发展促进社会的可持续发展。可持续发展是现代生态学研究的重要领域和重要思想。③育人方式更加生态、更加科学。传统课堂认为，学生是教出来的，没有教不好的学生。现代课堂生态更加重视学生的主观能动性，认为知识是靠自己参与活动体验出来的，是靠自己探究发现出来的，要发展自己的判断能力和自主学习的能力。因此灌输式教学不是生态课堂的追求，建构式和共建式课堂是现代课堂生态的主要形态。

需要注意的是，系统的功能是由结构和环境共同决定的。系统的基本结构具有稳定性，但是系统的外部环境会发生变化，变化了的外部环境会对系统产生扰动，系统与外部的物质、能量、信息交换就会随之改变，系统与环境相互作用的过程和效果就会受到影响，最终导致系统功能异变。所以，系统功能比系统结构具有更大的可变性。大学英语课堂生态具有一般课堂生态的特征，结构和功能相对稳定。但是，当信息化大学英语教学改革实施后，大学英语教学环境发生巨大变化，大学英语课堂生态被牵引到一个远离平衡区，系统的某些功能也就相应发生了改变，大学英语课堂生态出现了一定程度的失衡。

第三节 大学英语生态课堂教学构建策略

一、教师教学的构建

教师，是教学活动的力量源泉，是教学实践的中心，是教学活动的设计者、领导者、组织者，也是教学的执行者。教学，是一种让同学认识其他事物的活动，学生作为活动参与者，教学内容作为活动中的认识对象，教师作为桥梁和媒介，将两者串联在一起。在教学过程中，特别是有着生态化语言的环境下，教师不仅要善于引导学生在学习中找到适合自己的学习方式，使之合理运用并获得新的知识，用所学解决遇到的问题，还要深化生态化语言学习，让学生真正获得实际效用。

学生作为活动的参与者，应该知道如何学会学习，而教师要做的，不仅是引导他们的学习方法和思维转向，还要引导他们形成正确且良好的人生观和价值观，更要对学生在语言学习上进行启迪、激励和引导。在学生自主学习方面，教师应该学会引导学生提出问题并能够自己解决问题、自主选择适合的学习方式、自主选择学习目标、自己能够控制和调节学习进程。总而言之，教师在英语生态教学模式中作为有机组成部分之一，有着重要作用。为了实现生态化英语语言教学模式转向，教师需要让自身语言知识文化观、教学角色意识和教学方式发生根本性转变。

（一）提高教师语言知识文化观

语言学和语言哲学中的一个主要命题是语言知识文化观，因为决定是否能够形成正确的英语教学观。语言观指人们如何看待语言本质，也就是对于“语言是什么”问题的最简单回答。一般而言，教师的语言观对英语教学影响包括：在教学过程中，如设计教学大纲、回应学生在学习中的反馈、组织课堂教学等方面遇到的问题，而这些都会受教师在英语课堂教学过程及组织的影响。当然，在英语教学过程中，并不是所有的教师都会直接运用语言学知识，而且教师如果只是掌握其中一点语言学知识，并不能解决所有问题。相互联系但是意义不同的参照构架之间的相互作用，才会产生有效解决语言教学问题的方法。

虽然从表面上来看，教育学、心理学、语言学、英语教学等学科，与解决课堂教学中遇到的具体问题方法没有必然联系，但在实际情况中，如果没有这些学科成果，教师根本无法完成教学任务。这些成果包括：英语学习和第二语言学习之间的相同之处与不同之处；语法特征中习得的顺序，即自然顺序假设；态度、动机等心理因素与第二语言水平之间的关系。教师如果要促进教学并得到良好的教学效果，必须要在自己的英语教学中渗透进这些语言学、教育学知识。

受到教学语言观影响，教师会在教学内容上选择广泛的知识范围，而语言知识选取则会被教师的语言观所影响。英语教师对所教语言性质的认识，也会受到教师语言观中语言学对于语言描写的影响。语言学家从不同的角度，对语言有着不同的理解和描述，其中较有影响的包括四种：工具论、文化论、符号论、社会论。工具论的内容指语言只是一种交流手段，作为人类在社会交往时的一种必要手段和人类生存与发展的必要工具，也就是用于交流、表达思想、讨论工作。文化论认为，实际上人类赖以生存和发展的基础是文化，每一个人都是在一定文化气息中长大和生活，而语言则是社会文化大系统的主要构成要素之一。

文化环境在生活的各个方面都发挥作用。在 20 世纪初期，符号论成为语言学中的主流言论，认为语言实际上只是一个符号系统，而语言作为符号系统，具有其自身结构和规律，所以人类语言也成为记录人类行为语言的符号。社会语言学家认为，语言之所以成为人类赖以生存和发展的必要手段，是因为语言是一种社会现象，是人类社会行为的结果。

对于有着不同解释的语言观，也有语言教学上的不同，例如，工具论认为在语言教学过程中，学生能否在语言学习时灵活运用，能否在交流中进行学习才是应该注重的问题，其中交际教学法和任务教学法都是比较有影响的教学方法。文化论强调的则是文化传承在语言教学中十分重要，所以语言应该是在文化教学中学习，要在学习过程中贯穿整个文化主线。社会论认为语言教学应该更贴近现实，因为主要强调语言教学的社会性，认为在学习语言过程中，把学生培养成一个社会的人才，是学习社会文化、社会礼仪和社会规则的重要之处。

（二）转变教师教学的角色意识

大学英语教学发展至今，已经不只是要达到单一地对英语基础理论知识传递的要求，还增加了英语交际能力与实践能力、语言掌握能力等，对英语教师提出了更高要求。教师要转变自己的教育理念，从传统英语基础理论知识的教学逐步转变成多方面的英语教学。为此，教师要从教学实践前期开始改变，要对学生进行分析，根据学生的个性化特点，制定教学目标、确定学习方法，从而适应各个阶段、各个层次的学生教学。另外，教师要在原有传统教学手段基础上，增加新的教学手段，引入多媒体以及网络教学资源，丰富教学内容、提高教学效果。教师要改变原有的单一内容型教学传递方式，改变原有仅重视理论知识传递的教学方式，应在教学过程中引导学生学会自主学习，调动学生学习的积极性，从而达到更好的教学效果。

在新的教学模式中，要以学生为中心，教师作为教学实践的实施者，逐步从原有知识传递者的角色中解脱出来。在新型的教育体系中，教师的作用侧重于引导学生进行自主学习。在学生自主学习过程中，教师又扮演着观察者的角色，观察学生在自主学习过程中遇到的问题与解决问题的方法，并且在观察过程中提出问题，协助学生利用自身能力，寻找问题的解决方法。这个过程对教师观察问题的能力有着很高要求。新型的教学实践对于教师的组织教学能力也有很高要求，因为教学实践已经不仅局限于课堂上的讲解以及课下考核，而是要在课堂实践过程中组织活动，让学生在活动实践中进行学习，这些都是教师角色的转变。

（三）丰富教师的语言教学方式

随着社会发展和教学体系的改革，教师在语言教学方式上也要进行丰富，即从最开始完全讲授与接收的课堂教学方法，逐步转变为课本剧表演、课堂讨论等新型的教学方法。此外，教师还可以设计更多的教育教学方法。教师在制定教学方法时，要以能够促进学生发现并掌握新的知识为原则。教学方法需要在教学实践过程中进行验证，只有在实践中证明是能够促进学生掌握新的知识，有益于学生发展，这样的教学方式才是有效的、值得推广的。教师在教学方式设计上要有创新，只有新型的教学模式，才能激发学生自主学习兴趣。兴趣是最好的教师，学生对课程有兴趣，易于取得更好的学习效果。

二、学生主体的构建

（一）构建语言学习时空流变性

时空流变性的建设基于时空的三维性。空间有三个维度，即长、宽、高，同样，时间也有三个维度，即现在、过去和未来，时间的三个维度与空间一样，都需要引起足够重视。从人文角度和心理视角可以观察和体验到现在、过去和未来，也能够确认三者之间的区别与联系。离开时间的三个维度，则谈不上时间流程和时间观念。

就人文时间中的历史时间而言，可以划分为古代（包括远古、中古和近古）、近代、现代和当代的时间间隔。人文社会科学不但涉及过去和现在，还论及未来。例如，历史学、人类学、社会学等学科，都对历史、文化、社会的未来有所预期或进行预测，新兴学科“未来学”更是以预测时间坐标的“未来”为己任。就心理时间而言，现在经常与当下、目前、此时、此刻的观察感知活动和生成的印象等相联系；过去同回忆、回想、回顾、怀念之类的心理状态或心理活动的意向性对象有关联。未来则和预测、期待、期望、企盼、展望、憧憬，甚至预知、先知等心理活动的意向性对象相关。

语言学习也是一种学习模式的延续，在学习第二语言时不可避免地会受先前母语学习影响。第二语言的学习遵循母语学习规律，并且母语学习的思维将影响第二语言学习思维，表明语言学习也具有时空思维。与英语的生态教学模式理论相吻合。因此，语言学习多维模式是先有各种规模水平的现象和事件的复制与投射，语言学习在空间上也表现出其流变性。

空间流变性是语言的学习会受身边文化变化影响，这个过程会对学习母语过程中养成的习惯与经验进行改变，甚至是重塑。语言学习受时间以及空间的影响，是两者综合作用的结果。

（二）强化语言学习历程影响力

语言学习历程对于语言学生有很大影响。语言学生，尤其是多语种语言学生会受整个学习历程影响。语言专家可以在多种语言学习以及使用过程中分析出语言的共同点，通过语言的共同点，促进多种语言掌握。作为人类交流工具，各种语言都存在联系，当拥有分析语言共性能力时，会在语言学习过程中找到乐趣，并且能够高效地学习并掌握多语种语言。

英语教育在进行改革后，将英语课程的启蒙年级降低，在低年级阶段引入英语教学，并且在课堂教学结束后引入评价过程。在每一个阶段学习后，教师都给予学生一个评价，让学生能够通过评价了解自己对于语言的掌握程度，增强学习语言的信心，从而培养学习语言的兴趣，逐步达到自主学习。在评价体系设置上，不能仅考核结果，因为会培养出一批应试教育的学生，不利于他们将来语言交际的实践。

评价体系分为两个方面：一是过程评价，即对于学生学习英语的过程进行评价、对学习的态度等进行评价；二是结果评价，即在每一个学习阶段结束后，对学生的掌握情况进行结果评价。在这样的教育体制下，教师需要进行自我提升。教师要利用自己的教学能力，为学生提供更多的教学资源和更为丰富的教学方式。如今，互联网技术如此发达，教师应该引入互联网教学资源、视频教学资源等，让学生在模拟实践过程中获得更好的学习效果，甚至让学生参与视频教学资源的制作过程，可以充分调动学生的积极性，更好地提高学生的英语使用能力。

三、英语语言的构建

（一）英语与汉语语言的区别分析

（1）汉语句子重心在后面，英语句子重心在前面。从语言的逻辑角度来看，汉语的表达方式通常将重心放在句子后面，例如，先说事实再说结论，先说原因再说结果或者先说假设再说推论。但是英语则不同，句子的重心一般是在前面，先说结论或者判断，然后再进行说明。这样，以汉语为母语的学生在做听力练习时，依照汉语习惯，不重视句子的开头而听句尾，所以容易错过英语句子的重点所在，抓不住听力内容重心。

（2）汉语习惯于补充说明，英语倾向于使用省略表达。以英语为母语的人，相比于使用汉语的人群，更经常性地省略部分说话内容。英语中，省略方式更加多样，比较常见的有省略句中表暗指的动词或者名词，除此之外，还有句法省略和情景省略等。例如，当几个句子是并列关系时，英语表达中会习惯性地省略听者明确其所指的内容或者在前面句子中已经出现过的内容。但是在汉语中，通常会习惯于将这些词重复一遍，以起到强调或者补充说明作用。这种对于内容的补充或者省略，是学生进行汉英互译工作的一个难点。

（3）汉语更倾向于使用短句，英语习惯于使用长句。汉语具有很强的穿透力和延伸力，有时通过几个字词能够直接表达出整句意思或者通过短句表达出超过句子范围内的意蕴。英语中，经常会出现很长的句子，其中包含多层意思和复杂的句法结构。习惯于汉语语句短小精悍的人们，在阅读英文文献时，遇到最大的困难在于对长句的理解。理解长句往往需要进行语法分析，正因为它的复杂性，英语长句的翻译经常出现在英译汉的考试中。

（4）汉语重语义，英语重结构。汉语的叙述方式通常简单，重点在于陈述意义，而不在于句子结构的安排；语句或短语之间的关系则通过对语义的理解表现出来。然而，英语的语法特点决定其句子间的关系和句意表达完全依靠语法结构的严谨，如果语法结构不正确，句意无法理解或产生偏差。一些学汉语的外国人认为汉语难学，是由于虽然他们掌握了汉字，也能够组合句子，但在理解句子上还存在困难。

（5）汉语一般都使用主动句，英语更多地使用被动表达。英语中，尤其是科技英语中，会经常性地使用被动句式。尽管汉语中也有被动句，通常也有明显表示被动的词汇，但是相比于英语，汉语的被动句较少，而且汉语中的被动句还带有贬义。因此，在英语学习中，应习惯性地把英语中的被动理解为汉语中的主动表达。

（6）汉语使用分句频率较高，英语则常用从句。汉语表达中，句式较为松散，短句形式十分常见，也习惯于通过词语的意义传达句意。但在英语中，则经常使用包含大量修饰语的长句，或者用引导词在主句之外连接从句，使句子较为复杂，难以理解。在理解这样的长句时，需要对复杂的句子结构进行梳理，通常可以使用语法分析法进行解决。在传统的英语教学中，语法教学占据重要地位，因为英语和汉语在语法上有着巨大差异，学生需要通过对英语语法的学习，理解句子成分和句意以及进行文章翻译。

（7）汉语重复表达较多，英语却习惯于变化表达方式。英语中，经常会在表达同一意思上变化表达方式，但是汉语中并没有对于多样化表达的较高要求，甚至会特意运用重叠的词汇或者排比句式增强气势。在将英语翻译成汉语的过程中，同样的意思不同的词汇和表达，可以用重复的表达进行翻译，但是在英语写作中，通常需要避免使用重复的词汇或者表达方式。

（8）汉语倾向于使用名词，英语则使用代词。在汉语中，名词具有重要地位，松散的句式和短小的句型使名词的理解在句意理解中占据首要地位，但是在英语中，由于长句更为常见，且句法结构对句意理解起到决定性作用，代词则变得十分重要。

（9）汉语注重推理，英语重视引申。英语单词的词义虽然是固定的，但真正的意义却因实际运用的语境而不同。因此，英语实际的意义重在引申，而汉语表达注重推理。

（10）汉语表达较为具体直观，英语则抽象生涩。英语经常使用抽象的表达方式，而汉语则偏爱具体的意象。尽管汉语的表达极为形象直观，但是在表面意义背后可以拥有更深的意蕴，给人留下想象空间，但在意义表达上又是含蓄的。

汉语和英语不属于同一语系，在表达方式上存在很大区别。语言的节奏和语体的风格也有不同，在学习英语时，有意识地将两种语言进行比较，尤其注意其中的不同点，能够有效提高学习效率。

（二）语言知识与技能的融会贯通

语言能力由语言机能和语言知识共同构成，两者相互促进，也相互影响。语言学习不仅是为了语言知识内容的获得，也是为了发展包括听、说、读、写、译在内的语言技能。能够理解和运用语言知识，对于培养语言技能具有重要意义。但只学习语言知识是不够的，在英语教学中，在知识传授之外，还要将知识运用到语言实践中，将听、说、读、写、译等实际语言能力的训练和语言知识的学习结合起来。

在学习语言知识时，要具有在语言实践中运用知识的意识而不是仅将知识作为头脑中的储备；在语言实践中，又要将实践作为巩固知识的手段。只有使语言机能和语言知识相互促进，才能让语言教学取得更好的效果。英语教学的定位也应当参照这一标准，在语言机能和语言知识结合中，应该坚持实践性原则，不应过于重视词汇讲解和语法知识的传授，应当采用互动、开放的教学模式，将技能训练和语言知识传授紧密地融合到一起。

四、教学环境的构建

语言学习环境是本来客观存在的或者专门为语言学生提供乃至创设的，有利于语言学生语言学习的教学场域。语言环境对语言学习有着非常重要的作用，人所处的语言学习环境中各种要素综合产生的作用，最终决定一个人的语言能力。当一个人所处的语言学习环境利于学习时，能够调动学生学习语言的积极性，使其产生原动力，推动自己积极主动地学习语言。学习语言的环境对于语言学习起到至关重要的作用，语言环境是语言学生的摇篮。

阅读、写作、听力、口语学习对语言环境的要求不同。我国学生一直是在母语环境中学习英语，英语和其他学科一样，也被视作一门普通课程，因此，学生在英语听力和口语训练上投入的时间，并未达到学习英语最低的时间标准，而培养阅读能力的语言环境相对简单。所以，在汉语环境中学习英语时，阅读能力的培养则成为比较容易的方面。

虽然计算机和网络等信息技术已经被引入大学英语课堂，但学生如果还是只利用同样的时间学习语言，学校能够为学生提供只利于阅读的语言环境。除了英语专业的学生，他们投入在英语学习上的时间较多，才能有更多的时间面对计算机、网络进行较长时间的人与机器、人与网络间的交流，这种人工环境相对比较利于提高他们的语言能力。普通中学生以及其他专业的大学生并不能在英语学习上投入过多的时间和精力，所以，即便可以接触到计算机和网络技术，也不能把过多的注意力放在提高听力、训练口语上，这是因为目前社会上对英语人才的需求大多还是集中在阅读能力上。

阅读能力是基础性的能力，决定对语言知识的掌握程度，对信息的获取程度，也决定着学生的听力、口语、写作、翻译能力。在大学英语教学中，要始终贯穿提高学生阅读能力训练，因为学生走上工作岗位后，阅读能力对其十分重要，而且现阶段，大部分学校的教学模式更利于培养学生的英语阅读能力。

（一）社会文化生态环境与语言教学

1. 语言与社会的密切联系

语言是社会的内在元素，社会文化生态环境对语言能力有一定程度的影响。作为交际语言，也是一种社会现象，和社会有密不可分的联系。这种联系表现在以下方面：

（1）语言是社会的产物。在社会形成时，语言已经诞生，人们需要通过一些介质传达相关信息，以方便一同活动，语言由此应运而生。换言之，因为人们有社会交流方面的需求，所以出现了语言。

（2）语言是社会约定俗成的。语言是由音、形、义组合而成的一种符号系统。在符号系统内，音义的结合带有一定任意性，即语言是由一个语言社团的人们约定俗成。因此，形式和意义没有必然联系。

（3）语言随着社会发展而变化。语言因为社会的发展而发生改变，它们之间有着密不可分的关系。社会制度的更改、社会结构的转化以及教育和商业等，都会对语言产生影响，从而使语言发生变化。这种变化主要表现在语言结构和交际功能上。从结构系统变化来看，主要体现在新的语言适时出现，而旧的语言在逐渐消失，还有一些语言适时地更改。语言结构系统方面的变化在词汇方面体现得尤为明显。

2. 语言教学与社会文化生态环境

英语的社会学习环境包括学生所处的家庭环境和社区环境、学校环境，还有现实环境。社会环境对英语教学的引导作用是不可代替的。从某些程度上而言，社会环境会对英语教学的产生、壮大和走向产生很大影响和限制。随着全球经济的发展，各领域的国际交流不断增多，如旅游文化、教育、科学等，英语的应用也越来越广，对英语人才的需求也在不断增多。

英语不仅是学校里的一门学科，还是以后在社会上实践的一种必备能力。因为有了这种认识，人们才有动力学习英语，也加快了大学英语教学的发展步伐。越来越多的城市建立起英语俱乐部和英语角，为学生课英语言练习提供场所。因此，高校建立英语角，除了让学生有更多的实践机会，还为学生的自主学习提供场地。

（二）英语教学与课堂生态环境联系

课堂和英语教学有着密不可分的联系，对学英语的人的学习效果和人才培养模式有很大影响。对很多学生而言，几乎是在英语课堂上完成学习英语的过程，课堂的学习氛围会对英语教学质量产生极大影响。英语教学要尽可能地多运用英语，再加上母语辅助，在学英语时要有用英语的教学思想，要将课堂环境变成良好的语言教学环境。

在英语课堂教学时，教师用英语教授英语的好处是，可以让学生有更多的机会说英语，让学生感觉任何地方都有英语，在不知不觉中学到英语。即使是在缺少社区语言环境的情况下，学生在课堂上也有更多的机会说英语，能够了解所学语言。要尽可能地在“学得”过程中收获“习得”的环境因素，这样的课堂氛围可以提高学生的学习积极性，让学生对英语产生兴趣，帮助学生很好地利用课堂生态环境，培养用英语交流的习惯，让学生在课堂教学时一直处于活跃的状态。

尽可能地运用英语来教英语的优点是将英语作为交流的介质，这样可以将学习主体（学生）、学习客体（英语）两个要素连接成一个整体。因为英语教学的目的和中间介质是英语，不论是学生还是教师，他们在课堂上都运用英语，为英语输出提供环境。学生在学习英语的同时，也在运用英语，可以把英语教学形式和内容很好地结合在一起，从而提高英语教学效果。“使用语言学习语言”是交际教学法倡导的理念，是在沟通时通过刺激语言系统本身和激活固有语言信息自身的发展而得到语言。

（三）英语教学语言生态环境的构建

英语教学需要建立一个和谐的生态语言学环境，需要激励学生在现实和自然语言学习环境下，尽可能地运用现代化的学习条件和信息，不断提升语言使用能力，把社会文化和语言结合在一起。学习语言不能脱离环境，如果缺少语言环境，不仅会对语言输出量造成影响，还会对语言学习效果和活动产生限制。为此，建立英语学习环境的方式有很多，例如，和外国人沟通、观看英文版电影和电视剧、阅读英语书籍和杂志，以及浏览英文信息，都可以增加学生的英语知识，提升英语学习能力，还可以有效弥补英语语言教学环境的不足。

（1）收看英文电视节目或原版影片。语言承载着文化，学生在看英文原版电视剧时，除了能够学习英语和练习听力外，还能够了解文化和语言之间的相互关系。在观看过程中，除了留意节目中的日常生活用语，还能了解英语文化。所以，看原版影片是一个提高英语应用能力、丰富英语文化知识的有效途径。经常看英文原版影片还可以提升学生听力，因为在观看电影或者电视剧时，有相关画面帮助听力理解。在此基础上，如果再听英语广播、参加英语讲座，则可以进一步提高英语听力。听音的过程也是一个繁杂的学习过程，学生不仅要注意节目中的语音，还要记忆和学习听力材料中的新知识，要正确区分日常口语、正式口语和书面语言的表示方法。

（2）阅读英语原版书刊。通过大量阅读材料，可以为学生提供生动有趣、丰富多彩的语言输入。阅读对学生的提升，不仅停留在提高语言水平层面上，还可以开阔人们的视野、丰富人文理念、满足智力追求。阅读英文书籍不仅能够增加读者的语言知识，还可以让学生了解外国文化、开阔视野。所以，阅读原版英语书籍和英文读物，能够使阅读者感受英语语言的节奏感，通过其他人的遣词造句，提升自己的整体英语水平。

（3）利用网络，畅游英语世界。学生可以运用互联网和计算机媒体学习英语。随着网络的飞速发展，学生通过互联网除了能够找到不同国家科技、经济、文化等方面的英文信息资料以外，还可以听到各种英文演讲。互联网上的音效、文字、图片效果，可以让学生产生学习欲望，让学英语变得有乐趣。

学生是英语生态教学模式中的中心，除此之外，还与英语教师、英语语言以及英语学习的整个环境有关，他们具有相辅相成的作用。为了提高大学英语课堂教学的质量，应该“优化大学英语教学的情感环境、社会环境、评价体系及网络环境，创建一个动态、和谐、平衡的大学英语教学环境”①。在学习中，教师的教学方法与整体教学效果有很大关系，学生对语言的学习与教师的教学具有相互推动关系；在教师教学过程中，教师能够学到从未学过的知识。在整个英语学习过程中，学生的学习状态与学习环境有很大关系，如果学习环境和学习氛围好，学生能够从中获得更多知识。学生与英语语言经常被人们看成是相互对应的关系，但实际上却是英语生态教学模式的主要组成成分。在学生学习英语语言的过程中，英语语言对学生又具有极大的影响力。

英语教师和英语语言联系的重点，是英语教师把握好英语语言的同时，英语语言存在的意义又会影响英语教师对教学方式与教学内容的确定。在当今的英语教学模式中，良好的学习环境和学习氛围，可以为学生提供一种学习动力，让学生能够更好地融入学习氛围中，进而提高他们的学习效率。

① 郭坤、田成泉：《大学英语生态教学环境的优化》，《教育理论与实践》2016 年第 36 卷第 24 期，第 56 页。

第六章　大学英语教学的实践研究

第一节　大学英语微课教学与创新策略

“随着信息技术和计算机技术的不断发展，以信息技术和计算机技术为载体的微课已经被充分地利用到教学当中，成为新时期的一种非常重要的教学方法。”[①] 大学英语作为高等教育的重要学科，是培养学生英语意识、英语思维以及进行英语知识实践能力培养的重要途径。要想满足新课程改革的教学要求，提高学生的英语学习能力，必须使用新的教学方法转变传统的教学方式。

一、大学英语微课教学的体系

教师在进行大学英语课程教学时，应重点培养学生的英语听、说、读、写、译能力以及跨文化交流能力。通过微课的模式可帮助教师获取大量的英语教学知识，以此来满足大学生全面发展的需求。“微课可改变传统的教师教学理念、英语教学模式、课程教学内容等，教师将建立以学生为中心，以学生能力培养为导向的现代化教育教学目标。”[②]

（一）微课教学的特点与类型

微课教学的特点可以包括以下方面：

（1）主题突出、内容具体。每个课程的微课，研究的主题只有一个，选择的主题要始终围绕着教育教学的具体实践，如突破教学难点、教育教学观点、学习策略、强调重点、教学方法等都可以作为研究的主题，同时也可以选用那些具体的、真实的问题。

（2）基层研究、趣味创作。微课的课程对课程开发人员的要求不高，基本上任何人都可以成为课程开发人员。此外，从课程研究与开发的目的来看，是帮助学生和教师紧密联系教学目标、教学内容和教学手段来完成教学。因此，创作的内容对于教师而言，必须是其熟悉的、有趣的、可解的问题。

（3）资源容量较小。微课视频的容量相对较小，其容量（包含辅助性资源）一般仅有十几兆。因此，微课视频不仅可以支持网络在线播放，还可以下载到手机上随时随地观

① 王雁冰：《高校大学英语微课教学中存在的问题与对策研究》，《高教学刊》2018 年第 24 期，第 130 页。

② 陈洁：《基于微课的大学英语教学策略研究》，《校园英语》2022 年第 3 期，第 12 页。

看。因此，无论是教师在线观摩、评课，还是课后反思、研究都是极其方便的。

（4）教学内容较少。微课教学的主线为片段视频，主要对课堂教学过程中的某一学科知识点进行重点强调，而传统的课堂教学一节课需要完成的内容有很多并且比较复杂，相对而言，微课的内容就比较简单、准确、突出主题的速度快，更与教师的需求相适应。

（5）教学时间较短。微课的教学时间是依据学生的认知特点和规律来制定的。由于学生集中注意力的时间相对较短，微课的视频内容相对精确、简单，有着鲜明的主题。因此，其教学视频时间通常为 5 ～ 8 分钟。与传统教学相比，微课的教学时间确实非常短，因此也可以称之为“课例片段”“微课例”。

（6）教学方式不“碎片化”。虽然微课的视频时间短，每个课程也就研究一个主题，没有复杂的课程体系、教学目标和教学对象，但是，微课所针对的人群就是教师和学生，这是固定的，而且它传递的知识也是具有系统性和全面性的，因此，它并不是“碎片化”的教学方式。虽说微课的视频时间相对而言较短，每个课程研究的主题也只有一个，教学目标、课程体系、教学对象这些都不复杂，但微课是以教师和学生为固定对象，这是不会改变的，且所传递的知识是系统的、全面的，所以其教学方法不是“碎片化”的。

（7）反馈及时、针对性强。微课的视频剪辑时间短。在短时间内，开展“无学生班”活动。参与者可以及时听到他人对其教学行为的评价，并获得反馈信息。但与正常的信息反馈相比，这种听课、评课更为即时，即根据当前内容及时进行反馈。因为这是课前小组的“预演”，每个学生都可以参加。

根据教学过程中的主要环节而言，微课可分为：课前的复习、新课的导入、知识的理解、巩固练习、拓展小结。与教育教学相关的其他类型的微课有：说课类、活动类、实践类、班会课类等。此外，根据教学方法来划分，微课还可以分为：探究学习类、合作学习类、讲授类、讨论类、问答类、自主学习类、启发类、演示类、练习类、实验类、表演类等。此外，还需要注意：微课的分类标准不唯一，它可以对应于一种类型的微类，也可以属于两种或两种以上类型的微类的组合。微课的类型不是固定不变的。随着现代教学理论的发展，教师的教学方法将不断创新，微课的类型将在教师的实践中不断完善。

（二）大学英语微课教学功能

1. 突出英语教学重点

通常情况下，受微课的时长限制，教师在设计微课内容时都会适当精简教学内容，突出教学的重点内容，并且选择一个学生比较熟悉或者感兴趣的问题作为主题切入点，充分地吸引学生的注意力和好奇心，根据微课内容直接讲述重点内容，适当删减一些无关紧要的问题或者内容，使教学重点更加突出。在大学英语教学过程中，教师可以利用微课的特点，集中学生的注意力，有效地提高学生的学习效率，并且帮助教师不断整合梳理课堂教学内容，提高教师的教学水平和课堂教学质量。

2. 整合零散英语知识

在传统的大学英语教学中，知识点是较为零散的，包括课前预习、课堂讲解、课后训练以及教学评价和反思，微课在课堂中的合理运用彻底颠覆了传统的教学方式。教师对一个知识点展开讲解，再将视频作为知识传递的桥梁，在微课教学过程中充分发挥教师教、学生学的作用。在微课中不仅能够对核心的英语知识通过视频进行讲解，还能够讲解拓展知识、进行课堂反思等，整合零散知识，让学生更加容易接受知识，理解更加透彻。

3. 用碎片时间开展学习

微课和传统课堂教学方法相比具有一个较为明显的优势，即时间灵活。教师根据某一个知识点展开微课教学，微课教学的内容不但可以在传统的教学课堂直接播放给学生，还可以传输到互联网平台让学生反复进行观看，亦可下载微课，随时随地进行观看。微课是一种不受时间、地点限制的教学方式，对大学生而言是十分便利的，学生可利用碎片化时间学习微课内容。微课学习完成后，还可以在互联网平台上与教师和同学进行知识交流，能够打破传统教学的限制。大学生观看完微课后可以在平台上进行留言和沟通，加强对知识的讨论探究。

（三）大学英语微课教学重点

1. 转变教师角色，提升学生学习动力

教师在设计微课时，必须对传统的教学理念和教学方式进行创新，以学生的发展为出发点设计微课的教学目标和教学内容，将上节课的知识点和本节课的知识点进行良好的衔接，了解学生在上节课学习中对知识点的整体掌握情况，确定本节微课的知识点，并适当进行拓展。在进行微课教学时，教师要改变自己传统的主导者身份，转变为微课堂的引导者，充分发挥学生的主体性和学习主动性，在课堂中抛砖引玉地进行知识点传输，引导学生积极主动地探究知识。例如，教师在讲解完一个英语语法知识点后，可以要求学生现场进行举例，通过现场对知识的使用进行巩固，提高对知识的应用能力。与此同时，教师在讲解微课的过程中要学会巧设问题进行引导，鼓励学生积极提出在学习过程中的疑问，培养其独立思考的能力。也可以通过小组学习的形式，教师充当引导者的角色，鼓励学生通过自身努力找到答案，而不是直接告知学生答案，这种以学生为主体的微课教学，能够将学生的主体性最大限度地发挥，切实提高学习效果。

2. 导入微课堂，激发学生学习兴趣

课堂教学的成功与否都取决于课堂导入过程，教师想要设计出新颖的课堂导入环节，顺势而下进入课程教学，就可以利用微课多元化的特点和优势，把学生感兴趣的英语知识点作为导入主题，再将文字、图片、音频等表现形式进行综合，设计出焕然一新的微课视频，将微课视频放在课堂教学开始前的导学环节，为学生创造一个真实的语言情景，激发学生对英语课程的学习兴趣。

3. 强化学生学习记忆，重视教学重点

微课的教学任务和传统的教学方式相较而言，形式上比较单一，只需要教师在比较短的时间内对教学重点进行讲解，让学生深化理解即可。每一个微课视频的内容都是围绕某一个教学知识点开展的，并不需要对全部英语课程知识点进行设计。例如，教师在进行英语写作教学时，可以重点讲解写人的手法，这种单一却重点突出的讲解模式，能够让学生通过较短的微课学习后有充分的时间掌握具体的写作技巧。与此同时，学生还可以通过手机反复观看教师上传的微课视频，不断加强对知识点的记忆和理解，进而提高微课的教学效率。

4. 满足学生学习需求，重点讲解难点

教师在英语教学中要对重点知识进行详细的讲解，每一个单元中都有不同的知识难点，但是这类拔高的题目对基础薄弱的学生并不做具体的要求，因此教师在课上一般不会利用较多的时间进行集中讲解。但是对于成绩优异的学生而言，他们有学习拔高类题目的潜质，教师可以把英语的难点内容制作成微课，在网络平台进行上传，由学生根据自己的学习需求，利用课余时间来进行学习，满足不同层次学生的学习需求。在大学英语教材中，英语语法知识基本上属于难点，在微课教学中，教师可以利用视频或者图片对语法知识进行适当的分类，还可以让学生在真实的语言环境中有效地提高对语法知识的应用能力。

二、大学英语微课教学的创新策略

（一）创新微课在英语教学中的设计

大学英语教师要树立微课教学的正确观念，明确微课的教学目标，要明确微课作为一种全新的教学工具，通过教师转变传统的教学理念之后，寻求正确的方式和方法，充分地利用微课的优势，使用计算机资源收集相关的信息，对这些信息进行整合设计，结合大学英语教学目标，将知识以更加新颖的方式传递给学生。同时，教师要灵活地运用多媒体技术，要深入地对英语教材进行研究，找出英语教学中的难点和重点，对教材内容进行不断的分解组合，将每一个知识点都能够进行有效的串联，从而更好地制作出符合学生学习需求的微课。教师要充分地利用微课创设有趣的教学情景。立足于学生的学习兴趣和英语教学目标，实现学生在“学中做”“做中学”的教学局面。例如，教师可以针对课前课程导入、课中学习以及课后复习等三个层次，利用微课声音、图片、影像的方式创建相应的情境，让学生在情景当中，在不同的阶段进行英语知识的学习和理解。

（二）构建更为完善的微课教学模式

第一，微课的教学模式可以分为共享式的资源运用，网络化的教学实践以及全面的评价反馈。首先对于在微课教学当中的共享式资源应用，相关教学工作者应该要充分地掌握微课教学模式的正常运行基础源头，对相关的教学资源进行有效的把握，将微课理解成为

一种资源的整合利用，也就是根据实际教学内容以及学生的学习需求，整合当前网络当中的各种信息通过截取后期制作的方式使网络资源和教学内容实现有机结合。例如，在进行语法教学的过程当中，教师就可以在网络上截取一些比较好的语法教学资源的课件，通过班级上学生当前的英语学习状况，根据不同的语法知识点收集不同的资源，使得英语语法的呈现更加多样化、系统化、科学化、形象化和具体化，让学生在学习相关语法知识的时候有更多的参考依据，让学生能够在丰富的资源当中进行英语知识的学习。

第二，网络的教学实践主要是立足于互联网大背景下的英语教学使学生能够利用手机等各种智能终端应用相对应的学习软件，在这些设备的辅助下，让学生进行英语知识的实践，让大学英语知识的学习走出课堂，进入到学生的课余生活，甚至学生今后的社会生活当中，智能手机和相应的 App 软件已成为重要的辅助学习工具。

第三，多元化和全面的评价反馈。在我国教育日趋现代化的今天，任何一种教学模式都必须实现信息的双向交流，具体到英语教学当中，就是英语教师和学生之间的交流，教师对学生的评价，学生对教师教学方法的反馈和评价，等等，通过构建双向的信息交流，使得评价更具有多元性、具体性和科学性。

此外，微课教学绝对不仅仅是一部简单的视频，而是必须融合所有对课堂教学有利的资源进行整合，英语微课在制作过程当中必须体现出教师的专业素养。例如，对于“company”这一单词的教学，教师在制作微课的时候可以分别对商号、公司、聚会、客人、连队、中队等不同的词义制作相应的教学视频，只有这样更加专业的讲解，才能够在教学资源的彼此协同融合中凸显教育资源的积极作用，促进学生的英语专业学习和英语实践。

总而言之，大学英语教学中充分有效地运用微课教学方式是非常重要的，更是新时期背景下创新教学方法的有效措施，英语教师必须设计精巧的微课课件，激发学生的学习兴趣，突出大学英语教学效果。

第二节　大学英语慕课教学及其系统分析

一、大学英语慕课教学的体系

慕课是一种在线课程开放模式，是在传统发布资源、学习管理系统的基础上建立起来的课程模式，又称为“大型开放式网络课程”。慕课主要由具有协作精神与分享精神的个人组织的，他们将优异的课程上传到网络，可供需要的人下载和学习，目的是促进知识的传播和发展，慕课是一种以开放访问、大规模参加作为目的的一种在线课程。慕课的英文字母是 MOOC，这四个字母分别有其表示的含义：M（massive）：表示参与这种开放性课程的人数多，规模大。O（open）：表示这一课程具有开放性，只要是想学习的人都可以参与其中。O（online）：表示这一课程学习的时间是非常灵活的，想学习的人可以自主选择。C（courses）：表示课程包含的种类众多。

（一）慕课教学的特性与功能

1.慕课教学特性

（1）自主性。慕课网络课程学习的全过程就是在线完成的，具体而言，就是事先录制好视频，然后上传到网络平台，学生通过搜索找到自己想要了解的那部分资源进行在线学习。此时，学生的网络在线学习是可以不接受教师指导的，具有很强的自主性，他们借助网络可以自行在慕课平台上寻找自己想要的资料，这样慕课就推动了学生的个性化学习，同时，也有利于学生自主学习能力的提高。另外，慕课还有一个比较大的优势，就是其可以将学生的碎片时间进行最大效率的利用。

（2）互动性。与传统课堂教学相比，慕课在线网络课堂教学这种网络教学模式有着其突出的教学优势，因此，一经推出就获得了许多学生的喜爱。慕课在强调学生自主学习的同时，也强调互动，因此，慕课平台上会有许多的线上交互工具，例如，人们熟悉的留言板、问答社区等，当学生对某一知识点产生疑问时，其就可以通过线上交互工具向资源上传者或者同类知识学生提问，在获得答案之后，也可以与其一起讨论，这样学生就能更加高效地丰富自身的知识结构体系。

（3）开放性。传统课堂教学相对比较丰富，慕课由于依靠互联网，所以其学习资源具有很大的开放性，所有资源都是面向所有人的，只要是网络平台上的用户都可以观看相关资源。在慕课平台上学习的入学门槛不高，只要有网络，平台上的免费资源都可以供学生学习，这为那些身处教育资源较少地方的学生提供了更多的、高质量的学习资料。学生只要热爱学习、拥有网络，那么就能随时随地学习。需要注意的是，学生在慕课平台上观看学习资源时其是一个知识的消费者，而当其向平台上传资源时其就成了知识的生产者。可见，从本质上而言，慕课确实是一个比较开放的学习平台，所有学生都可以在上面获取、整理以及分享知识，它满足了人们在信息时代与知识时代的双重需求。

（4）大规模。慕课是一种网络教学模式，它在网络教育平台上有着大规模的特征，这种大规模主要体现在三个方面：第一，参与课程的学生数量比较多；第二，由于用户可以随时随地上传数据，因此平台数据量颇大；第三，参与慕课课程建设的高校以及教学团队较多。传统课堂的场所就是学校的教室，教学场所固定、有限制，这就对参与教学的人数有了限制，但在慕课在线网络课堂上，学生的人数是不会被限制的，只要有网络，全世界范围内的人都可以在相应的网络平台上选课学习。慕课能为学生提供海量的学习资源，它包括社会科学知识，也包括理科知识，能为不同专业的学生提供学习指导。

2.慕课教学功能

（1）根据学生慕课学习情况，适当调整课堂教学内容。慕课的一大特点就是允许学生根据自己的实际情况制订学习计划。具体而言，可以在三个方面做出改变：第一，教师要关注学生在慕课课堂上的表现，对于学生在课堂上提出的问题要能够给予及时的解答；第二，教师要主动进行调研工作，总结学生在英语学习过程中遇到的问题，找到解决之策，从而在后续教学过程中对不同的问题予以适当强化；第三，在慕课课堂上，学生的作业评价主要是通过其同伴来实现的，但学生一般都非常希望教师能给予自己合理的评价，因此，教师应该在以后的慕课教学中，多给予学生作业适当的评价。

（2）依托国际慕课，激励学生学好大学英语。语言障碍一直都是学生无法较好地完成慕课学习的原因。所以，英语教师应该抓住解决这一问题的机会，鼓励学生积极学习国际慕课，这样，学生英语环境有所改善，其英语水平也会有质的提高，更会激起其学习英语的兴趣。

（3）根据慕课课程需要，适当调整大学英语课程体系。每个高校可根据自身发展以及学生对慕课学习的热情状况，设置“大学通用英语＋大学英语后续课程”的课程体系。

（二）大学英语慕课教学优势

慕课模式对当前的大学英语教学意义重大，具体而言，大学英语慕课教学的优势主要包含以下方面：

1. 提供学生能力培养平台

我国的大学英语教学虽然一直在不断变革，但是总体上还是将重心放在基础知识教学上，受这一教学理念和教学背景的影响，部分学生忽视了英语的学习，并没有意识到英语这一工具的作用。慕课的出现能够为学生提供最新的发展评估和专业动向，有助于激发学生的学习动机和兴趣，促使学生提升自己的专业能力，解决英语教学与自己专业的问题。

2. 形成英语语言使用环境

对于我国学生而言，英语是第二语言，因此本身缺乏语言学习的环境，导致学生在课堂上学到的知识难以在现实中应用，这降低了学生学习英语的成就感，也对日后学生的语言能力提升产生一定影响。慕课的出现能够为学生创设良好的语言学习环境，学生可以接触到真实的语言，甚至可以与世界上其他国家的人进行交流，有助于提升学生自身的听、说能力。

3. 平衡不同学生学习水平

高校学生来自不同的地域，各地学生的教学水平存在差异，因此学生的学习能力和学习基础也高低不同。在统一的大学英语课堂上，教师难以实行一对一教学，只能从宏观上对学生进行指导。在这样的教育现实下，部分追赶不上教学的进度，或者不满足于当前的教学水平。慕课模式通过开放性的网络平台，给学生提供了有针对性的教学，便于缓解教师教与学生学的差异。与此同时，该模式不受时空限制，既有利于促进基础好的学生能力的发展，也有利于基础差的学生知识的巩固。

（1）兼顾不同学习能力。传统课堂教学着重强调教师的“教”，教师按照统一的课程内容和进度要求一对多地进行知识的讲授和传输，这种教学模式难以顾及每个学生的能力和需求。慕课则不同，学生可以自主选择与自身能力相符合的课程知识，自己安排学习计划和进程，还可以重复回放视频课程，反复学习知识难点和重点，进而提升学习效果。

（2）满足不同学习方式。慕课的学生用户可以利用特定的论坛、网站等平台，与教师和其他学生进行实时交流和互动，互帮互助，一起解决学习过程中遇到的困难和问题。同时，利用课程视频中的测试题、线上测试题、线下作业等方式检测学习效果，强化知识的理解和记忆；利用教材注释、虚拟实验室等辅助工具，随堂记录课程内容和学习心得，对需要做实验的课程进行在线模拟实验；利用教师、其他学生和自己的评价综合考虑学习结果，及时发现不足，有针对性地修改，从而不断提高学习效果。

（3）随时随地灵活选择。传统教学方式有严格的课程安排和时间、地点规定。慕课完全打破固化模式，课程时间比较灵活，且没有地域限制，学生可以根据自身需求自由规划学习时间，确保在相对良好的环境下完成学习。

4. 丰富学生英语知识储备

大学英语教学主要是围绕课堂教学展开的，面对短暂的教学时间、繁重的课业压力，课堂教学很难给学生带来充足的知识。相比之下，慕课教学模式以网络为平台，向学生提供丰富的知识，方便学生进行提取，不仅能够丰富学生的知识储备，还能够提高学生的学习效率和兴趣。

（三）大学英语慕课教学实施

1. 设置多样化英语课程

就当前的大学英语教学而言，慕课模式改变了传统教学模式的单一状况：就师资力量而言，传统的大学英语教师资源有限，所讲授的课程针对性也不明确；就教学材料而言，当前大多数高等院校使用上海英语教育出版社出版的《大学英语》《新世纪大学英语》以及英语教学研究出版社出版的《新视野大学英语》等，没有采用与学生相适应的专门教材；就课程设置而言，虽然各大高校都设置选修课，但是这些选修课大多是为英语四、六级考试设置的。对此，慕课教学模式根据学生的兴趣和需要来选择课程，能够提升学生的注意力，从而提升学生学习英语的质量和效率。

2. 构建丰富性英语课堂

虽然我国各大高校都在推进大学英语教学改革，上课形式也不再单一，但是仍旧将教师讲授作为中心，其中穿插的多媒体也只是一种辅助形式，是教师板书的延伸。但是，在网络多媒体不断发展的背景下，慕课模式实现了上课方式的多样化，学生可以坐在电脑前学习，或者运用平板电脑和手机进行学习。

3. 采取综合性英语考核

在网络多媒体教育环境下，大学英语慕课模式的关键在于考核方式的综合化。如果仅依靠传统的笔试或者论文式教学，难以将学生的实际水平测试出来。在慕课模式下，考核方式的多样化主要包括：第一，探索个性化考核方式，即根据不同层次的考生设置不同的测试题目；第二，探索开放性的考试方式。总而言之，无论是个性化考核方式，还是开放性的考核方式，其前提都是为了激发学生的学习积极性和学习兴趣。

4. 传统课堂与慕课结合

大学英语慕课模式需要对教师进行培训，还需要准备与之配套的教学硬件设备。对于大学生而言，他们自身水平存在差异，因此要想让不同层次的学生适应慕课模式，也需要进一步展开探索。如果将所有的教学内容置于网上，那些本身自制力较差的学生就更容易放弃，这当然是教师不愿意看到的。当前属于教学模式新旧交替时期，教师仍旧扮演着重要角色，教师应该积极探索能够激发学生主动性和积极性的慕课课件，需要对学生的基本情况有一个清晰的了解，保证慕课课件能够被大多数学生理解和把握。此外，教师还需要了解不同学生的自主学习能力，锻炼学生的心理素质，使他们尽快适应新兴的教学模式。

二、大学英语慕课教学的系统分析

（一）课前知识传授

第一，大学英语教师应选择或制作合适的课程资源。大学英语教师要对英语单元教学目标与学生的特征进行必要分析，然后对知识点进行解构，进而再去选择课程资源，因为这样选择的资源会与教学目标与内容相一致。教师设置的微视频不能太长，时间控制在 5 ～ 15 分钟，这样的长度非常有利于学生集中注意力。在安排学生作业时，要保证作业的难度适中，太难会打击学生的学习积极性，太容易则不利于其问题思考能力的提高。

第二，学生自主观看慕课视频。教师向学生提供的慕课视频都比较短，且为了检验学生的学习成果，一般都会在课程中间穿插一些小测试，这样学生就能清楚地了解自己的学习状况。此外，时间不长的短视频能时刻保证学生有着较为集中的注意力，当其遇到问题时，其也能进行自主思考，这样就能加深其对知识点的了解与记忆。在学习英语慕课课程时，大学生学习的地方并不固定，只要有网络，大学生可以选择任意地点，可以是学校机房，也可以是宿舍；慕课课程学习的时间也不是固定的，学生可以充分利用自己的时间进行英语慕课课程学习。

第三，学生自主完成随堂测试。为了巩固学生观看慕课视频的学习成果，英语教师还要为学生设计好相应的测试题，布置合理的作业。在测试部分，教师应多为学生提供一些客观题，而测试的具体施行可由大学英语课程系统完成。当结果出来后，学生就能了解到自己知识点薄弱的地方，然后需要通过回看视频完成知识点的再次学习；在作业部分，教师应多为学生提供一些主观题，大学英语课程系统对学生进行随机分组，组内学生之间进行互相评价，进行点评，从而加深对重点知识的理解和深化。

第四，互动交流。利用大学英语教学平台提供的交流工具，学生不仅能够完成与本校师生的互动交流，而且还能完成与外界学生的互动交流，这样学生的学习眼界得以开阔，发散性思维得以形成。教师在互动交流过程中发挥重要作用，教师需要发挥自身的社会临场感作用，不断提升学生的凝聚力，加强他们的归属感，这样教师与学生、学生与学生之间就能实现良好的互动，学生的学习也将会是一种快乐的学习。学生与教师进行互动，可让教师为自己答疑解惑，与其他同学进行互动，可学习到其他同伴的好的学习方法。

（二）课堂知识内化

在课堂知识内化的教学环节中，英语教师主要采用的教学方法是任务驱动。该方法的形成以建构主义教学理论为依据，特点为教学的全过程都充满了各种各样的任务，教师在其中发挥主导作用，学生发挥主体作用，这一教学方法对学生而言意义重大。

第一，教师补充讲授。英语教学平台上的视频不可能与教学目标达到一致，因此，英语教师在开展慕课英语教学时，必须结合英语教学目标，对教学内容做适当的补充。

第二，确定任务。英语教师不仅要考虑英语单元教学目标与重难点，还要考虑学生自主学习的能力与现状，在课前完成任务设计，任务不仅要具有挑战性，还要具有探究性。教师需要根据学生特点对其进行分组，每组人数可以控制在 4 ～ 6 人，组内成员一起讨论需要完成的任务。

第三，任务探究。小组内部通过对任务进行分析确立各自的任务。任务的分配与完成有两种情况：第一种情况是，如果任务所涉及的范围比较广，就可以将其进行分解，得到一些小任务，组员就可以单独负责一个任务；第二种情况是，如果任务并不好划分，那么，每一位组员都可以对任务进行整体探究，然后将探究的结果整合起来即可。第二种情况不仅能体现大学生学习的主体地位，而且还能培养大学生独立分析、思考与解决问题的能力。任务探究最重要的还是组内成员之间的协作探究，协作探究不仅能培养大学生的创新与批判性思维，而且还能提高学生的沟通能力，增强凝聚力。

第四，成果展示。在学生完成任务探究之后，还要进行成果汇报与展示，这时可以在组内推举一人进行汇报，也可以每位组员轮流进行汇报，具体采用哪种方法，可由各组商讨后决定。

第五，评价反馈。英语教学评价是由教师与学生共同完成的，评价内容不仅包括学生在进行英语慕课课程学习之前的自主学习情况，而且还包括学生在任务探究过程中的表现等。英语慕课课程评价的结果与传统英语课堂评价结果结合起来，就能更加全面地反映学生的英语学习情况以及教师的教学情况。

（三）课后知识巩固与拓展

经过课前知识传授和课堂知识内化两个阶段的学习，学生基本上可以掌握大学英语基础理论知识，达到大学英语课程的基本学习目标。在通过英语教学平台上的相关技能与过关测试后，学生就会自动获得英语课程自主学习部分的相关学分。大学英语教师对学生的英语学习情况进行恰当点评之后，可选出比较优秀的学习成果在教学平台上向所有学生展示；还可以继续搜集更具挑战性的学习任务，鼓励学生超越自己，继续完成任务，这样学生的英语知识在得到巩固的同时也实现了拓展。

慕课最终目的是帮助学生将学到的知识更好地运用到生活实践中，从而培养出对社会真正有用的应用型人才。实践拓展是课堂教学的延伸和拓展，可以采用的形式有学习／研究成果分享、知识／技能竞赛、社会实践体验等。成果分享主要是学生个人或团体将自己的学习感悟、研究成果等内容利用短视频、论文等形式上传到网络上供社会检验和学习。在这一知识创新和再创造过程中，学生能够不断加深对知识的理解，培养实践技能。学校和教师通过开展一系列的竞赛、实验、实践等活动，将活动的优秀成果计入学分、加入学时等形式，激励学生积极参与，从而在实践中不断提升知识应用技能和创新能力。例如，对于英语类课程，可开展英语演讲比赛、英语情景剧比赛、担任兼职翻译等实践活动。

第三节　信息化时代大学英语教学的实践创新

一、信息化时代大学英语教学的资源建设

信息资源是人类社会认识世界和改造世界的精神产物，它凝聚了人类的智慧成果。在一定条件下，信息资源的创造者享有知识产权，它具有商品的属性，可以被销售、贸易和交换；但是，就信息资源的共享性特征而言，信息和知识一旦物化为信息资源，并通过一定方式供人们交流和传播时，它就自然变成了人类社会共享的精神财富、共享的社会财富，任何人无权全部或永久买下信息的使用权。这时，信息资源就可以被人们反复利用、复制、传递和再生，为经济建设和社会进步服务。

随着社会全面信息化和知识经济时代的来临，信息资源对促进国民经济和社会发展的作用日益明显。目前，人们已经把信息资源和能源、材料并列为当今世界的三大资源。换言之，信息、能源、材料已经成为当今科学技术的三大支柱。在建设社会主义现代化小康社会和谐社会的进程中，我们应该充分认识信息资源对国家发展，对工作和生活的至关重要性，要重视信息资源的开发和利用，把它作为国民经济和社会发展的重要战略资源来对待，把它作为整个社会信息化体系的核心内容来建设，使信息资源真正成为社会发展最重要的推动力量。

（一）信息化教学资源的不同划分

信息化教学资源属于信息资源的范畴，是从狭义理解上的一种特殊的信息资源，是经过选取、组织，使之有序化的，适合学生自身发展的有用信息的集合。信息化教学资源主要指蕴含了大量的教育信息、能创造出一定的教育价值、以数字信号的形式在网络上进行传输的信息资源。学习资源可以提供给学生使用，能帮助和促进他们学习，这些教学资源的要素可以单独使用，也可以由学生将它们合起来使用。在信息化时代，面对较多的教育信息资源，为了便于查找，主要从以下类别区分：

1. 从资源的形态上划分教学资源

从资源的形态上，我们习惯把网上的教育信息资源划分为以下八大类：

（1）电子书籍。现在网上电子书籍的类型主要有名家的经典著作、网络畅销书等。目前，使用网上的电子书籍通常是免费的。然而，随着读者越来越多地利用网上资源以及相应的有关版权问题，有部分电子书实行收费制度。

（2）电子期刊。电子期刊主要包括了电子报纸、电子杂志和期刊、电子新闻和信息服务等。电子期刊现在已经成为主要的网上信息资源。由于电子期刊方便查找和阅读，其需求量也越来越大，其内容基本与印刷期刊的内容相同。一般而言，学科专刊的电子期刊均实行收费制度。

（3）网上数据库。网上有各种各样的数据库，如图书馆目录、专门用途的数据库和地址簿等，但只有前两种可以用于教育。

（4）虚拟图书馆。虚拟图书馆是一个比较广泛的概念，可以泛指各种有组织的网上信息库。如清华大学虚拟图书馆、万维网虚拟图书馆等，当然这些属于比较严肃的学术和科研机构建立的网上信息库，这些信息库广泛收集网上的学术作品和相关网站地址，按一定规则进行分类编目，有的用超文本建立索引，有的用关键词检索等，此类虚拟图书馆由于有专业人员对信息进行筛选和组织。信息质量比较高，具有很高的参考价值。

（5）百科全书。电子百科全书（包括电子辞书）是近几年才开始发展起来的。不过，最著名的百科全书《大英百科全书》在1996年6月的时候就已经有了在线服务。到目前为止，相对于印刷的百科全书，电子百科全书在某些方面还存在一定的局限性，尤其是在照片和其他的多媒体元素方面。不过，我们相信随着信息技术的发展，电子百科全书将能克服这些不足，而且能够提供更广泛及时的信息（包括三维动画、声音和视频等）。百科全书的另一个优点是它基于超文本设计，这样易于浏览查询。

（6）教育网站。一些与网络相连的教育机构逐渐开始发布它们自己的数据资源，如用于课堂教学的附加材料、学生的论文，甚至是完整的网上课程。教育站点的内容通常包括涉及教育的所有方面。教师为了上课的需要，可以利用主要的搜索引擎，通过选择恰当的目录或关键字来进行信息搜索。如大部分市教育局均建立了教育信息网，其中内容丰富，包括了学科教育资源，既有供教师使用的，也有供学生阅读的学科资源，既有以文本的形式出现的，也有以视频的形式出现的。通常这些由市教育局建立的教育信息网都是免费的。

（7）电子新闻组。这些基于电子邮件的讨论列表是根据不同的用户感兴趣的主题，一级一级组织起来的。利用新闻组，学生可以同世界各地的用户交换信息。

（8）虚拟软件库。虚拟软件库专门收集免费软件（Freeware）、共享软件（Shareware），可供自由下载使用，但共享软件对使用期限有一定限制。软件库里不乏教育软件。

2. 从结构优良性划分教学资源

不同的信息化教学资源，在教学中有着不同的应用倾向，针对以信息技术为载体的教学资源而言，将其分为以下类别：

（1）良构化教学资源。指那些结构良好的数字化教学资源，它们构造规范、组织清晰，利用元数据进行归档管理，便于检索和利用。如计算机辅助教学 CAI 教学课件、学术论文或者是一些有研究价值的试题等，这些资源大部分结构良好，不可直接修改，而且比较规范，存放有序。

（2）劣构化教学资源。指那些离散、片段、格式不一的数字化教学资源信息，它们的结构形态低劣或不完善、无序化。网络上的劣构化教学资源也是非常丰富，如教师的教学反思、教学案例等。这些资源大多是记录课堂教学的一个片段，没有统一的格式，比较零散，也不完善。

（3）半结构化（适构）教学资源。指介于良构与劣构资源之间的其他数字化教学资源。随着教学资源的开发，半结构化的教学资源深受一线教师的喜爱。半结构化教学资源虽然组织清晰，但也有待改善。如天河部落，它是广州市教育科研网，这里收集了大量的优质教学资源，如教学设计、教学反思、教研综述等，这些教学资源都是以一定的形式有序地组织起来的，学生（如一线教师）能在学习其优点的基础上，进一步完善，并促进自身专业的发展。

无论是良构化教学资源、劣构化教学资源还是半结构教学资源，均对教学资源的开发和使用起到积极的作用。结构化的教学资源一般具有较高的研究价值，方便各地教育者和受教育者使用，但其适应性不会很强；而劣构化教学资源对于学生提出更高的要求，学生首先必须有自己的一些观点，并带着借鉴和批判的心态进行学习研究，取其精华，去其糟粕；其次对于半结构的教学资源，学生可结合半结构的特点，根据自己的经验，对其进行修改和完善，最后使其成为适合本地区使用的教学资源，修改和完善的过程也对教育者的能力提高的过程。但是，从教师专业发展的情况来看，半结构化的教学资源对于促进教师专业发展具有极大的作用。

3. 从内容相关性划分教学资源

根据内容相关性划分教育中的软件资源，分为“内容特定”“内容有关”“内容自由”

三大类。将其进一步拓展到资源分类中，可以将信息化教学资源分为以下类别：

（1）内容特定的教学资源。根据具体课程教学内容而特定设计的资源，如试卷、练习等。它们通常针对明确的教学目标而设计开发。

（2）内容相关的教学资源。内容与课程有部分关系的资源，如各种电子读物；或者是内容与课程有间接关系的资源，如游戏软件；或者是包含了课程之外的大量拓展内容，如电子百科。

（3）内容自由的教学资源。实际上是一些用于支持普通学习活动的原始资源素材和工具性软件，主要包括原始素材、内容开放型网页等。

从上述结构优良性、内容相关度两个维度出发，并以资源的形态为例，可以构建一种信息化教学资源的教学应用特性分布矩阵图，并按此图将各种信息化教学资源进行粗略定位。

在实际教学活动中，各种信息化教学资源都得到了不同层次的运用，尤其是良构维度的教学资源，这一维度的教学资源有着使用方便、操作简单、效果明显的优势，使其在教学活动中频繁出现。但是，为了更好地发展学生的各种能力，一线教师更应该在重视良构教学资源的基础上，将教学资源向劣构以及内容的自由方向上发展。

（二）英语数字化教学资源库建设

随着多媒体技术和网络技术的发展和应用，为学校广大师生提供了使用信息技术的机会，有力地推动了信息技术进入课堂、信息技术融入学科教学。但是，由于教学资源的匮乏，影响着信息技术在教学中的应用。高质量的、丰富的、适应教学改革需要的教育资源是当前教育信息化的核心，也是在学科教学中有效应用信息技术的基础。

1. 英语教字数字化资源库建设原则

建设人学英语教学数字化资源库，是利用现代教育技术，运用教学设计理论，对教学资源进行的一种优化设计，要尽量收集涵盖社会、生活、科学等不同方面的素材，以满足有不同兴趣与爱好学生的需要。大学英语教学数字化资源库的建设，要支持创造性教学和研究性学习，激发教与学两个主体的积极性和创造性，应遵循以下原则：

（1）积件化原则。积件是基于课堂教学提出的，方便教师和学生根据教学需要自己组合运用多媒体教学信息资源的软件系统。根据大学英语听、说教学中需要反复听、练的特点，建立基于知识点片段的听、说材料。

（2）适用性原则。一方面，能够为学生提供丰富的语言和文化背景知识，体现英语教学的实用性；另一方面，适合高、中、低不同层次学习对象的需要。

（3）趣味性原则。内容生动活泼，能够激发学生的学习兴趣，为学生提供多姿多彩的生活背景和富有情趣的交际情景。如由浙江大学编著、英语教学与研究出版社出版的

《新编大学英语自主听力》，在每一课的后面都配有与这一课听力主题有关的“Happy Minute”，这是趣味性原则在传统听力教材中的应用。在现代信息技术上使用的数字化听、说材料，更应体现这一原则。

（4）可操作性原则。在技术上应可实现和易于操作，既适合、方便教师授课使用，也适合学生进行自主学习。

（5）共享性原则。实现资源共享，让有限的资源发挥出最大的效益。

2. 英语教学数字化资源库建设方法

（1）数字化大学英语听力教材。数字化大学英语听力教材是建设教学资源库的首要任务。数字化大学英语听力教材，就是把听力材料从磁带转录到计算机中，以音频文件的形式存贮在硬盘或光盘上，是从模拟信号到数字信号的一种转换。在数字化听力材料时，既要考虑到教材的完整、硬件设备的适应性，也要充分考虑到教师授课与学生进行自主学习的易用性。因此，在进行听力教材数字化时，为了便于课堂教学和学生的个别化学习，根据大学英语听力教学的特点，遵循课件设计思想，细分听力材料。由于听力材料繁多，采用磁盘目录的树型结构来管理这些听力材料，各种用途、各层次班级的教材分别存放在不同的文件夹中。由于材料由电教人员制作，教师使用，故文件夹名及文件名均采用见名知义的命名方法。

（2）从各类音像节目和影视资料中选取并重新编辑。除了与教材配套的听力教材外，还要不断丰富教学资源库。英语听、说学习的资源非常丰富，如英语歌曲、原声英语电影、英语电视节目等都是很好的学习资料。欣赏英文歌曲有利于激发学生学习英语的动机，提高学生学习英语的兴趣。也可以利用英文歌曲来进行如听写歌词、歌词填空、会话练习等形式的教学。利用影视片段进行教学是英语教学的一种重要且有效的教学形式，在视听中学生进入一个真实的英语交际环境，通过积极聆听去理解说话人的感受，感知和接收不同文化风俗，与角色共鸣。因此，可利用视频编辑工具软件把影片当中一些经典的、简练的、精彩的、适合教学使用的对白片段切下来。教师可利用这些影视片段来进行如给影片配音、让学生模仿角色会话、听写对白等的教学活动；学生则可以自主选听，或边听边跟读，模仿正确的语音、语调，学习正确的语用表达，通过反复练习，纠正自己的错误，学会地道的英语表达能力。

（3）购买适合课堂教学或自主学习的英语学习软件。目前英语学习软件越来越多，我们可以根据教学需要有选择地购买。如《走遍美国》《随心所欲说英语》等都是很好的多媒体教学软件，内容丰富多彩，不仅介绍了欧、美文化及生活习惯，让学生犹如身临其境；还可以进行人机对话，配有大量的练习及答案，较适合用来进行自主学习。

（4）自己设计、开发制作多媒体语言实验室强大的教学功能，必须通过多媒体课件这种新的教学手段来体现。购买的学习软件，不一定能符合课堂教学的要求、满足教学需要，还必须由电教人员与教师通力合作，自己设计开发与制作针对性强、能满足教学需要的多媒体课件。如提高学生“说英语”的能力是大学英语教学的难中之难，为激发学生“说”的兴趣，可以把一些口语化的材料制作成一个多媒体课件，利用课件学生可以通过模仿发音、电脑录音对比等，来培养与提高自己说英语的能力。

（5）制作英语学习网站导航网页、从互联网下载可用于教学过程的听、说材料。互联网是英语教学资源的大宝库，等待我们去开发和充分利用。互联网上有很多针对学生的英语学习网站，有的可以进行在线听力练习，有的可以进行在线小测验，有的网站还有生动的多媒体课件。

3. 数字化资源库管理、维护以及教学

管理与维护。为了保证数字化教学资源的安全性与可靠性、保证教学的正常进行，将资源库存放在服务器中集中管理，只有电教人员才有登录服务器的密码、有对教学资源库进行增删操作的管理与维护权限。在服务器上存放教学材料时，不同类型的教学材料存放在不同的文件夹中，以便于资源库的管理、扩展和使用。可以采用共享目录的方法，使各语言实验室共享服务器上资源库的教学材料，也可以制作网页，把服务器挂靠在校园网上，让广大师生在网上访问、共享资源库。此外，还需要备份资源库，把教学材料刻录到光碟上，以防系统崩溃数据丢失，并制作数字化教学材料的详细目录，以便了解各种数字化教学材料的用途，并确保教师与学生都知道如何查找和利用这材料。

教学应用有了教学数字化资源库，教师可以直接调用资源库的教学资料进行课堂教学。目前，我们是采用共享目录的方法来让各语言实验室共享服务器中的教学资源。根据大学英语教学的特点，教学平台在“我的电脑”或“Windows 资源管理器”进行即可。

数字化资源库，使“以学生为中心”的数字化自主学习教学模式得以实现。教师可以根据学生不同的特点，采用灵活多变的教学方法，选择不同的教学内容，对学生进行集体或个别辅导，从而克服教学中“一刀切”的现象，真正实现了因材施教的原则，弥补了课堂教学信息交流不足的缺陷。有了教学数字化资源库，在课外，学生可以在多媒体网络教室进行自主学习，根据自己的特点，选择适合自己的学习内容，按自己的进度进行学习，弥补大学英语课时少的不足；可以利用教学资源进行自我测试，及时发现学习的薄弱环节，自我调整学习内容和方法；可以通过进行人机会话，解决相关问题。

综上所述，建设大学英语教学数字化资源库，在课堂教学中，教师可以充分发挥语言实验室的功能，利用教学资源，改革传统课堂教学的教学模式，实现了教学的非同步性、自主性、交互性和趣味性，提高了课堂教学的效果。同时，也为学生提供了丰富的语言学习材料，激发了学生的求知欲望，增强了学生的学习兴趣，不但缓解了缺乏英语氛围和输入不足这些长期困扰中国学生学习英语的问题，而且打破了课堂的局限，使教学活动延伸到学生的课外生活中。

二、信息化时代大学英语教学的评价创新

信息化时代大学英语教学评价的创新主要涉及以下方面：

（一）建立学生档案

建立学生档案是目前最受教育研究者青睐的一种教学评价方式，也是形成性评价的一种重要方式。学生档案犹如学生的信用一样，对学生在学校期间的表现甚至对学生毕业以后的发展都有着重要的影响。

1. 学生档案形式

所谓档案就是组织或个人在以往的社会实践中直接形成的清晰的、确定的、具有完整记录作用的固化信息。学生的档案主要是指涉及学生学习情况的档案，它是根据教育教学目标，有意识地将各种有关学生表现的作品及其他证据收集起来，并进行合理的分析与解释，反映学生在学习过程中的优势和不足，并通过学生的反思与改进，促使学生取得更高的学习成就。作为对学生进行评价的一个重要工具，档案评价可以将课程与教学同评价结合起来，贯穿到日常的教学活动中去。学生的学习档案袋一般有以下形式：

（1）课堂记录卡。课堂记录卡可将在课堂中发生的事情如实记录下来，客观地描述学生在课堂上的表现。课堂记录卡一般由学生自己填写，并标明具体时间，然后收集在学生档案袋里。可见，课堂记录卡收录的主要是学生在课堂学习中的一些情况，它可以帮助学生及时了解自身的学习过程和学习方式。

（2）个人作品档案袋。作为学生档案的另一种表现形式，个人作品档案袋可以收录学生在学习过程中通过各种形式的实践活动所获得的收获和成果，以便于师生及时了解。作品档案袋的内容灵活多样，可以是学生撰写的优秀小论文、获奖证书，也可以是他人对自己的评价以及自我评价结果等。此外，还可以将学生录音、照片／画、与同学的合作项目等收录到个人作品档案袋中。

2. 档案材料收集

学习档案材料的收集方式有很多，教师应该在新学年一开始就制订一个总的计划，如使用学生学习档案的最终目标，要收集哪些材料以及由谁来收集。一旦清楚了这些问题，收集资料的活动就会变得容易很多。由于收集资料需要一个漫长的过程，只要坚持记录有关学生学习过程就可以了，因此教师要培养学生的学习习惯，收集他们所有有关学习情况的东西，并收录在一个固定的地方，也就是学生学习档案。

制作学生学习档案时，收集资料并不太难，难的是选择收集哪些资料。因此，学生应该先学会如何整理挑选出合适的资料放进学生学习档案中。通常教师会以学生的口头讨论开始。学生参照教师提供的优秀作业的标准和样本进行讨论，并口头反思彼此的作业。学生进行口头讨论时，教师要将学生谈到的问题进行归纳总结。当学生掌握了口头讨论的基

本模式，并且会用现成的标准去评定他们自己的作业后，再转向笔头反思。笔头反思有助于学生从评价中学习，了解自身的优点和不足。同时，教师也能知道学生对自己作业的看法，当发现一些不恰当的看法时，教师应当进行及时的提示与引导。当学生有能力判断他们的作品并且收集了一定数量的作品后，他们就可以将挑选出来的作品收集到学生学习档案里。

3. 档案制作方法

学生的学习档案可以帮助学生清楚地看到自己在学习方面的进步与不足，从而增强学生的自主学习意识，在学习过程中不断总结经验教训，以不断完善自身的学习方法，提高学习效率。以下分析学习档案的制作方法：

（1）读书笔记的制作方法。读书笔记是学生对所读书籍、文章的随时记录，坚持记录读书笔记有助于学生养成认真思考的习惯。教学过程中，教师可以鼓励学生就所读内容发表看法。这不仅有助于学生了解文章、书籍的内容，培养良好的读书习惯，同时也有助于学生锻炼写作能力。

(2)阅读/写作档案的制作方法。每份档案都应包括要求的项目(Required Contents)、任意选择的项目（Optional Contents）以及评论（Comments）。

（3）学生学习档案总结表的制作方法。学生学习档案总结表上通常包括：学生姓名；教师姓名；日期；学校名称；要求的项目，如阅读范例、阅读策略/写作范例、学生自评等；任选项目，如所读书单、内容摘要和评论、阅读成绩等。

4. 完成档案评价

完成学生学习档案的制作以后，就要检查学生所选项目是否符合档案要求，并对其进行评价。教师可以利用学习档案评价表评价学生的成长学习记录，检查学生所选项目是否符合学生成长记录档案的要求，并对其做出评价。此外，在评价学生学习档案时应注意以下方面：档案是否整洁易读；档案中是否有具体范例；档案中材料的组织是否合理；档案中的材料是否清楚明了；档案是否能够体现不同课程之间的联系；档案的具体内容是否能够清晰、全面地反映学生某一个阶段的学习成果。

（二）学生自我评价

自我评价主要指的是学生的自我评价，这种方法鼓励学生为自己的学习负责，鼓励他们勇于对自己在学习过程中的问题进行思考，使他们能够直观地看到自己取得的成绩以及需要提高的地方。教师通过与学生讨论他们的自评实施的过程与结果，可以使他们对学生学习成果的态度有一个了解，也能使学生对自我的学习情况有清楚的认识。下面分析学生自我评价的形式：

（1）学生自评表。自评表的运用对提高教学评价的效率起着促进性的作用，而且操作起来也比较方便且省时，只须在课堂教学活动结束之时发给学生即可。

（2）学生自我学习监控表。学生自我学习监控表主要用于监控学生的学习行为，而且在英语教学的任何一个单元的学习过程中，都可以使用该方法。首先，学习监控表在使用前，教师应该向学生介绍该方法的用途和操作方式，也可以在每一个单元学习之前都对该表的使用方法进行介绍，以确保学生有效地对其进行应用。其次，在开始学习一个单元之前，学生根据自己的实际情况自行选择想达到的等级；然后学生在活动一栏中写上他们要完成的活动，这时需要注意的是学生在计划时，一定要保证这些活动能为他们取得足够的分数，再次，学生需要进行的是在学习过程中参照自己预先制定的目标，在完成活动的过程中及时地标明自己的进度，这样可以为今后行为的调整做参考。最后，监控表中的目标完成的过程是学生的自主行为，但教师如果采取袖手旁观的方法也是不可取的。这时教师需要做的是时常提醒学生检查自己目标达成的情况，为他们调整下一步的行为做些许的建议或指导。

自我评价是终结性评价的重要手段，其能够检测出学生在一段时间学习后的效果，为日后的学习指明方向。

（三）进行研讨式评价

研讨式评价将学生参与课堂活动的表现纳入其表现评价的内容之中，根本目的在于让学生学会更有效的思考，并为自己的见解提出证据。它体现了课程、教学与评价的整合。

研讨式评价的实施方式很多，它既可以成为学生学业的展示，也可以成为课堂评价的一部分，还可以成为结业作业的展示，然而无论采用哪种方式，教师都必须明确设计一套巧妙的问题和合理的评价准则。由于研讨式评价对教师所提问题以及教师本身有着较高的要求，因此这种评价方法尚处于引进摸索阶段，目前主要适用于对学生学业成绩的评价。

研讨式评价是一种有效的评价方法，它提供了课程和教学改革的一个新思路，即把课程、教学和评价结合成为一个有机的整体，这种思路也是当前其他各种性质的评价方法的一个共同的发展趋势。

三、信息化时代大学英语翻转课堂教学实践

（一）翻转课堂构成要素与实施方法

所谓翻转课堂，是指在课堂进行之前，学生利用教师给出的视频、音频、开放网络资源、电子教材等学习材料，自主完成课程内容，然后在课堂上主动参与教师的互动活动，最终完成学习任务。近年来，翻转课堂模式在国内产生了巨大影响。作为一种基于网络多媒体的新型教学模式，翻转课堂模式是对传统教学流程的颠覆，这对于学生展开自主学习而言是非常必要的。作为一种新型成功的授课方式，翻转课堂对我国英语教学改革大有裨益。但是，翻转课堂不属于在线课程，也不能运用视频代替教师，它只是师生之间进行互动的方式，为学生的自主学习提供了充分的空间和时间，从而获得个性化的发展。

在传统教学模式中，知识习得需要经历知识讲授、知识内化、知识外化三个步骤。通过课堂，教师完成知识的讲授，而学生在课后任务和作业中完成知识的内化。这在前面已有所提及。但是，在当前云教育、云学习的技术条件下，学生可以通过“云课程”及媒介来展开教学，当学生在学习中遇到困难时，教师可以对其进行排解和启发，既保证了师生之间的平等交流，也保证了学生知识的进一步深化。简单而言，从先教授后学习转向先学习后教授，这就是所谓的翻转课堂。

综上所述，翻转课堂模式是对传统教学模式的变革，师生及教学方式在教学过程中都发生了质的改变。

1. 翻转课堂的构成要素

（1）课前内容传达。在翻转课堂模式中，其教学的基础在于课前内容的有效传达。就目前而言，我国翻转课堂模式往往会采用教学视频与纸质学习材料这两种模式来传达教学内容。其中，教学视频被认为是最基本的形式。对于教学视频的来源，主要有以下两种途径：

①运用现有的教学视频。运用现有的教学视频是教师进行翻转课堂教学的最佳选择。这主要有两方面的原因：一是由于教师的教学任务非常繁重，因此并没有多余的时间来制作新的视频；二是教师在面对视频录制仪器时，往往比较紧张，因此会严重影响教学效果和进程。可见，如果教师可以从网上找到现有的教学视频，那么必然会节省教师自身的时间和精力，且网上的教学视频资源非常丰富，教师只须下载就可以使用。

②制作新型教学视频。对于翻转课堂模式中运用的视频，教师除了运用现有视频外，也可以进行录制。当然，这需要教师有多余的时间和精力，他们可以运用电脑、录音软件、麦克风、手写板等进行制作。具体而言，可以做到四个方面：a. 教师可以使用录屏软件对电脑操作轨迹及幻灯片演示轨迹进行捕捉；b. 教师可以利用麦克风对讲述的音效进行录制；c. 教师可以运用手写板对书本上的书写效果进行提升；d. 教师可以利用音频编辑软件对录制的声音进行加工。另外，教师还需要对画面质量进行关注。

（2）课堂活动组织。在翻转课堂模式中，教师需要对课堂活动进行组织。在组织课堂活动过程中，教师需要注意以下层面：

①对于大学英语教学而言，导读类课程比较适合翻转课堂教学，这类课程通过网络多媒体展开。在课下，学生按照教师的安排习得内容；在课堂上，教师解释重难点问题，进而通过网络多媒体实现在线测试。完成测试后，学生可以即时获取网络背景知识和学习资源，同时还能与自己之前的测试结果进行比对，从而加深自己的认识。

②英语课程涉及语言与文化两大因素，教师在对学生的学习进行安排时，需要从初级认知的识记理解开始，转向高级的综合应用，完成一系列的递增过程。同时，教师在安排学生学习时还需要组织与此相适应的学习活动，让学生在固有知识的基础上加深其对不同

文化知识的理解和掌握。

③在合作学习的基础上结合个体学习，因为个体学习有助于学生充分领会和识记。

（3）课后效果评价。在翻转课堂教学模式中，教师需要重视课后效果评价。翻转课堂模式常采用个性化学习测试，依靠的是教师与学生在接触的过程中形成的评价。换言之，教师需要依据自身经验，对学生的知识掌握程度进行判断。这种即时的评价有利于纠正学生对知识的误解，且能够根据不同学生的差异，为他们提出合理化的建议和指导。但是，由于翻转课堂兴起时间较短，其评价与测试形式并不完善。因此，翻转课堂模式的学习评价主要是要求教师与学生之间进行及时交流与沟通，并根据学生的不同个性特征来加以引导。另外，教师还需要提供更多渠道来为学生展示学习成果，让学生建立起足够的成就感和自信心，促使他们有学习的动力。

2. 翻转课堂的实施方法

（1）实施课前安排。在课前安排方面，教师要为学生准备充足的学习资料，如电子教材、英语参考书籍、国内外相关英语专题网址及微视频教程等。

①电子教材的设计。在电子教材的设计上，应该注重其完整性。换言之，纸质教材的内容及附加的包含音频、录像、解释材料等在内的注入电子教材中。此外，还有语料库数据、相关网站等资料，可以运用链接形式注入电子教材中，便于教师和学生使用。电子教材除了设计要保证完整性外，还需要遵循以下原则：

第一，模态协作化原则。由于电子教材的设计涉及多模态形式，在运用多模态时需要考虑四个因素：一是现有的设备条件是否适合使用多模态，能否为教师留有选择的空间；二是运用多模态能否产生正面效应，其教学效果如何；三是考虑多模态的运用是否会出现冗余，避免产生浪费；四是多模态形式是否能够进行强化和互补。

第二，模态分配分类化原则。模态分配分类化是指根据不同的教学条件和教学对象来分配不同的模态组合。

第三，超文本化。在电子教材中，教学材料是主语篇，而提供背景、解释、练习材料的是小语篇，二者通过不同层次的方式构成一个相对复杂的语篇网络。

第四，个性化。电子教材设计的个性化是从学生的个性特点出发来组织教学。由于学生的起点不同，其使用的模态也必然不同。为学生提供多种可供选择的教学模态，有助于提升学生的学习兴趣。

第五，协作化。在多模态学习的环境下，学生要相互进行协作，以小组的形式来完成学习任务、实现学习目标，进而提升整个小组成员的知识水平。

第六，模块化。所谓模块化，是指电子教材的设计以阶段性目标为核心，根据这一目标为学生设计教材，并在此基础上设计完成任务和目标的措施和方法，指导学生根据步骤来学习，为实现自己的目标努力。

②微视频的设计。微视频是当前翻转课堂模式常用的学习资源，具有很强的针对性。在课堂开始之前，教师可以根据课堂学习目标准备两个或三个微视频，一个微视频仅介绍一个知识点就可以，如果介绍的内容太多，那么就会影响学生的理解和学习。对于微视频的设计，教师需要注意以下方面：

第一，英语教学视频的视觉效果、互动性、时间长度等都会对学生的知识习得产生影响。在微视频中，教师要对学习内容进行合理设计，并设计课前练习的难度与数量等，以帮助学生将新旧知识结合起来。

第二，学生在课前学习过程中，可以利用网络多媒体软件等与其他学生进行交流与沟通，将自己学习中的难题和疑问排除掉，促进学生彼此间水平的提高。

第三，在微视频的设计上，教师还需要考虑学生的适应性。刚接触视频时，学生很难集中自己的注意力，他们更专注于笔记的记录。为了改善这一局面，教师可以为学生构建视频副本，帮助学生解除后顾之忧，引导学生对当期视频内容进行关注。

第四，在微视频的制作上，教师不仅需要对整体上的视觉效果进行重视，还需要突出学习的要点和主题，根据知识结构来设计活动，为学生构建内容丰富、形式新颖的平台，让学生对微视频学习产生更大的学习积极性。

第五，当微视频制作完成之后，教师可以将这些视频上传到网上，学生可以通过学校网络随时下载。

第六，当学生完成微视频的学习后，需要对自己的学习情况进行总结。如果遇到问题，可以将这些问题反馈给小组长，然后由小组长向教师汇报。

（2）开展课堂教学。在翻转课堂上，教学大概涉及五大步骤：合作探究、个性化指导、巩固练习、反馈评价以及课程总结。

①合作探究。

第一，要合理进行分组。合作学习实际上就是小组学习。合作学习中组员之间的结构是十分重要的，因此教师在分组时要注意各小组成员在能力水平、知识结构上的多样化。同时，各小组成员之间保持个性特点的均衡也有利于各个小组间进行竞争和学习。一般而言，各小组成员应该遵循“组间同质，组内异质”这一原则，保证小组成员中具有不同层次的知识水平，提升小组内能力欠佳学生的积极性，促使任务的完成。另外，小组内的成员应该进行分工，即每一位成员在小组内都应该体现自己的作用和位置，在完成任务的过程中能够积极地进行思考。

第二，对问题进行策划和提出。小组和合作的内容要具有可操作性，即设置的问题能够进行讨论。在课堂开始之前，教师应该根据不同的学习内容和任务明确分组的原则，明确规定小组内各个成员的任务以及完成任务的时间。在合作学习中，教师处于引导者的地位。为不同学习小组制定不同的学习任务，使各个小组间能够相互合作、共同学习、共同进步。

第三，要合作实施，并对过程进行控制。小组合作学习并不是在任务开始时就要求一起完成任务。事实上，在任务开始时，小组成员需要对任务进行研究和探讨，且各个成员独立进行思考，通过独立的思考来促进和发展思维。之后，小组成员之间对思考的成分进行交流，发表自己的观点和看法，最后对各种信息和观点进行汇总，组合成一个一致的观点。当然，小组内还需要一个发言人，这一发言人需要将观点和看法向教师反馈。

②个性化指导。在个性化指导阶段，教师需要为各个小组解答问题与疑惑。在合作探究中，不同小组会产生不同的问题，教师应该根据不同的问题进行个性化指导并解答问题;对于一些共性问题，教师可以集中起来予以解答。

③巩固练习。在巩固练习阶段，在教师的个性化指导下，各个小组需要进行总结，并通过不断练习来加深印象，对重点、难点知识进行巩固。另外，这一阶段需要各个小组间的学习与交流，引导学生贡献学习经验和知识。

④反馈评价。对小组合作学习情况的评价主要包含两个方面：一是对学习过程和结果进行评价；二是对小组及小组内成员进行评价。在对各学习小组进行评价时，教师需要将重心放在整个小组任务的完成情况，而不是放在某一小组成员的成绩上。同时，教师还需要评价小组内成员参与的主动性、积极性，这样既可以为其他小组内的成员树立榜样，还可以激发小组内成员的热情，调动学生学习的积极性，防止学生产生依赖，更好地实现合作学习。

⑤课程总结。课程总结是合作探究的最后一步，各小组间进行交流与信息沟通。教师应该给予小组内不同成员充分的支持，使各个小组都能够顺利完成学习任务，实现既定目标。

总而言之，大学英语翻转课堂模式不仅是对课前预习效果的强化，更是对课堂学习效率的注重和提升。对于教师而言，通过课堂活动设计来使学生知识内化是教师的重要任务，也是大学英语翻转课堂教学的目的。基于此，教师在设计课堂任务时应该对写作、情境等要素予以充分利用，引导学生通过真实体验来实现知识内化。对于大学英语翻转课堂而言，学生展开学习的基础在于信息资源及技术工具等的运用。

（二）翻转课堂在大学英语教学中运用

1. 翻转课堂在英语教学中运用优势

（1）翻转课堂符合学生的个性发展。在大学的英语教学课堂中，学生的人数普遍较多，会出现几个班级一同上课的情况，传统的教学模式的缺点由此暴露出来，即不能满足每一个学生的需求。在传统的教学模式中，教师处在主导的地位，学生学到的知识，只是教师在课堂上所教授的，然而，学习能力较差的学生，很难跟上教师的教学进度。教师使用翻转课堂模式进行教学，就可以让学生按照自己的需求，进行独立自主学习。学生对于不理解的问题，可以主动查找答案，进而加深其对知识的理解。与此同时，学生还可以在课前做好预习工作，从而在课堂上能够清晰地表达自己的主要观点。

（2）翻转课堂可以培养学生的自学能力。在传统的教学模式中，教师主要是为了完成教学任务，进而模式化地传授给学生，但学生的理解程度只能通过教师布置的课后作业来检验。翻转课堂的教学模式则是把传统的教学模式推翻，学生可以用自己的课下时间，通过视频或者多媒体资源，随时随地都能展开学习，同时，教师也可以有针对性地对学生所提出的问题进行解答，从而达到每个学生都能熟练掌握英语知识的目的。

（3）翻转课堂可以提升学生的综合能力。虽然在传统的教育模式中，教师可以尽量细致地讲解知识，但还是不能面面俱到，从而导致学生对某些英语知识没有深入地理解，教师如果把简单的单词或者语法留给学生独立完成，这会加深其对这部分知识的理解程度。学生在提前预习的情况下，进行听课，会产生事半功倍的效果。

2. 大学英语翻转课堂教学的实践性

（1）从教师的角度分析。

第一，大学英语教师的教学能力以及学历都是比较高的，这就为其很好地接受新的教学工具和模式奠定了坚实的基础。就目前的趋势看，大学英语教师趋于年轻化，新鲜血液的注入更有益于团队发展，有益于翻转课堂教学模式的实施与推广。

第二，普遍地，教师凭借自身的创造力与创新意识，再加上原有的教学经验，在翻转课堂的创新教学这条路上，可以走得越来越远。

第三，如今高校的英语教师的信息技术操作水平普遍较高，教师能够熟练地操作各种各样的计算机软件，同时，可以进行各种教学资源以及多媒体资源的处理，这是一个良好的基础。

（2）从学生的角度分析。

第一，在大学阶段，学生在思想方面逐渐趋于成熟，就当前国内的大学生来看，在没有外界因素影响的环境下，其能够进行自主学习，同时，能够独立制订一套学习计划，从而把握好学习的节奏。

第二，学生自身的英语综合能力较好，能够顺利地与他人进行沟通，并能在这个过程中，准确地阐述自己的观点，这为翻转课堂的应用提供了一个有利的基础条件。

第三，翻转课堂对于当代大学生而言，可以令其更好地支配时间，从而达到更加高效的学习效果。

（3）从教学环境的角度分析。

第一，在现阶段的大学英语课程中，教师大多数采用多媒体的教学方式，主要使用计算机来制作各种各样的多媒体课件，然后在课堂上采用观看课件的形式进行教学，实现了教学方式的创新。除此之外，学生还能在课后使用各种各样的多媒体平台进行复习或者预习。

第二，在此种教育模式的背景下，各大高校的媒体设施比较完善，从而为翻转课堂提供了完善的基础设施。

第三，在进行了大型的教学改革以后，各大高校的信息化水平有了大幅度的提升，高校教师普遍能够熟练地使用网络平台或者其他的电子平台来与学生进行交流。

第四节　融合课程思政的大学英语混合式教学实践

立德树人是教育的根本任务，而思政教育活动的开展是落实立德树人的重要途径。在大学英语混合式教学中合理融入课程思政，有助于丰富英语教学内容，有效激发学生的学习兴趣，使学生在掌握英语知识的同时，形成良好的思想品德与素养，为其全面发展提供动力。

一、融合课程思政的大学英语混合式教学必要性

第一，思政教育内在要求。在全球化背景下，我国与其他国家之间的交流越来越频繁，不仅有经济和政治上，同时还有文化方面，这也使很多大学生的思想观念逐渐表现出多元化的特点。高校要以育人为核心，构建统一化的思政课程体系，整合各个学科的优质资源，实现合力育人。这样，各个学科教师才能深入挖掘本课程中的育人资源，促进课程思政的落实与渗透，为立德树人根本任务的实现提供助力。

第二，思想价值贯穿教学全过程的要求。高校德育开展的主要目的就是帮助学生正确理解道德规范，培养学生形成责任感、宽容以及感恩等品格。课程思政的具体目标就是使价值引领和知识传授有效结合。这就要求不仅得在思政课上引导学生的三观，同时还需要在专业教育课、公共基础课等各个方面渗透思政教育，并将这些课程的育人价值充分发挥出来，构建多位一体的思政课程体系。

第三，“三全育人”的需要。高校思政教育亟须建立可以融合专业教育、思政教育以及通识教育等于一体的课程体系，使得各个学科都能与思政教育有效地结合，形成合力，而融合课程思政的提出正好符合这一要求，对于教书育人主体责任、“三全育人”要求等的落实有着很好的促进作用，并为提升高校思政工作质量提供助力。

二、融合课程思政的大学英语混合式教学实践策略

（一）课前做好充足准备工作

任何一种教学模式从提出到被广大师生接受，都需要教育工作者不断地实践与摸索，混合式教学作为一种新型教学手段，要想将其作用更加充分地发挥出来，同样需要教师在具体落实中不断积累和完善，付出大量的努力。在这种新型的教学模式中，大学英语教师扮演着主导者和引导者的重要角色。这就要求教师加强对这一教学模式的重视和研究，并做好充足的课前准备工作。教师除需要做好专业教学的准备工作外，还需要深挖教学内容中课程思政内容，确定本节课的思政教育目标，如家国情怀、创新思维、传统文化的传承和创新、工匠精神等。当明确课程思政教育目标和内容后，教师则需要通过各种途径查阅和获取与该主题相关的教学素材，并整理成课件，以此来保证课堂教学的高效开展。

例如，在对 Friendship 的内容进行授课时，教师可以根据这一思政教育目标，通过期刊、网络、图书等方式搜集与该主题相关的资料，并将这些资料整理成课件，在课堂教学中选择适当的时间播放。为了保证课堂教学效果，教师还需要将这些资料和课件提前上传到学习平台上，帮助学生实现高效预习。同时，教师还得设置相关的课后习题，然后将其发送至教学平台上，供学生在课后进行巩固，进一步强化教学效果。

（二）课中线上融入课程思政

在传统大学英语课堂中，教师的教学主要局限于课堂，师生之间的互动机会相对较少。而在基于课程思政的大学英语混合式的教学模式中，师生则可以借助现代教育技术和手段，突破传统课堂教学时空的限制，通过线上互动交流的方式，实现高效教学。并且在这种教学模式中，学生摆脱了之前的被动接受的状态，真正成了学习的主人，教师是学生学习的引导者和合作者。例如，在签到环节，教师只需要在学习平台上发布一个签到指令，学生通过移动终端工具在学习平台上签到即可。这样便能达成节约时间的目的。由于学生在课前已经通过学习平台对教学内容进行了提前预习，教师也做好了充足的课前准备工作。

因此，在课堂教学中，教师不需要逐词逐句地引导学生去解析课文，而是根据学生在学习平台上的预习检测情况，重点引导学生探析本章节的重难点内容，同时进行合理的延伸，促进学生对知识的深度理解。例如，对于课堂导入环节的管仲和鲍叔牙的故事，学生已经在课前通过学习平台有所了解，在课堂教学中，教师就可以让学生对此故事发表和分享自己的观点；或者教师也可以让学生针对有关友情的题材进行发言和讨论，讨论完成之后由教师点评，这样可以很好地活跃课堂氛围，激发学生的英语学习兴趣。同时教师在这一过程中，鼓励学生主动了解一些优秀的传统文化，有意识地给学生传递积极向上的内容和能量，以便有效强化学生的认同感，以此来促进课程思政和英语教学的深度融合。

除此之外，教师还可以适时让学生了解到友谊观，让学生认识友情在人生中的价值，进而能在今后的生活与发展中，在志同道合的基础上正确地追求友谊，实现立德修身。与

此同时，教师还可以借助网络与多媒体引入一些友情实例，通过积极引导，不仅能够很好地促进学生英语综合水平的提升，强化学生的跨文化交际能力，而且还能让学生树立正确的价值观。

（三）课后注重线上强化知识

课后教学也是教学中的重要部分，直接关乎教学整体成效。所以在落实混合式教学模式中，教师还得注重课后线上强化。在此过程中，教师可以合理利用社会热点，并且借助网络搜集一些优质的资源，恰当地渗透进学生的课后练习中，使得学生在掌握知识的同时接受思政教育的熏陶。

例如，教师在课前挖掘“友爱”这一部分，教师在课后可以根据此设计翻译题，之后将其上传至教学平台上，以供学生巩固练习。在此过程中，学生不仅能实现英语水平的提升，而且还能潜移默化地接受思政教育，形成良好的社会主义核心价值观。此外，高校英语教师还可以根据单元主题，利用学习平台组织学生进行讨论交流，使学生可以像聊天般完成学习任务。教师课后在学习平台上批阅学生的测试与练习，了解学生的知识学习掌握情况，为教学优化与调整提供助力。在这种教学中，教师可以摆脱传统教学模式的束缚，教学压力也能减轻，教学科学性可以得到进一步的提升。究其原因，学习平台能够自动分析学生的各方面数据，呈现学生的优缺点，为教师的教学设计提供依据；同时，对于学习过程中存在不足的学生，教师可以通过学习平台和学生进行交流并加以鼓励，给予针对性的指导，这样可以很好地避免一些不良因素的影响。学生在自主学习中遇见问题的时候，也能及时与教师交流，和教师一起讨论相关英语问题，有效打破时空限制。借助课后线上的加强巩固，能促进学生对知识的深度理解，达成理想的教学目标，又可以在更大程度上发挥思政教育课堂的效用。

总而言之，在大学英语混合式教学中合理渗透思政课程十分有必要，是时代发展的必然趋势。为此，大学英语教师应该清楚认识到这一点，在课前、课中与课后三个环节合理融入，避免课程思政在大学英语教学中停留于简单的口头说教。在此过程中，教师还应引导学生关心时事、了解社会热点，有意识地强化他们的文化自信，使得学生在掌握英语知识的同时，实现德育和智育的双重发展，为其今后学习进步奠定扎实的基础。

参考文献

[1]蔡基刚.大学英语教学若干问题思考[J].英语教学与研究,2005,37（2）:83-91.

[2]陈红.中国大学英语教学发展研究[J].英语与英语教学,2008（10）:40-43.

[3]陈洁.基于微课的大学英语教学策略研究[J].校园英语,2022（3）:12.

[4]陈美华.大学英语“研究型”课程理论与实践大学英语教学模式与课程建设研究[M].南京:东南大学出版社,2013.

[5]戴俊霞.多元化:大学英语教学的新范式[J].中国高教研究,2006（8）:78-80.

[6]宫玉娟.大学英语教学模式改革创新研究[M].长春:吉林出版集团股份有限公司,2018.

[7]郭坤,田成泉.大学英语生态教学环境的优化[J].教育理论与实践,2016,36（24）:56.

[8]韩俊芳,吴英华,贾世娇.任务型学习法与高校英语教学[M].广州:广东旅游出版社,2018.

[9]江琳.大学英语课程体系的“个性化”构建[J].福建江夏学院学报,2022,12（1）:103.

[10]蒋梦菲.融合课程思政的大学英语混合式教学实践研究[J].英语广场,2021,（36）:78.

[11]雷娜.大学英语教学技巧探讨[J].继续教育研究,2008（8）:75-76.

[12]刘信波.论大学英语课堂整体教学模式的建构——一个教育生态学的视角[J].湖南师范大学教育科学学报,2014,13（3）:122-125.

[13]吕文丽,庞志芬,赵欣敏.信息化时代下的大学英语教学改革探索[M].长春:吉林大学出版社,2018.

[14]马茂祥,胡艳玲.论大学英语教学的理论自觉[J].学术界,2010（6）:140-146,271-276.

[15]倪惠民,王蓓蕾.构建大学英语教学新模式[J].山东英语教学,2007（1）:22-26.

[16]彭杰,刘晓庆.大学英语课程教学问题探析[J].读与写（教育教学刊）,2019,16

（11）:17.

[17]钱满秋.现阶段大学英语教学改革研究[M].北京:北京理工大学出版社,2017.

[18]全小燕.融合课程思政的大学英语混合式教学实践研究[J].对外经贸,2021,（3）:131-133.

[19]时贵仁.浅谈大学英语教学三要素[J].中国高教研究,2003（11）:96.

[20]侍松门.基于MOOC的大学英语微课教学系统研究[J].江苏开放大学学报,2014,25（3）:37-41.

[21]王凤.谈大学英语写作教学[J].教育探索,2006（2）:67-68.

[22]王梅.论大学英语口语教学[J].中国成人教育,2007（7）:186-187.

[23]王雁冰.高校大学英语微课教学中存在的问题与对策研究[J].高教学刊,2018,（24）:130.

[24]魏丽珍,张兴国.大学英语教学的生态特性及教学定位探究[J].环境工程,2022,40（2）:2.

[25]夏惠贤.多元智力理论与个性化教学[M].上海科技教育出版社,2003.

[26]朱金燕.大学英语教学改革探索[M].武汉:中国地质大学出版社,2018.

[27]杨玲,卢振飞.浅析大学英语教学模式[J].中国成人教育,2006（5）:140-141.

[28]于辉.当代大学英语教学改革多元化趋势研究[M].长春:吉林大学出版社,2018.

[29]张红玲.网络英语教学理论与设计[M].上海:上海英语教育出版社,2010.

[30]张鹏九.大学英语听力教学方法探讨[J].教育理论与实践,2016,36（30）:53-55.

[31]赵莉.浅谈大学英语阅读教学[J].湖南师范大学社会科学学报,2014（z1）:56-57.

[32]赵梓男.大学英语微课程教学模式的探究[J].福建茶叶,2019,41（6）:97-98.

[33]周晓娴.多元化文化理念与当代英语教学策略研究[M].天津:天津科学技术出版社,2017.